John Maddox Unsere Zukunft hat Zukunft

dva informativ

John Maddox

Unsere Zukunft hat Zukunft

Der Jüngste Tag findet nicht statt

Übersetzt
von Ralf Friese

Deutsche Verlags-Anstalt

Aus dem Englischen von Ralf Friese
Titel der Originalausgabe *The Doomsday Syndrome,*
erschienen bei Macmillan Ltd., London

ISBN 3 421 02643 2

Erschienen 1973 bei Deutsche Verlags-Anstalt GmbH, Stuttgart

Umschlagentwurf Klaus Dempel, Stuttgart
Gesamtherstellung Deutsche Verlags-Anstalt GmbH,
Grafischer Großbetrieb, Stuttgart
Printed in Germany

5678039734321

Vorwort

Dieses Buch ist kein gelehrtes Werk, sondern eine Beschwerde. In den letzten zehn Jahren, seit Rachel Carsons Werk *Der stumme Frühling,* ist die Bevölkerung der Vereinigten Staaten und, in geringerem Umfang, Westeuropas von Prophezeiungen drohenden Unheils beunruhigt worden. Für die einen stellt das Bevölkerungswachstum die schlimmste Gefahr dar. Andere fürchten eher bestimmte Arten der Umweltverschmutzung, das Risiko, daß Nahrungsmittel oder natürliche Rohstoffquellen der Welt zur Neige gehen, oder sogar die Möglichkeit, daß das Wirtschaftswachstum und die damit einhergehende Prosperität die Menschheit gefährden. Man spricht von der schrecklichen Gefahr der genetischen Manipulation, ja sogar von der Aussicht, die moderne Wissenschaft könnte die Struktur der modernen Gesellschaft zerstören. Obgleich diese Prophezeiungen auf wissenschaftlichen Grundlagen beruhen, sind sie doch bestenfalls pseudowissenschaftliche Elaborate. Fast alle gehen in der Annahme fehl, daß immer der schlimmste Fall eintritt; soweit sie auf Vermutungen begründet sind, die sich auf das menschliche Verhalten beziehen, lassen sie völlig außer acht, wie gesellschaftliche Einrichtungen und menschliches Streben gemeinsam auch die hartnäckigsten Probleme aus der Welt schaffen können.

In diesem Buch soll versucht werden zu zeigen, warum diese Kassandrarufe niemanden um die Nachtruhe zu bringen brauchen. Allerdings sollte es nicht als Traktat zugunsten des Bevölkerungswachstums oder der Umweltverschmutzung aufgefaßt werden. An der heutigen Debatte über die Umwelt ist besonders abstoßend, wie sie als Auseinandersetzung zwischen weitsichtigen Menschen, denen das Interesse der Menschheit am Herzen liegt, und anderen dargestellt wird, die sich keinen Deut um die Zukunft scheren. Wer nicht rückhaltlos für den Schutz der Umwelt eintritt, dem wird unterstellt, daß er dagegen ist. Diese falsche Polarisierung verdeckt eine Reihe wichtiger Fragen: In welchem Maß haben die Senkung der Säuglingssterblichkeit und andere soziale Errungenschaften dazu beigetragen, daß schnell wachsende Völker jetzt langsamer zunehmen? Muß man die saubere Umwelt in der Industriegesellschaft nicht immer mehr als eine Art Verbrauchsgut betrachten, das sich vielleicht weniger glückliche Länder noch nicht leisten können?

Die Naturwissenschaftler haben in der Umweltbewegung keine besonders rühmliche Rolle gespielt. Nur allzuoft haben sie mehr aus den Tatsachen herausgelesen, als die Regeln ihres Handwerks eigentlich erlauben. Häufig haben sie harmlose oder ungesicherte Schlußfolgerungen in eine Sprache gekleidet, die den Menschen Angst einjagen sollte, mitunter mit der unverblümten Erklärung, Übertreibungen seien notwendig, um überhaupt etwas zu erreichen. Das Ergebnis: Die Leser wurden beunruhigt und verängstigt, nicht aufgeklärt. Häufig haben diese Autoren ihre Ankündigungen des Weltuntergangs mit Empfehlungen politischer und gesellschaftlicher Veränderungen ausgeschmückt. Damit wurde vor allem die falsche, wenn auch verbreitete Meinung gestärkt, daß Wissenschaftler sehr wenig von der realen Welt verstehen und daß liberales Gedankengut autoritäre Methoden nicht ausschließt. Das Wort Ökologie ist zu einem Schlachtruf geworden, nicht zur Bezeichnung eines Wissenschaftszweiges. Man hat damit absichtlich Mißbrauch getrieben.

Natürlich kann das vorliegende Buch nicht beanspruchen, ein Patentrezept für das Überleben der Menschheit anzubieten. Es kann uns höchstens wieder daran erinnern, daß wir die Zukunft heute sowenig wie je zuvor mit Gewißheit vorherzusagen vermögen. Die Umweltbewegung krankt akut vor allem daran, daß sie den Willen der hochentwickelten Industrieländer aushöhlt, sich den zweifellos vor uns liegenden Problemen zu stellen. In der ganzen Geschichte der Menschheit ist die Hoffnung auf die Zukunft immer eine wirksame Triebfeder konstruktiver Änderungen gewesen. Was soll geschehen, wenn wir dieses Mittel jetzt sinnlos aufgeben?

Dieses Buch hätte ohne die Hilfe meiner Sekretärin Mary Sheehan nie das Licht der Welt erblickt, und es gibt einen kleinen Jungen, der es ganz und gar für ihr Werk hält. Ich habe mit Dankbarkeit die Geduld meiner Familie, die Nachsicht meiner Kollegen und die Zuneigung meiner Freunde genossen; ihre Zahl wird sich vielleicht wegen dieser unpopulären Arbeit etwas verringern.

John Maddox

Kommt das Ende?

Die Propheten des Weltuntergangs sind neuerdings Legion. Früher pflegten in unseren Städten Männer Tafeln herumzutragen, auf denen behauptet wurde: »Der Weltuntergang ist nahe!« An ihrer Stelle verkündet heute eine Schar nüchterner Leute, Naturwissenschaftler, Philosophen und Politiker, daß uns noch ganz andere Katastrophen unmittelbar bevorstehen. Die Menschheit, so sagen sie, läuft Gefahr, sich durch Überzüchtung, Vergiftung mit Schmutz, Zerstörung ihrer Werte aufgrund der Manipulation von Erbanlagen und Zerrüttung ihrer gesellschaftlichen Grundlagen durch übergroßen Wohlstand selbst umzubringen.

Diese Unheilspropheten der Letzten Tage haben vielschichtige und interessante Fragen aufgeworfen — aber leider in einer Haltung, die an Zweckpessimismus grenzt. Zu oft wird die Wirklichkeit stark vergröbert oder völlig außer acht gelassen. Ein großer Teil dieser düsteren Vorahnungen über unsere unmittelbare Zukunft dürfte deshalb genau das Gegenteil von dem erreichen, was seine Urheber beabsichtigt hatten. Anstatt die Menschheit aufzuklären, zerstört man damit ihre Fähigkeit, ihren Weiterbestand selbst zu sichern. Dieses Weltuntergangssyndrom steht allen anderen Problemen, die sich die Gesellschaft selbst bereitet hat, an Gefährlichkeit kaum nach.

Zweifellos wollen unsere zeitgenössischen Propheten des Weltuntergangs einen Ausweg finden; ebenso unstreitig steht die moderne Gesellschaft vor wichtigen Aufgaben, die unbedingt gelöst werden müssen. In der Gesellschaft der Industrieländer sind Möglichkeiten zu entwickeln, die zu einer gerechteren Behandlung der Armen und der Benachteiligten führen. Das Leben in der Großstadt ist heute zwar besser als früher, läßt sich aber durchaus noch weiter verbessern. Selbst dort, wo die ärztliche Versorgung schon ausgezeichnet ist, müssen weiterhin Mittel und Wege gefunden werden, dem frühzeitigen Tod und der Krankheit Einhalt zu gebieten. Und in weniger entwickelten Gesellschaften stehen noch grundlegendere Aufgaben an. Die Ernährung ist immer noch unzureichend. Schulbildung bleibt für viele ein Luxus. Eine Wohnung ist Schutz für die einen und eine Quelle des Neids für die anderen. Nach den Ereignissen in Bengalen 1971 weiß die ganze Welt, daß in Kalkutta Rassismus, Armut, Krankheit und Unfreiheit herrschen und das Gewissen der Industriegesellschaft belasten, manchmal lähmen. Die Propheten des Weltuntergangs fragen jene, die ihre Sorge um die Gesellschaft teilen, ob die Menschheit ihre Energie Fragen wie den obengenannten zuwenden soll, die sich, wenn auch unter großen Mühen, lösen lassen, oder ob sie ihre Kräfte darauf verwenden soll, weiter entfernt liegende Schwierigkeiten zu verhindern.

Das Anliegen dieser Weltuntergangspropheten wäre klarer, wenn es besser auf Tatsachen gegründet wäre, einen besseren Sinn für geschichtliche Perspektiven, ein Gespür für Wirtschaftsfragen und weniger Gefühlsduselei aufwiese. In einem Zeitalter der Empirie ist besonders für Menschen, die schnell etwas erreichen wollen, die Versuchung groß, sich auf greifbare Dinge zu konzentrieren und die Behandlung fernliegender Fragen hinauszuschieben. Zweifellos hat die Weltuntergangsbewegung deshalb gerade in der idealistischen Jugend eine so begeisterte Gefolgschaft gefunden. Aber besteht nicht auf der anderen Seite die Gefahr, daß die übermäßige Beschäftigung mit den Schrecknissen einer fernen Katastrophe die Aufmerksamkeit von dem ablenkt, was man heute tun könnte? Auf welchen Horizont soll der Wohlmeinende seinen Blick richten?

Der Gedanke, daß die große Katastrophe die stärkere Bedrohung darstellt, ist vor allen Dingen ungenau. Es heißt, der hohe Verbrauch von Brennstoffen, an den die moderne Industrie gewöhnt sei, werde das Klima auf der Erdoberfläche entscheidend beeinflussen. Nur wenige Meteorologen werden derartige Aussagen jedoch ohne Einschränkung unterschreiben. Andere wieder fürchten, daß die Verwendung von Pestiziden der Menschheit einen irreparablen Schaden zufügen wird. Dabei sollte nur genau geregelt sein, wie derartige Chemikalien auf unsere Felder gespritzt werden. Außerdem fürchtet man, die Möglichkeiten der modernen Biologie, eine Eizelle künstlich zu befruchten, und die genauen Kenntnisse genetischer Vorgänge würden die Menschheit dehumanisieren. Mit dieser Annahme macht man die letzten fünf Jahrhunderte der Geschichte der Medizin, diesen Zeitraum ununterbrochener menschlicher Bemühungen, mit einem Federstrich zunichte. Kurz gesagt: Die Schwäche der Prophezeiungen über den Weltuntergang liegt vor allen Dingen in den oft unverantwortlichen Übertreibungen. Von welchem Geist diese Prophetenworte des Unheils getragen sind, zeigt sich sehr deutlich in der Arbeit von Paul R. Ehrlich, der 1968 einen großen Leserkreis mit seinem Buch *Die Bevölkerungsbombe* schreckte. Er erklärt: »Die Schlacht, die gesamte Menschheit mit Nahrung zu versorgen, ist verloren. In den siebziger Jahren werden Hungersnöte die Welt heimsuchen, viele hundert Millionen Menschen trotz aller heute in Angriff genommenen Sofortprogramme den Hungertod sterben.« Er beschreibt, in welchem Umfang die Weltbevölkerung wächst, welche Nachteile sich wahrscheinlich daraus ergeben werden, und erläutert, wie man zu einem besseren Gleichgewicht zwischen Bevölkerungswachstum und den verfügbaren Rohstoffen, besonders in den Entwicklungsländern der Erde, kommen kann. Er ist gegen den Zusatz von Sterilisationsmitteln zum Trinkwasser, jedoch für die Zwangssterilisierung auf andere Weise.

Natürlich muß zumindest die Wachstumsrate der Bevölkerung, wenn schon nicht ihre Größe, gesteuert werden. In den Industrieländern gehört die Bevölkerungspolitik immer mehr zum Instrumentarium wirksamer staatlicher Maßnahmen. In den Entwicklungsländern ist sie Vorbedingung wirtschaftlichen Fortschritts. Aber Hungersnot ist mittlerweile zu einem Schreckgespenst geworden, vor dem sich niemand mehr fürchtet. In den siebziger und achtziger Jahren werden wahrscheinlich nicht Hungersnot und Unterernährung die Hauptprobleme darstellen, sondern zum Beispiel die besten Absatzmöglichkeiten für Nahrungsmittelüberschüsse in Ländern, in denen kurz zuvor noch Hunger herrschte. Bevölkerungsplanung ist wünschenswert nicht als Möglichkeit, drohendes Unheil abzuwenden, sondern weil sie wie andere gesellschaftliche Errungenschaften, etwa der Gesundheitsdienst, menschliche Lebensbedingungen schneller verbessern kann.

Die weitverbreitete Angst vor den Folgen des Bevölkerungswachstums kommt von den zu stark vereinfachten Voraussagen. Wenn sich die Weltbevölkerung jetzt alle 35 Jahre verdoppelt, müßte sie in den nächsten 70 Jahren um das Vierfache zunehmen und somit im Jahr 2040 schon 14 Milliarden betragen. In seinem Buch *Die Bevölkerungsbombe* äußert sich Ehrlich geringschätzig über die »Berufsoptimisten . . ., die jedes Zeichen einer sinkenden Geburtenziffer mit ungezügelten Voraussagen über das Ende der Bevölkerungsexplosion begrüßen«. In seinem etwas sachlicher geschriebenen Buch *Bevölkerungswachstum und Umweltkrise* berechnet er die zukünftige Weltbevölkerung auf der Grundlage der pessimistischsten Hochrechnungen der Vereinten Nationen, in denen angenommen wird, daß sich die Fruchtbarkeit der Frauen im gebärfähigen Alter von jetzt bis zum Ende des Jahrhunderts nicht ändert. In Wirklichkeit gibt es jedoch bereits heute Anzeichen dafür, daß in den Entwicklungsländern die Fruchtbarkeit in genau derselben Weise, jedoch möglicherweise noch schneller abnimmt als in Westeuropa vor 50 und 100 Jahren. Besonders merkwürdig in Ehrlichs Beschreibung der Bevölkerungsexplosion ist die unbegründete Annahme, die Entwicklungsländer könnten außerstande sein, die Entwicklung der Industriegesellschaft nachzuvollziehen. Die vor allen Dingen in der westlichen Welt verbreitete Beschäftigung mit der Bevölkerungsexplosion muß den Völkern in anderen Erdteilen wie herablassender Neokolonialismus vorkommen.

Die Umweltschützer sorgen sich (unnötig) nicht nur um die Nahrung, sondern auch um die natürlichen Rohstoffe. Zumindest in den Vereinigten

Staaten reicht diese Tradition bis zum Ende des 19. Jahrhunderts zurück. Damals wurde Gouverneur Gifford Pinchot angst und bange bei der Aussicht, daß die Holzvorräte der Vereinigten Staaten in etwa 30 Jahren aufgebraucht, Steinkohle nur für rund 50 Jahre vorhanden und andere Rohstoffe wie Eisenerz und Erdgas schnell erschöpft sein könnten. 60 Jahre später hört man in den Vereinigten Staaten immer noch dieselben Klagen. Die Umweltpäpste haben den Begriff »unser ausgeplünderter Planet« geschaffen und wollen damit sagen, daß es in 100 Jahren weniger Erdöl gibt als heute und daß hochwertiges Kupfererz eines Tages vollständig abgebaut sein könnte.

In Wirklichkeit sind wir aber nicht nur auf die Rohstoffe angewiesen, die heute hauptsächlich verwendet werden. Wenn Kupfer knapp oder zu teuer wird, muß man statt dessen Aluminium verwenden. Sind natürliche Diamanten zu teuer, stelle man sie künstlich her. Zwar weiß man, daß die Vorräte an solchen Rohstoffen eines Tages erschöpft sein werden; dieser Tag liegt jedoch noch in weiter Ferne. Trotz aller Behauptungen der Umweltschützer leben wir offenbar in einer Zeit, in der Voraussagen über Rohstoffvorkommen weniger Gültigkeit haben als je zuvor. In 100 Jahren mag Erdöl schwieriger zu gewinnen sein als heute, aber in den letzten Jahren wurden so umfassende Grundlagen zur Energieerzeugung aus Mineralien wie Uran und aus Wasserstoff geschaffen, daß unsere Energieversorgung in zukünftigen Jahrzehnten besser gesichert ist, als man in den fünfziger Jahren erwarten konnte. Die Kosten der Gewinnung von Blei oder Kupfer aus dem Erdboden sinken immer noch in dem Maß, in dem Lagerstättenforschung, Abbautechnik und Metallurgie effizienter werden. Wirtschaftlich ausgedrückt: Die Hilfsquellen der Erde scheinen reichhaltiger zu sein.

Hungersnot ist nur eine der vielen Katastrophen, die angeblich aus dem Bevölkerungswachstum herrühren. Auch Ehrlich bekennt sich zu der Theorie, die durch das Bevölkerungswachstum hervorgerufene Überfüllung der Erde führe zur Haltlosigkeit des Individuums, zu psychischen Störungen, gesellschaftlichen Spannungen und zum Aufruhr. Häufig wird die Annahme, Überfüllung als solche sei für den Menschen schlecht, anhand von Versuchen mit Labortieren, hauptsächlich Ratten und Mäusen, begründet. Die bekanntesten Experimente wurden von R. Colhoun durchgeführt; sie zeigten, daß Ratten in überfüllten Käfigen alle möglichen psychischen Störungen entwickelten: Muttertiere brachten ihre Jungen um, die Männchen wurden ungewöhnlich aggressiv, die Tiere starben früher. Großstadtbewohner müßten also stärker gestört sein als die Einwohner ländlicher Gegenden. Müßten nicht mit zunehmender Bevölkerungsdichte soziale Fehlentwicklungen wie Gewalttätigkeit in der Bevölkerung oder internationale Konflikte immer häufiger auftreten? Diese Befürchtungen sind recht verbreitet. Ehrlich und seine Frau Anne

behaupten in ihrem Buch *Bevölkerungswachstum und Umweltkrise,* daß »zwischen der Bevölkerungswachstumsrate ... und der Verstrickung in Kriege sehr ausgeprägte Korrelationen bestehen«.
Nun ist der Vergleich von Ratten mit Menschen bestenfalls fragwürdig; der Herdentrieb, der vor vielen tausend Jahren zur Entwicklung der Städte führte, unterscheidet die Menschheit aber doch von den Nagetieren, und die Annahme, Gewalt und Krieg seien Begleiterscheinungen der Überfüllung, ruht auf einer äußerst schwankenden und fragwürdigen statistischen Grundlage. Oder sollten tatsächlich die Niederlande, das am dichtesten bevölkerte Land in Westeuropa, mehr zu Gewalttätigkeit neigen als etwa die Vereinigten Staaten?
Zur Angst vor der Zukunft gehört auch die Furcht vor der ökologischen Katastrophe. Wie Barry Commoner in seinem Buch *The Closing Circle* ausführt, »bleibt uns auf unserem planlosen Marsch zum ökologischen Selbstmord kein Ausweg mehr«. Er und die weniger Gemäßigten, die seine Ansichten nachbeten, wollen damit sagen, die Beziehung zwischen dem Menschen und seiner natürlichen Umgebung sei heikel und die Menschheit so vollständig von der Umwelt abhängig, daß viele menschliche Eingriffe in die Natur ein Leben auf der Erde sehr wohl unmöglich machen können.
So besagt ein Stufenplan zum Untergang, daß die Verschmutzung der oberen Meeresschichten durch Insektizide oder Chemikalien die mikroskopisch kleinen Pflanzen zerstören kann, die die Sonnenenergie in chemische Energie umwandeln, dadurch zur Erhaltung aller Arten von Leben im Meer beitragen und den Sauerstoff in der Atmosphäre ergänzen. Einer anderen Theorie zufolge kann die durch das Verfeuern von fossilen Brennstoffen erzeugte Kohlendioxidmenge die Temperatur auf der Erdoberfläche so erhöhen, daß sich dadurch die gegenwärtige Wetterlage ändert und vielleicht sogar das Eis der Antarktis schmilzt. Zum Glück sind diese Abläufe keineswegs unabänderlich. Einmal kennt man die Prozesse, die angeblich zu Katastrophen führen, bis heute nur unvollständig. Zum anderen ist ihre Größenordnung immer noch unbedeutend im Verhältnis zur Ökosphäre, in der Lebewesen existieren. Die Befürchtung, Pestizide könnten das pflanzliche Leben in den Meeren so beeinträchtigen, daß die Sauerstoffversorgung der Welt dadurch verringert würde, wie zum erstenmal 1969 behauptet wurde, erwies sich schon 1970 als Ausgeburt zu düsterer Berechnungen.
Bei all diesen Spekulationen über eine mögliche Katastrophe muß man sich fragen, warum man immer von fernen, unwahrscheinlichen Ereignissen spricht und viel weniger emotionelle Energie gegen andere Bedrohungen menschlichen Lebens und Glücks einsetzt, sei es nun Luftverschmutzung oder Kinderlähmung. Das sind natürlich Aufgaben, für die die Gesellschaft planvoll Hilfsmittel, Menschen und Geld einsetzen muß. Ist

die Beschäftigung mit fernen Katastrophen vielleicht deshalb so begehrenswert, weil sie keine aktiven Maßnahmen erfordert? Die Ansammlung von Kohlendioxid in der Atmosphäre verhütet man schließlich am besten dadurch, daß man keine Kraftwerke baut. Gegen das äußerst geringe Risiko, daß DDT für den Menschen schädlich sein kann, schützt man sich, indem man kein DDT verwendet. In diesem Sinn neigt die Umweltschutzbewegung zur Passivität, zum reinen Konservatismus. Selbstverständlich ist Untätigkeit auf den ersten Blick einfacher als drastische und kostspielige Maßnahmen; würde man jedoch auf breiter Basis verwirklichen, was die Propheten des Unheils fordern, so unterhöhlte man dadurch die Struktur unseres modernen Wirtschaftslebens bis zur gesellschaftlichen Stagnation.

Kann sich die Menschheit vielleicht auch durch eigenes Zutun ausrotten, selbst wenn es ihr gelingt, die Zerstörung der Umwelt zu verhindern, von der sie abhängt? In den letzten Jahren ist die moderne biologische Forschung häufig als potentielle Bedrohung unseres Weiterbestehens bezeichnet worden. Der Begriff Gentechnik eröffnet zweifellos schreckliche Aussichten und läßt an die Manipulation menschlicher Erbanlagen gegen den Willen der Betroffenen denken. Die Dinge verlieren jedoch etwas von ihrem Schrecken, wenn man sich daran erinnert, daß Pferde- und Pflanzenzucht seit Jahrhunderten nach diesem Rezept arbeiten. Und warum sollten Völker, die sich gegen die heute schon möglichen Eugenikmaßnahmen wie Bestimmung der Ehepartner oder selektive Kindstötung entschlossen haben, ihre Grundsätze aufgeben, nur weil es eine Molekularbiologie gibt?

Selbst die ganz reale Aussicht, menschliche Eizellen im Reagenzglas zu befruchten, führt nicht zu einem Umsturz der Gesellschaft, wie viele argwöhnen. Vielmehr bieten sich diese neuen Verfahren vorzugsweise als therapeutische, nicht als subversive Maßnahmen an. Sicherlich hat die biologische Forschung neue ethische Fragen aufgeworfen. Nach welchen Kriterien sollen Ärzte entscheiden, wer von einer Reihe gleichermaßen bedürftiger Patienten an eine künstliche Niere angeschlossen werden oder eine Niere empfangen soll, die zur Transplantation frei wird? Daß diese Fragen schwierig und neu sind, bedeutet jedoch weder, daß man diese neuen Techniken unterdrücken sollte, noch rechtfertigt es die Ansicht, die biologische Forschung stecke voller geheimer Gefahren für die Gesellschaft. Warum soll die Medizin, die Antibiotika zur Behandlung und Impfstoffe zur Verhütung von Infektionskrankheiten geschaffen hat, nun plötzlich mit ihren neuen Entwicklungen böse Ziele verfolgen?

Könnte nicht die Wissenschaft den Bestand der Gesellschaft auf viel subtilere Weise unterminieren? Diese Befürchtung ist nicht neu und bedeutet in ihrer gröbsten Form finsterste Kulturfeindlichkeit. In den letzten Jahren ist das Thema neu aufbereitet worden. René Dubos, ein hervorragender Bakteriologe, erklärt in seinem Buch *Reason Awake:* »Der Mensch hat immer in prekären Verhältnissen gelebt und sich über seinen Stellenwert in der Ordnung der Dinge Gedanken gemacht. Früher wurde er hauptsächlich von Naturgewalten bedroht, über die er keine Macht hatte, und er fürchtete sich aus Unkenntnis über den Kosmos und sich selbst. Heute kommen Bedrohung und Angst vorwiegend von der Wissenschaft und ihren Technologien, paradoxerweise den charakteristischen Produkten menschlichen Denkens.« An anderer Stelle sagt er: »Die Behauptung, Wissenschaft und Technik seien schuld an einigen unserer schlimmsten Alpträume und hätten unsere Gesellschaften so kompliziert gemacht, daß diese fast nicht mehr zu regieren sind, dürfte wohl die Zustimmung weitester Kreise finden.«

In diesen Behauptungen werden die Technik und die Naturwissenschaft, aus der sich die Technik mitunter entwickelt, fälschlich als subversive Kräfte der Gesellschaft bezeichnet. Sicherlich entstehen aus den meisten technischen Neuerungen häufig unerwartete und sogar unvorhersehbare Folgen. Das ist immer so gewesen. Wer hätte geahnt, daß das Automobil einmal die Vorstädte in den Vereinigten Staaten entstehen lassen würde? Die Einführung des Rades in der primitiven Gesellschaft muß von ähnlich unvorhergesehenen Entwicklungen begleitet gewesen sein. Heute ist es nicht anders: Der unmittelbare Nutzen einer Innovation läßt sich vielleicht vorhersagen, aber die weiteren Folgen, seien sie nun vorteilhaft oder nicht, sind viel schwieriger vorherzubestimmen. Die Moral ist natürlich dieselbe wie immer: Der Staat muß dafür sorgen, daß bei technischen Neuerungen der Löwenanteil des Nutzens der Gesellschaft zufließt. Gibt man vor, daß eine solche Unterscheidung unmöglich und deshalb jegliche Technik verdächtig ist, wie Dubos anzunehmen scheint, so behauptet man nichts anderes, als daß die Gesellschaft nicht in der Lage ist, ihre Angelegenheiten selbst zu regeln. Die Vorstellung von der Technik als allmächtiger Kraft, die alle Menschlichkeit aus der Gesellschaft austreibt, scheint ganz allgemein nur ein Deckmantel für den pessimistischen Glauben an die Unfähigkeit gesellschaftlicher Einrichtungen zu sein. Es kommt nicht darauf an, Wissenschaft und Technik auszuschalten, sondern sie unter Kontrolle zu halten und ganz besonders darauf zu achten, daß sie nicht zu entmenschlichenden oder irreführenden Einflüssen werden.

Besonders verbreitet ist die irrige Meinung, die Technik bestehe nur aus gigantischen Programmen, die aus Steuergeldern bestritten werden und dazu dienen, Raketen auf den Mond zu schicken, Raketen anderer Staaten zu zerstören, falls sie als Waffe eingesetzt werden, oder neuentwickelte Flugzeuge zu bauen, die keine Fluggesellschaft kaufen will. In Wirklichkeit arbeiten die meisten Techniker an viel weniger spektakulären Dingen: dem Bau von sichereren (und billigeren) Brücken oder der Entwicklung von Verfahren zur Kaffeetrocknung ohne Geschmackseinbuße. Die Klagen über die Technik und ihre Folgen wären eher gerechtfertigt, wenn sich ihre Urheber darum kümmerten, welchen Gebrauch die Gesellschaft von Wissenschaft und Technik macht. Wer bestimmt, welche Neuerungen wertvoll sind? Manche Entscheidungen muß der einzelne in seiner Rolle als Käufer, als Verbraucher von Waren treffen. Andere Entscheidungen liegen beim Hersteller. Wieder andere, die ein politisches Element im weitesten Sinn enthalten, müssen von Regierungen getroffen werden, die im Auftrag der von ihnen vertretenen Staaten handeln. Nur allzuoft sind die Regierungen nicht willens, diese Verantwortung auf sich zu nehmen. In den großen Industrieländern haben die Regierungen bereitwillig die Einführung des Düsenflugzeugs vorangetrieben, ohne sich Gedanken über den zusätzlichen Lärm zu machen, der durch dieses Verkehrsmittel entsteht. Sie haben die Industrie unterstützt, ohne genügend über deren unvermeidliche Nebenwirkungen, besonders die Verschmutzung, nachzudenken. Sie haben die Verstädterung gefördert, ohne sich um Stadtplanung zu kümmern.

Würden die Umweltschützer diese Beschwerden vorbringen, so wäre ihre Sache durchaus lobenswert. Sie arbeiten jedoch unter dem Vorwand, Wissenschaft und Technik gemeinsam bestimmten mittlerweile die Entwicklung der Gesellschaft so sehr, daß dadurch die Menschheit gefährdet werden könnte. Das enthebt sie der Notwendigkeit, Möglichkeiten der Entscheidung über eine segensreiche Nutzung der Technik zu durchdenken. Die Technik könnte in Zukunft mehr als bisher den Menschen von eintöniger Arbeit befreien und die Qualität des Lebens nicht nur durch materielle Güter, sondern auch durch mehr Freizeit verbessern. Die Umweltschützer laufen deshalb Gefahr, der Gesellschaft den Verzicht auf dieses unumgängliche Mittel zum Überleben einzureden. Paradoxerweise bringt sich so die Umweltbotschaft, zumindest in ihrer extremsten Form, selbst um ihren Gewinn.

Wo ist diese Umweltbewegung eigentlich entstanden? Zu Ende des Zweiten Weltkriegs spürten die Wissenschaftler mit als erste, daß die Entwicklung der Kernwaffen die internationalen Beziehungen von Grund auf änderte und gleichzeitig eine echte Bedrohung der Menschheit darstellte. Alle, die heute klagen, die Wissenschaft habe ihre gesellschaftlichen Aufgaben nur unzulänglich erfüllt, lassen das nur allzu bereitwillig außer acht. 1945 führte J. Robert Oppenheimer, der wissenschaftliche Leiter des Entwicklungsprogramms für die ersten Atombomben in Los Alamos, diesen Gedanken beredt, wenn auch etwas melodramatisch folgendermaßen aus: »Ganz grob gesagt, ohne Vereinfachung und ohne Übertreibung, haben die Physiker die Sünde erkannt, und dieses Wissen werden sie nicht mehr los.«

Viele von Oppenheimers Kollegen, ganz besonders die im Chicagoer Labor des Manhattan-Projekts arbeitende Gruppe, die die erste sich selbst erhaltende Kettenreaktion herbeigeführt hatte, wollten Einfluß darauf gewinnen, wie die Kernenergie in der Nachkriegswelt verwendet werden sollte. Zuerst gründeten sie die *Federation of Atomic Scientists*, heute *Federation of American Scientists* genannt. Die führenden Köpfe waren hervorragende Wissenschaftler, Männer wie Leo Szilard. Sie gaben das *Bulletin of the Atomic Scientists* heraus und drängten die amerikanische Regierung, Gesetze zur Überwachung der Kernenergie zu erlassen, damit die Militärbehörden nicht allein für die Herstellung von Kernwaffen zuständig wären und die Vereinigten Staaten alles in ihrer Macht Stehende tun könnten, um die Verbreitung von Kernwaffen im Ausland zu unterbinden.

Heute kommt es uns merkwürdig vor, wie verhältnismäßig langsam die Welt damals die potentielle Zerstörungskraft der Kernwaffen erkannte. Daß bei einer einzigen Explosion in Hiroshima fast 140000 Menschen umkamen, war eine grauenvolle Nachricht; aber am Ende einer Zeit, in der hundertmal so viele Menschen durch konventionelle Bomben, militärische Aktionen und die altmodischere Bestialität der Konzentrationslager ums Leben gekommen waren, hatten Hiroshima und Nagasaki eigentlich nur insofern eine direkte Bedeutung, als sie das Ende des Krieges anzeigten.

Eine einflußreiche Gruppe von Wissenschaftlern war von Anfang an auf der Hut. In den turbulenten Tagen unmittelbar nach dem Zweiten Weltkrieg klang in den Worten von Eugene Rabinovitch, einem der Gründer der *Federation of Atomic Scientists*, der feierliche Ernst an, mit dem seine Kollegen die Entdeckung der Kernenergie aufgenommen hatten. Er sagte damals: »Der Menschheit ist die Macht gegeben, die im Atomkern verschlossenen ungeheuren Energien zu jedem ihr sinnvoll erscheinenden Zweck zu nutzen, sich selbst in einem Atomkrieg zu zerstören oder eine gedeihlichere und sicherere Welt aufzubauen.« In den fünfziger und sechziger Jahren beherrschte die potentielle Ambivalenz der Kernenergie die meisten Diskussionen über den gesellschaftlichen und wirtschaftlichen Wert der neuen Kraftquelle. Die Kernspaltung konnte einerseits das Ende der Welt herbeiführen und war andererseits fast eine Zauberformel zur Beseitigung der drohenden chronischen Knappheit an konventionellem Brennstoff.

Der erste greifbare Erfolg dieser Wissenschaftslobby in den Vereinigten Staaten war die *McMahon Act*, ein Gesetz, das die Zuständigkeit für die Entwicklung von Kernwaffen ganz klar in die Hände einer nichtmilitärischen Behörde, der Atomenergiekommission der Vereinigten Staaten, legte. Aufgrund dieses Gesetzes konnte eine Kernenergieindustrie für eindeutig zivile Zwecke sehr viel leichter neben einer Industrie entstehen, die der Entwicklung und Herstellung von Kernsprengstoffen diente. Die heute vielgescholtene Atomenergiekommission ist kaum noch als der wichtigste politische Sieg der Atomwissenschaftler in den Vereinigten Staaten zu erkennen. Diejenigen, die sich damals für die *McMahon Act* eingesetzt hatten und damit zufrieden waren, wie dieses Gesetz die Freiheit der amerikanischen Regierung in der Weitergabe von Informationen über die technische Entwicklung von Kernsprengstoffen an andere Länder einschränkte, würden heute nur ungern zugestehen, daß dieses Gesetz Ende der vierziger Jahre vor allem zur unabhängigen Herstellung von Kernwaffen in Großbritannien und zehn Jahre später in Frankreich führte. Es ist eine Ironie des Schicksals, daß in einem der wichtigsten Bücher, die in der Nachkriegszeit über Kernwaffen geschrieben worden sind, *The Political and Economic Consequences of Nuclear Energy* von Lord Blackett, die These vertreten wurde, die Nationen würden sich nur selbst täuschen, wenn sie Mittel für Kernwaffen aufwendeten; zu gegebener Zeit würde die Sowjetunion mit den Vereinigten Staaten in der Herstellung von Kernwaffen gleichziehen, und damit hätte sich der militärische Nutzen der Kernwaffen von selbst erledigt. Die ersten explodierenden Wasserstoffbomben zu Anfang der fünfziger Jahre belehrten jedoch diese Theoretiker eines Besseren. Als 1954 vier japanische Fischer durch den radioaktiven Staub aus einer Wasserstoffbombenexplosion ums Leben kamen, wurde der Welt die potentielle Zerstörungskraft von Kernwaffen augenfällig demonstriert. Seitdem sind alle Diskussionen über die Kernenergie von der durchaus richtigen Erkenntnis geprägt, daß ein ausgewachsener Atomkrieg die Zukunft selbst gefährden würde. Herman Kahn konnte deshalb 1960 ein Waffensystem, das alles Lebende zu zerstören vermochte, *Doomsday Machine,* die Weltuntergangsmaschine, nennen. Fairerweise muß man hinzufügen, daß Kahn, übrigens einer der am häufigsten mißverstandenen Männer auf der Welt, vor allem beweisen wollte, daß »ein Waffensystem um so weniger zufriedenstellend ist, je mehr es zu einer solchen *Doomsday Machine* wird«.

Als die Vereinigten Staaten Mitte der fünfziger Jahre ein internationales Programm zur friedlichen Nutzbarmachung der Kerntechnik ins Leben gerufen hatten, gab es verschiedentlich organisierten Protest gegen die Pläne zur Erprobung und Anwendung von Kernwaffen. 1955 veranstalteten die Vereinten Nationen die erste Tagung in einer Reihe von internationalen Konferenzen über die friedliche Nutzung der Kernenergie. Bei diesem Anlaß wurde die Aufmerksamkeit stärker auf das zivile Potential im Gegensatz zum militärischen Potential der Kernenergie gelenkt, aber um dieselbe Zeit wurden auch die ersten Organisationen gegründet, die bei den Regierungen des Westens und der Sowjetunion für eine nukleare Abrüstung eintraten. Bertrand Russells Kampagne für eine einseitige Abrüstung Englands begann 1955; zusammen mit Albert Einstein erklärte er, schon die Existenz von Kernwaffen müsse zwangsläufig dazu führen, daß diese Waffen irgendwann einmal im Zorn eingesetzt werden würden.

1956 entstand aus der Unruhe um die Mitte der fünfziger Jahre die *Pugwash*-Organisation, die seither nicht nur zu einer Interessenvertretung, sondern auch zu einem wertvollen Kanal für den Nachrichtenaustausch zwischen Ost und West geworden ist. Ende der fünfziger Jahre waren jedoch die Kernwaffenversuche beinahe alltäglich geworden, und radioaktive Rückstände sammelten sich in den Lebensmitteln. Der Nachweis von radioaktivem Strontium in den Knochen kleiner Kinder wirkte nachhaltiger auf das Weltgewissen ein als selbst die Entdeckung von DDT in der Leber und im Fettgewebe von Menschen und Säugetieren ein Jahrzehnt zuvor. Da die militärische Strategie in Europa damals immer noch von Plänen eines schnellen atomaren Gegenschlags beherrscht war, schien Ende der fünfziger Jahre der Weltuntergang unmittelbar bevorzustehen.

In den Vereinigten Staaten äußerte sich die Unruhe, die durch die Entdekkung der Kernenergie ausgelöst worden war, in der Schaffung einer Reihe von Organisationen, die seitdem die sogenannte Umweltbewegung in Gang gehalten haben. Die *Federation of Atomic Scientists* übte ihren Einfluß hauptsächlich durch ihre Zeitschrift aus. 1958 gründete jedoch Commoner, Biologe an der Washington-Universität in St. Louis, das *St. Louis Committee for Atomic Information* und wollte damit das dem amerikanischen Bürger nach dem Atomgesetz zustehende Recht ausüben, sich an öffentlichen Untersuchungen bei der Standortwahl von Kernkraftwerken zu beteiligen.

Die Lage wurde 1961 durch den Ausfall des zu ehrgeizig ausgelegten Enrico-Fermi-Reaktors am Michigansee verschärft. 1962 führte der kühne Plan der Consolidated Edison Company, ein Kernkraftwerk innerhalb der Stadtgrenzen am anderen Ufer des East River, etwas nördlich vom Gebäude der Vereinten Nationen, zu errichten, zur Bildung einer weiteren Wissenschaftlergruppe, in der Dubos an führender Stelle mitwirkte. Sie trat dafür ein, die Öffentlichkeit nicht nur über die Kernenergie, sondern auch über andere Entwicklungen in Naturwissenschaft und Technik zu informieren, die anhaltende Folgen für die Gesellschaft mit sich bringen könnten.

Nun ergab es sich, daß die Hauptgefahren, auf die die Bewegung zur Unterrichtung der Öffentlichkeit immer wieder hinweisen wollte, Anfang der sechziger Jahre von selbst verschwanden. Zuerst erkannte man die Explosionen von Kernwaffen in der Atmosphäre genau als das, als was sie die Kritiker in den fünfziger Jahren immer bezeichnet hatten: eine schwerwiegende Gefährdung der menschlichen Gesundheit. Infolgedessen wurden die Regierungen der Vereinigten Staaten, der Sowjetunion und Großbritanniens dazu gebracht, einen Vertrag über das Verbot von überirdischen Kernwaffenexplosionen zu unterzeichnen. Commoner erklärt heute, dieser partielle Versuchsstopp sei als »erste siegreiche Schlacht in der Kampagne zur Rettung der Umwelt – und ihrer menschlichen Bewohner –

vor der blinden Anarchie der Technik« zu betrachten. Für ihn zumindest besteht kein Zweifel daran, wo die Wurzeln der Umweltbewegung zu suchen sind.

Ist diese Behauptung stichhaltig? Die Besorgnis über radioaktive Rückstände in Menschenknochen hat zweifellos das Ergebnis der Verhandlungen über das Verbot von Kernwaffenversuchen sehr stark beeinflußt, aber die Atommächte von 1964 waren um so mehr bereit, dieses Versuchsverbot zu unterstützen, als sie gerade die Entwicklung von Sprengköpfen für Langstreckenraketen abgeschlossen hatten, die das Rückgrat der strategischen Waffen der Vereinigten Staaten und der Sowjetunion in den sechziger Jahren bildeten, und weil sie meinten, ein partieller Atomwaffenversuchsstopp werde den Zeitpunkt hinausschieben, zu dem auch andere Länder Atommächte werden würden. Mit anderen Worten: Sie konnten es sich leisten, der allgemeinen Verurteilung der radioaktiven Umweltverseuchung Gehör zu schenken. Commoner kann heute leicht sagen, viele der damals Betroffenen hätten erkannt, »daß der Fallout nur einen Teil eines größeren Problems darstellte, nämlich der nachteiligen Einwirkungen der modernen Technik auf die Umwelt«. Sie gehörten aber gleichzeitig einer verschworenen Truppe an, die auf den Geschmack gekommen war, für die es jedoch keine weiteren Kämpfe mehr gab.

Die Umweltbewegung der siebziger Jahre hat auch nicht annähernd die breite Basis wie damals die Kampagne gegen den Fallout, weil zu jener Zeit auch die Regierungen, nicht nur ihre Kritiker, die potentiellen Gefahren erkannt hatten. Die Kampagne gegen die Fortsetzung von Kernwaffenversuchen in der Atmosphäre erhielt Unterstützung von allen Seiten, und ein Sonderausschuß der Vereinten Nationen tat sich dabei besonders hervor. Im Vergleich dazu haben die Bemühungen von Gruppen wie dem von Commoner geführten Verband (der sich 1964 in *St. Louis Committee for Environmental Information* umbenannte) bei der Behandlung anderer Umweltprobleme als des radioaktiven Fallouts zwangsläufig weniger Unterstützung von technischer Seite erfahren und deshalb auch weniger Erfolg gehabt. Obwohl die ersten Schritte im Kampf gegen DDT und ähnliche Insektizide bereits 1962 unternommen wurden, formierte sich die Umweltbewegung in den Vereinigten Staaten jedoch erst um 1968.

Ein großer Teil ihrer Tätigkeit läuft in festen Bahnen ab. Der *Sierra Club of the United States,* lange Zeit Hort der Naturschützer, Naturhistoriker und Alpinisten, wurde unter der Führung von David Brewer, bis zur Bildung der *Friends of the Earth Society* sein Geschäftsführer, eine recht aktive Organisation. Brewer ist heute Direktor der zuletzt genannten Gesellschaft. Ein für den Umweltschutz zuständiger amerikanischer Beamter erklärte einmal: »Wir sollten Gott für Dave danken, denn gegen ihn wirken wir übrigen direkt harmlos.«

Die erste Gelegenheit, das Echo der neuen Umweltbewegung in den Vereinigten Staaten zu erproben, ergab sich am sogenannten Tag der Erde, dem 5. April 1970. Obwohl die Legenden, die sich um diesen Tag ranken, vorwiegend mit den Ungereimtheiten der Organisation zu tun haben, so etwa mit dem Müll, den die zu den Ereignissen aufmarschierten Menschenmengen zurückließen, erfuhren doch zumindest die amerikanischen Politiker eindrücklich, daß mit der Umwelt Stimmen zu gewinnen waren. Die Umwelt wäre heute schon viel sauberer, wenn alle Politiker in den Vereinigten Staaten, die seitdem ihre Zuständigkeit für diese Fragen erklärt haben, auch bereit gewesen wären, die entsprechenden Mittel zu bewilligen oder Gesetze zu verabschieden, um die fortgesetzte Einleitung von ungeklärten Abwässern in amerikanische Flüsse zu verhindern.

Schließlich kam es zur Schlacht – nicht um den Fallout, sondern um Pestizide –, und die inzwischen verstorbene Autorin Rachel Carson vertrat die stärkste kriegführende Partei. 1962 bot das Buch *Der stumme Frühling* den öffentliche Protesten über die Anwendungen von Wissenschaft und Technik eine neue Plattform. Rachel Carson befaßte sich fast ausschließlich mit der Anwendung von Insektiziden in den Vereinigten Staaten. Viele ihrer Beschwerden waren durchaus begründet; es ist unsinnig, Chemikalien zur Insektenvertilgung an Binnenseen so einzusetzen, daß mit den Insekten auch gleich die Fische vernichtet werden. So berichtet die Autorin, daß die Verwendung von Dieldrin, einem dem DDT ähnlichen, jedoch stärkeren Insektizid, gegen den Japankäfer in den Maisfeldern des Mittelwestens die Existenz des Maiszünslers, eines anderen, noch viel gefährlicheren Schädlings, erleichtert habe, von dem sich der Japankäfer normalerweise ernährt. Sie brachte genügend Beweismaterial zusammen, um zu demonstrieren, daß die Verwendung von Pestiziden schärfer unter Kontrolle gestellt werden sollte. Irreführend an ihrer Berichterstattung sind die Greuelmärchen über den Mißbrauch von DDT, die den Eindruck erwecken sollen, es gebe keine nennenswerten sicheren Anwendungen dieses Mittels.

Warum hatte das Buch *Der stumme Frühling* einen so großen Einfluß? Das hängt sehr stark mit der Technik der Autorin zusammen, mit Berechnung dick aufzutragen. *Der stumme Frühling* war eine tote Jahreszeit in »einer Stadt im Herzen Amerikas«, die Rachel Carsons fruchtbarer Phantasie entsprungen ist. Ihr Buch beginnt mit einer, wie sie sagt, »Fabel für morgen«. Früher einmal »schien alles Leben in Harmonie mit seiner Umwelt zu existieren . . ., aber dann zog eine merkwürdige Krankheit in das Land ein, und alles wurde anders. Das Land stand unter einem bösen Zauber: Geheimnisvolle Krankheiten suchten die Hühnerfarmen heim; Rinder und Schafe wurden krank und verendeten. Überall zeigte sich der Schatten des Todes. Die Bauern sprachen viel von Krankheit in ihren Familien. Die Ärzte in der Stadt wunderten sich über unbekannte Leiden, die bei ihren Patienten auftraten. Es hatte ein paar plötzliche und unerklärliche Todesfälle gegeben, nicht nur unter den Erwachsenen, sondern sogar bei Kindern, die plötzlich beim Spielen krank geworden und innerhalb weniger Stunden gestorben waren.«

Natürlich war das Unheil durch zuviel Pestizide hervorgerufen worden. In aller Unschuld enthüllt die Autorin, daß »diese Stadt nicht wirklich existiert, aber ihr Ebenbild sich an tausend Orten in Amerika oder anderswo in der Welt finden könnte«. Mit diesem schriftstellerischen Trick, mit dem sie ihre Leser überrumpelte, traf Rachel Carson nicht nur die triviale Feststellung, daß zu große Pestizidmengen Nutztiere ebenso umbringen können wie Insekten, sondern erweckte auch den Eindruck, diese ungezügelte Verwendung sei unumgänglich. Damit hat sie ein Modell für die absichtliche Übertreibung geschaffen, die seitdem durch die Literatur geistert, die sich mit dieser Vision des Weltuntergangs beschäftigt.

Ehrlichs Buch *Die Bevölkerungsbombe* ist ein hervorragendes Beispiel für den hohen Stand, den diese Technik mittlerweile erreicht hat. Nach einem spannend geschriebenen Bericht darüber, wie »die Schlacht, die ganze Menschheit mit Nahrung zu versorgen, nunmehr verloren« sei, der die meisten Leser das Fürchten lehrt, schließt Ehrlich mit der beflissenen Entschuldigung, »jeder Wissenschaftler lebe ständig mit der Möglichkeit, unrecht zu haben«, es sei ja nicht weiter schlimm, wenn sich sein Argument als falsch erweise, denn: »Wenn ich unrecht habe, werden die Menschen noch mehr zu essen haben, besser wohnen und glücklicher sein . . .«

Nun schafft Unruhe nicht unbedingt die beste Atmosphäre, in der vernünftige Lösungen für den realen Teil der Probleme gedeihen. Äsop wußte, was mit dem Hirtenjungen passierte, der zu oft vor dem Wolf gewarnt hatte.

Auch Commoner bedient sich der Carsonschen Technik. So erklärt er in seinem Buch *Science and Survival,* daß »ein so großes Gewässer wie der Eriesee bereits von Schadstoffen durchsetzt und damit praktisch tot ist«. Heute wie 1963, als das Buch verfaßt wurde, ist der Eriesee zwar durch Verschmutzung schwer in Mitleidenschaft gezogen, denn es stand ja nicht zu erwarten, daß ein so seichtes Gewässer unter dem Ansturm einer so ungeheuren Menge von Haushalts- und Industrieabwässern, wie sie die Anliegerstädte einleiteten, unverändert bleiben würde, aber in den sechziger Jahren hat er dennoch eine blühende Fischereiindustrie am Leben erhalten. 1970 lag der Ertrag bei rund 25000 Tonnen Fisch. Niemand weiß genau, warum andere Arten die Forelle verdrängt haben, sei es wegen der Abwässer oder durch den Einfluß des Wellandkanals, der am Niagara vorbeiführt und den Eriesee mit dem Ontariosee verbindet. Auf jeden Fall muß etwas getan werden, um die Einleitung von Abwässern in den Eriesee zu unterbinden, aber die Aussage, der See sei bereits tot, hat ohne Rücksicht auf die Bedeutung einer solchen Frage den Eriesee eigentlich stärker ins Licht der Öffentlichkeit gerückt, als notwendig wäre. Gerechterweise muß man anmerken, daß Commoner in seinem neuesten Buch *The Closing Circle* nicht mehr behauptet, der See sei tot, sondern nur noch, daß »wir den biologischen Charakter des Sees einschneidend und bleibend verändert und seinen Wert für den Menschen dadurch für heute und die vorhersehbare Zukunft sehr stark vermindert haben«. Das ist eine gemäßigtere Aussage zur Sache, auch wenn man die zweifelhafte Behauptung der Unabänderlichkeit hier nicht näher untersucht.

In der Literatur der Unheilspropheten macht man gern große Worte. Rachel Carson beschreibt die möglichen Gefahren, die dem Bodenertrag aus der Verwendung von Pestiziden drohen können, folgendermaßen: »Wenn Pestizide weiterhin im bisherigen Umfang verwendet werden und sich die praktisch nicht abzubauenden Rückstände immer stärker im Boden konzentrieren, stehen uns schlimme Dinge bevor.« Das war auch die einheitliche Meinung einer Gruppe von Fachleuten, die sich 1960 an der Universität Syracuse trafen, um über Bodenökologie zu sprechen. Diese Experten fassen die Gefahren der Verwendung »so wirksamer und kaum beherrschter Hilfsmittel« wie Chemikalien und Strahlung folgendermaßen zusammen: »Schon ein paar falsche Schritte des Menschen können die Ertragskraft des Bodens vollständig zerstören; die Insekten könnten dann die Herrschaft übernehmen.«

1960 waren vielleicht die damals möglichen Messungen nicht gründlich genug durchgeführt worden, so daß niemand genau wußte, wie lange DDT und ähnliche Stoffe in dem Boden verbleiben, auf den sie gespritzt worden sind. Aber aus welchem Grund dehnt man Befürchtungen, die sich ganz speziell auf DDT beziehen, gleich auf die allgemeine Gruppe »Chemikalien und Strahlung« aus? Wann hat es je Grund zu der Annahme gegeben, die ganze Erdoberfläche könnte zur selben Zeit in genau derselben Weise behandelt werden, so daß die Insektizide dann den sonderbaren Effekt hätten, überall die Vegetation zu vernichten und die Insekten als Herrscher der Welt übrigzulassen? Wovon sollen sich nach Meinung der Ökologen die Gliederfüßer ernähren, wenn die Vegetation abgestorben ist? Und von wem sollen die Insekten unter diesen traurigen Bedingungen die Herrschaft übernehmen? Von den Pflanzen? Oder vom Menschen? Hatte Rachel Carson Angst, eine zu eingehende Erklärung dieser Punkte könnte ihre Geschichte um den Effekt bringen?

Erklärungen der Wirkungsweise bestimmter Chemikalien oder sonstiger Wirkstoffe haben auch bei anderen ein allgemeines Gefühl des Zusammenbruchs ausgelöst. So beginnt C. S. Wallia seine Einführung in dem Band *Towards Century 21* mit der ernsten Erklärung: »Es ist eine Binsenwahrheit in unserer Zeit geworden, daß wir gleichzeitig die Vorboten nie erlebten Unheils und die Möglichkeiten ungeahnter Erfüllung vor Augen haben. Wie wir wissen, haben Wissenschaft und Technik zu dieser Entwicklung geführt.« Jack D. Douglas, Herausgeber des Konferenzbandes *The Technological Threat*, bemerkt zum Prozeß der technologischen Umwälzung, »ein immer größerer Teil der Menschheit hat erkannt, daß einige dieser Umwälzungen uns teure Werte wie Freiheit und Individualismus ebenso bedrohen wie unsere demokratische Regierungsform«.

Der Tenor dieser Erklärungen geht zum Teil auf Herbert Marcuse zurück, wird in dem Buch *The Technological Society* von Jacques Ellul jedoch besonders deutlich, worin es heißt, »in der modernen Welt ist die gefährlichste Form des Determinismus das technologische Phänomen. Es handelt sich nicht darum, es zu beseitigen, sondern es durch einen Akt der Freiheit zu überwinden.«

Die Täuschung bei all diesen Verallgemeinerungen liegt natürlich in der Annahme, der Mensch habe keinen Einfluß auf die Entwicklung der modernen Technik. Auch wenn Ellul beharrlich meint, daß es »zwischen zwei technischen Verfahren keine Wahl gibt, denn eines davon kommt unausweichlich zum Tragen«, ist in Wirklichkeit die Wahlmöglichkeit in der Technik heute größer als je zuvor. Die Staaten können beschließen, Überschallflugzeuge zu bauen, wie die englische und die französische Regierung 1971, oder sie können, zumindest vorläufig, diese Entwicklungslinie nicht weiterverfolgen, wozu der Kongreß die Regierung der Vereinigten Staaten vor einiger Zeit gezwungen hat. Bei den meisten technischen Unternehmungen, den Routineentwicklungen, die kaum je Schlagzeilen machen, aber doch in ihrer Gesamtheit die Struktur der Industrie verwandeln und ihre Produktivität verbessern, sind immer zu viele Aufgaben zu lösen. Dabei gibt es weder genug Geld noch genügend Arbeitskräfte, um dieses Ziel zu erreichen.

Viele Naturwissenschaftler sind nicht gerade glücklich darüber, daß einige Kollegen wie Ehrlich, Commoner und Dubos ihren Namen für die Behauptung hergegeben haben, Wissenschaft und Technik seien die Automaten der Gesellschaft. Sicherlich sind hier schwerwiegende Probleme zu lösen. Soweit diese Schwierigkeiten durch die Umwälzungen in den letzten Jahrzehnten entstanden sind, kann man sie zum Teil der Technik zuschreiben. Daß die Strände an unseren Meeresküsten heute überfüllter sind als vor einem halben Jahrhundert, ist eine Folge der Entwicklung des Kraftfahrzeugs und liegt auch daran, daß sich sehr viele Leute diese Fahrzeuge privat leisten können. Aber wäre es je sinnvoll gewesen, die Erfindung des Verbrennungsmotors zu verhindern, um einer Überfüllung der Badestrände vorzubeugen? Ist es nicht besser, die übrigen Vorzüge dieser Erfindung zu genießen und die Überfüllung der Meeresküsten anders zu regulieren? Bei der Behandlung derartiger Entwicklungen ist es doch völlig irreführend, wenn man behauptet, die Automobilindustrie verdanke ihre heutige Größe Gründen, die im Charakter der Technik liegen und nicht etwa dem Bedarf, der sich für diese Produkte gezeigt hat.

Das Schrifttum über die Umwelt zeichnet sich auch durch seine Ansicht über die Art der Lebewesen und ihre Beziehung zur Umwelt aus. In Commoners Buch *Science and Survival* trägt ein Kapitel den Titel *Greater Than the Sum of its Parts.* Hier wird erfolglos zu beweisen versucht, die Eigenschaften von Lebewesen seien nicht nur anhand der Eigenschaften der Moleküle zu beschreiben, aus denen sie bestehen. »Die heutige Biologie steckt, glaube ich, in einer Krise. Die Wurzel dieser Krise ist der Konflikt zwischen den beiden Ansätzen einer Theorie des Lebens. Der eine Ansatz sucht die einmalige Fähigkeit alles Lebenden in abtrennbaren chemischen Reaktionen; der andere behauptet, diese Einmaligkeit sei eine Eigenschaft der ganzen Zelle und ergebe sich aus den komplizierten Wechselbeziehungen zwischen den analysierbaren Ereignissen der Zellchemie. Keine dieser beiden Ansichten ist bisher durch schlüssige experimentelle Beweise erhärtet worden. Der molekulare Ansatz hat im Versuch nicht nachweisen können, daß die so hervorragend integrierte Komplexität und die erstaunliche Präzision der Zellchemie dadurch nachgeschaffen werden können, daß man ihre einzelnen Komponenten zusammenfügt. Aber auch die andere Seite hat bisher noch keinen Integrationsmechanismus in der lebenden Zelle entdeckt, der die wesentliche Koordination der zahlreichen Einzelreaktionen herbeiführt.« Das ist im Grunde genommen ein Widerhall des im 19. Jahrhundert so verbreiteten Glaubens an den damals als »Lebenskraft« bezeichneten Faktor, eine besondere Eigenschaft des Lebendigen. Der Glaubwürdigkeit dieser These wurde ein starker Stoß versetzt, als vor anderthalb Jahrhunderten aus normalen Chemikalien die erste Synthese von Substanzen gelang, die allgemein als Nebenprodukte des Lebens gegolten hatten.

Das neuere Äquivalent dieses Neovitalismus besagt, daß das Lebensnetz, wie Darwin die Struktur nannte, in der die verschiedenen Arten durch ihre gegenseitige Abhängigkeit miteinander verbunden sind, so kompliziert ist, daß man es nicht den Methoden der mathematischen Analyse unterwerfen kann. Dies ist eines der Argumente in Commoners Buch *The Closing Circle.* Eigentlich läßt sich diese Behauptung kaum widerlegen, denn wer würde ernsthaft versuchen, das Gewicht einer ausgewachsenen Heuschrecke zu berechnen, wenn es, falls die Antwort überhaupt von Interesse ist, viel einfacher und wahrscheinlich auch sicherer wäre, sie zu wiegen? Aber das bedeutet nicht, daß sich das Gewicht einer Heuschrecke im Prinzip nicht berechnen läßt, daß es Merkmale der Ökosphäre gibt, die jenseits der Reichweite konventioneller Wissenschaft liegen. Die Umweltschützer erliegen nur zu leicht der Versuchung, die Einheit der lebenden Welt unter Bedingungen zu betonen, unter denen es angebrachter wäre, einzelne Teile dieser Welt getrennt zu betrachten. Ein Merkmal der Wissenschaft besteht doch gerade darin, daß man komplizierte Probleme anhand einfacherer Darstellungen verständlich macht. Manchmal haben

die Ökologen in ihrer Rolle als Umweltschützer recht, wenn sie die Komplexität der Probleme betonen, mit denen sie zu tun haben. In anderen Fällen, in denen Einfachheit ihr Ziel sein sollte, ist ihre Vernebelungstaktik zu bedauern.
Warum ist die Umweltbewegung in den letzten Jahren so in Mode gekommen? Eine wohlwollende Erklärung der heute so gern ausgeübten Beschäftigung mit dem Überleben könnte vielleicht darin bestehen, daß die erste Mondlandung der Mannschaft von Apollo 11 dem Menschen auf der Erde einen nachhaltigen Eindruck von seinem gefährlichen Standort in einem ungastlichen Sonnensystem vermittelt hat. Aber die Mondlandung erfolgte ja erst, als sich die Umweltbewegung schon etabliert hatte, so daß die Apollolandungen wohl kaum Hauptgrund der heute verbreiteten Ansicht gewesen sein dürften, die Welt sei ein empfindliches Gebilde, das durch menschliche Fahrlässigkeit zu einem jähen und katastrophalen Ende gebracht werden könne. Dennoch hat der Blick vom Mond den Begriff von der Erde als einer Art Raumschiff viel deutlicher illustriert, einem Raumschiff, das sich mit seiner schnell zunehmenden Fracht an Menschen und anderen Lebensformen durch ein feindliches Vakuum bewegt. Aber auch diese Ansicht ist nicht neu; Adlai Stevenson führte schon 1965 vor dem Wirtschafts- und Sozialrat der Vereinten Nationen aus: »Wir reisen zusammen als Passagiere in einem kleinen Raumschiff, das von seinen empfindlichen Luft- und Bodenvorräten abhängig ist. Wir alle sind zu unserer Sicherheit auf die Unversehrtheit und den Frieden dieses Raumschiffs angewiesen und werden nur durch die Vorsicht, die Arbeit und, sagen wir, die Liebe, die wir unserem zerbrechlichen Vehikel angedeihen lassen, vor der Vernichtung bewahrt.«
Dieser Grundsatz ist ausgezeichnet, wie wohl jedermann zugeben wird, und soweit sich die Umweltbewegung an diese Leitlinien gehalten hat, ist ihr unsere Bewunderung sicher. Aber es drängt sich die Frage auf, ob die Umweltbewegung in ihrer Analyse des Katastrophenpotentials recht hat. Bis zu einem gewissen Punkt ist das Bild vom Raumschiff Erde nützlich. Raumschiffe sind tatsächlich isolierte, auf sich selbst angewiesene Gebilde. Die Mannschaft muß Luft zum Atmen und Nahrung zum Essen sowie Anlagen zur Beseitigung der Abfälle haben. Die Erdoberfläche hat eine Atmosphäre, in der einige Abfallprodukte reguliert oder in einen Kreislauf überführt werden können und durch die die möglicherweise schädlichen Einflüsse aus dem außerplanetarischen Raum, ultraviolettes Licht von der Sonne und kosmische Strahlung aus dem Weltraum, vom Menschen ferngehalten werden. Es gibt auch ein kompliziertes System, mit dem Energie des Sonnenlichts in den Pflanzen in Nahrung entweder für den Menschen oder für das Nutztier umgewandelt wird, von dem sich der Mensch ernährt. Einen düsteren Beiklang bekommt das Beispiel durch den Hinweis, daß die lebenserhaltenden Systeme künstlicher Raumschiffe

durch einen Unfall oder das Unvermögen der Besatzung, sie richtig anzuwenden, wirkungslos werden können. Diese Analogie wird etwas fadenscheinig, wenn sie zeigen soll, wann und wo Unfälle eintreten können. Wenig erfreulich ist auch der Hinweis, einige der Hilfsquellen, mit denen ein Raumschiff ausgestattet ist, seien nicht zu erneuern. Unwillkürlich denkt man weiter, was wohl passiert, wenn ein unbedingt notwendiger Rohstoff auf dem Raumschiff Erde einmal zur Neige geht.

Es ist eine alte Erkenntnis, daß die Erde, am Sonnensystem gemessen, klein und von den anderen Planeten, selbst dem Mond, weit entfernt ist. Jahrhundertelang hat diese Überlegung die Phantasie des Menschen angeregt. Und zweifellos gibt es auch Grenzen, in deren Rahmen der Mensch die Umwelt ungestraft verändern kann, in der er lebt; diese Grenzen sollte man besser erkennen. Aber der Anblick der Erde von der Oberfläche des Mondes aus ist wohl kaum dazu angetan, diese Aufgabe nun besonders dringlich erscheinen zu lassen.

Wenn auch die Erde, vom Mond aus betrachtet, winzig erscheint, ist sie in Wirklichkeit doch ein ungeheuer großer Himmelskörper. Allein die Erdatmosphäre wiegt über 5000 Billionen Tonnen; das ist über eine Million Tonnen Luft für jeden Menschen, der heute auf der Erde lebt. Das Wasser auf der Erdoberfläche wiegt über dreihundertmal soviel. Mit anderen Worten: Der Wasseranteil für jeden heute lebenden Menschen würde einen Würfel von fast 1200 Meter Kantenlänge füllen. Die in einem Gewitter freigesetzte Energie läßt sich mit der Energie vergleichen, die bei der Explosion einer Atombombe entsteht; Hurrikane oder Wirbelstürme entsprechen vielen tausend Kernwaffen. Die in der Bewegung der Weltmeere und der Atmosphäre enthaltene Energie ist ungeheuer groß. Ein menschlicher Eingriff könnte hier durchaus zu Änderungen führen, aber vorläufig ist schon die Größe der Erde allein eine Beruhigung. Das Bild vom Raumschiff Erde läßt sich also auf die reale Welt wahrscheinlich noch nicht anwenden. Das Tun des Menschen ist zwar eindrucksvoll, aber im Vergleich zur menschlichen Umwelt bescheiden.

Anhand sehr vieler historischer Beweise sehen wir, wie unverwüstlich die Atmosphäre der Erde sein kann. 1883 verschwand die Pazifikinsel Krakatau in einem Vulkanausbruch, der über eine Million Tonnen Staub in die Stratosphäre schleuderte. Noch viele Jahre danach waren die Menschen auf der ganzen Welt von den farbenprächtigen Sonnenuntergängen beeindruckt: Das Sonnenlicht wurde in der Stratosphäre an dem Staub gestreut, der von dem Vulkanausbruch übriggeblieben war. Aus den Unterlagen der Wetterämter geht auch hervor, daß diese Staubschicht die Energiemenge verringerte, die von der Sonne auf die Erdoberfläche eindrang, so daß an vielen Orten die Temperaturen vier oder fünf Jahre danach anomal niedrig waren. Und doch sind, soweit es sich heute feststellen läßt, die Auswirkungen der Staubwolke vom Krakatau-Ausbruch vollständig verschwunden. An diese Größenordnungen sollten wir denken, wenn wir Angst haben, daß der Staub aus unseren Industrieschornsteinen das Klima stören könnte.

Die Drohung einer von Menschenhand verursachten Katastrophe ist auch im Vergleich zur Möglichkeit einer Naturkatastrophe zu sehen. Natürliche Klimaschwankungen sind häufig und sehr ausgeprägt. Kälte- und Hitzeperioden scheinen etwa alle acht Jahre abzuwechseln, und wir wissen heute, daß die letzte Eiszeit erst vor 10000 Jahren zu Ende ging, kurz bevor die ersten Spuren zivilisierter Gemeinwesen im Nahen Osten und in Ägypten nachzuweisen sind. In den letzten zwei Millionen Jahren hat es drei oder noch mehr aufeinanderfolgende Eiszeitwellen auf der nördlichen und südlichen Erdhalbkugel gegeben; die Pausen zwischen diesen Eiszeiten waren klimatisch unserer Gegenwart ähnlich. Wir leben heute also vielleicht weniger am Anfang einer neuen eisfreien Zeit als vielmehr in einer Pause zwischen der letzten und der nächsten Eiszeit. Wir wissen so wenig über die Ursachen der Eiszeiten, daß niemand voraussagen kann, wann und wie das Eis zurückkehrt. Wenn große Teile Nordamerikas, Nordeuropas und Nordasiens von Eis bedeckt wären, würde das die Lebensgewohnheiten der Menschen stärker beeinträchtigen als alle Katastrophen, über die in den Büchern vom Weltuntergang heute spekuliert wird.

Lord Keynes hat einmal gesagt: »Auf lange Sicht sind wir alle tot.« Im Katalog der Naturkatastrophen gibt es ebenso unvorhersehbare Naturereignisse, die sich am Ende als noch verheerender erweisen können. So vergeht die Struktur der Magnetfeldlinien um die Erde, der wir unter anderem auch das Funktionieren von Magnetkompassen verdanken, etwa alle 150000 Jahre und baut sich in umgekehrter Richtung wieder auf. Der Erdmagnetismus ist aber ein starker Schutzschild gegen sehr viele feindliche Einflüsse von außen, besonders gegen den sogenannten Sonnenwind, Kernteilchen, die ständig von der Sonne ausgesandt werden. Wenn es den Erdmagnetismus nicht gäbe, wären alle Lebewesen einer viel intensiveren kosmischen Strahlung ausgesetzt als heute, so daß alles Lebende verstärkt genetisch verändert würde. Es hat Theorien gegeben, in denen Zeiten, da die Erdoberfläche weniger wirksam gegen äußere Einflüsse abgeschirmt war, als einer der Gründe für das Verschwinden der Dinosaurier betrachtet wurden. Wenn die nächste Umkehrung des Magnetfeldes eintritt, hat die Menschheit wirklich Grund zur Besorgnis.

Die letzte, große Katastrophe ist zwar fern, aber sie wird sich bei der Umwandlung ereignen, die irgendwann in der Sonne stattfinden muß. Verglichen mit vielen anderen Gestirnen befindet sich die Sonne noch in einem verhältnismäßig frühen Entwicklungsstadium. In den letzten fünf Milliarden Jahren hat sie ihre Energie aus der Umwandlung von Wasserstoff in Helium gewonnen, etwa so, wie Wasserstoffbomben ihre Energie entwickeln. Inzwischen ist ein Teil des ursprünglichen Wasserstoffvorrats aufgezehrt. Irgendwann einmal, lange bevor der Wasserstoff auch nur annähernd aufgebraucht ist, wird sich die Sonne ändern; sie wird viel größer, außen verhältnismäßig kälter, jedoch im Kern viel heißer werden. Wenn das eintritt, wird die Sonne zu einem viel größeren Stern, nicht von anderthalb Millionen Kilometer Durchmesser, sondern vielleicht hundertmal so groß werden. Damit stirbt natürlich nicht nur das Leben auf der Erdoberfläche, sondern die Erde selbst wird von der Sonne verschlungen. Ganz gewiß kann eine derartige Katastrophe erst in einigen Milliarden Jahren eintreten, aber die Zeit, die die Sonne wahrscheinlich noch so weiterbesteht wie heute, ist durchaus vergleichbar mit der Zeit, in der es Lebewesen auf der Erdoberfläche gegeben hat, nämlich rund drei Milliarden Jahre.

Das sind entsetzliche Aussichten, aber sie bieten doch einen gewissen Anhaltspunkt, der es ermöglicht, die Haltbarkeit des Raumschiffs Erde zu beurteilen. Daran gemessen ist das Potential irdischer Technik zur Selbstzerstörung auch auf lange Sicht noch höchst bescheiden. Der Vergleich mit dem Raumschiff ist einfach deshalb falsch, weil sich die Erde in ihrer Größe grundlegend von jedem künstlichen Raumschiff unterscheidet.

Wenn auch die Umweltschützer in den letzten Jahren einige der in ihrer Phantasie existierenden Bedrohungen für das Weiterbestehen der Menschheit zu drastisch geschildert haben, könnte doch ihr Erfolg diesen Überschwang vielleicht rechtfertigen. Das ist eines der am häufigsten vorgebrachten Argumente für den Kreuzzugsstandpunkt, wie wir ihn einmal nennen wollen. Was schadet es, solange nur irgend etwas geschieht? Das ist nur eine Umformulierung des berühmten Satzes von Ehrlich: »Wenn ich unrecht habe, werden die Menschen noch besser ernährt sein, besser wohnen . . .«

Was haben also die Umweltpropheten erreicht? Commoner führt in seinem Buch *The Closing Circle* eine Reihe von Dingen an, die inzwischen geschehen sind. Er zählt dazu den Vertrag über den partiellen Atomversuchsstopp, der 1963 unterzeichnet wurde; den »Sieg der Öffentlichkeit über das Pentagon bei der Beseitigung von Nervengas« im Jahre 1971, als unter anderem das von ihm geleitete *St. Louis Committee for Environmental Information* demonstrierte, daß selbst die großen Mengen Nervengas, die die amerikanische Armee im Atlantik versenken wollte, sicher an Ort und Stelle entgiftet werden konnten. Er nennt weiter die Entscheidung der Vereinigten Staaten, die Entwicklung und Herstellung biologischer Waffen zu ächten; die »Entscheidung, dem Vordringen des DDT in der Umwelt« in den Vereinigten Staaten Einhalt zu gebieten; »das Scheitern des Überschallflugzeugs trotz der massiven und ständigen Opposition durch die Nixon-Regierung, die Flugzeugindustrie und einige Gewerkschaften«. Schließlich führt er als Beispiel an, daß ein kanadischer Biolo-

giestudent seine Regierung dazu bringen konnte, den Fischfang im Eriesee zu verbieten und eine Reihe chemischer Fabriken stillzulegen, die Quecksilber in den See eingeleitet hatten – und das alles wegen des Nachweises von 7 ppm Quecksilber in einem aus diesem See geangelten Fisch.
Es heißt nicht die Umweltbewegung verächtlich machen, wenn man meint, daß nicht alle diese Entwicklungen unbedingt als Siege zu deklarieren sind. Daß und wie die Regierung der Vereinigten Staaten schließlich die Entwicklung biologischer Waffen aufgab, ist mehr auf die Wachsamkeit von Beamten und Privatpersonen in den Vereinigten Staaten und anderswo zurückzuführen, die jahrelang dazu beigetragen haben, Mittel und Wege zur Beseitigung derartiger Rüstungssysteme zu entwickeln. Es wäre absurd, wollte man behaupten, daß die Entwicklung biologischer Waffen eine ernste Bedrohung der Umwelt bedeutet, auch wenn 1968 auf einem Versuchsgelände im Staat Utah 6000 Schafe daran eingingen. Die Militärbehörden in den Vereinigten Staaten und anderen Ländern haben mit großer Umsicht die unmittelbaren Risiken bei der Erforschung und Entwicklung biologischer Waffen auf ein Mindestmaß verringert. Was man gegen diese Waffenentwicklungen vorbringen kann, ist etwas ganz anderes: Biologische Waffen sind eine unnötige und untragbare Komplikation des Wettrüstens; ihre Vermeidung liegt im Interesse aller Regierungen.
Das gilt im wesentlichen auch für die Entscheidung des amerikanischen Kongresses aus dem Jahr 1961, keine weiteren Mittel für die Entwicklung des Überschallflugzeugs zur Verfügung zu stellen. Wiederholt sind Klagen darüber laut geworden, Überschallflugzeuge würden eine unerträgliche Umweltbelästigung darstellen. Es blieb aber abzuwarten, ob Überschallknalle mehr oder weniger stören würden als der Lärm, den diese Flugzeuge beim Start verursachen, und ob überhaupt eine dieser Belästigungen erträglich sein würde. Der Kongreß hat allerdings das Projekt Überschallflugzeug aus viel bekannteren Gründen eingestellt: Er wollte sich von der Regierung der Vereinigten Staaten nicht zu einer Entwicklungsrichtung drängen lassen, deren Wirtschaftlichkeit zu einer Zeit immer zweifelhafter wurde, in der alle möglichen wünschenswerten öffentlichen Ausgaben eingeschränkt wurden.
Wenn man die Haltung der amerikanischen Regierung in der DDT-Frage schon als Sieg für die Umweltbewegung werten will, dann könnte er sich eines Tages noch als Pyrrhussieg entpuppen. Das gilt auch in hohem Maß dafür, wie die Besorgnis in der amerikanischen Öffentlichkeit über die krebserregende Wirkung von Cyclamaten oder Herbiziden die Regierung zu überstürzten und, wie sich anschließend zeigte, falschen Entscheidungen drängte. Und doch ist es auf lange Sicht sehr zu begrüßen, daß die Bevölkerung eine verantwortliche Rolle in der Sorge um die Umwelt übernimmt. Zwangsläufig werden dabei Privatorganisationen als Interessengruppen in Aktion treten müssen. Der Rat für Umweltbeschaffenheit

(Council of Environmental Quality), eine dem Umweltschutz gewidmete Organisation in den Vereinigten Staaten, begrüßt in seinem zweiten Jahresbericht 1971 die Aufgaben, die nichtstaatliche Organisationen und Einzelpersonen hier übernehmen können. Commoner hätte zu Recht einen Sieg der Umweltbewegung in den Möglichkeiten gesehen, die die neue Bundesgesetzgebung der Intervention von Einzelpersonen in sie betreffende Angelegenheiten einräumt. Um die Mitte des Jahres 1971 gab es in den Vereinigten Staaten über 3000 private Bürgerorganisationen, die sich speziell mit der Umwelt auf kommunaler oder nationaler Ebene befaßten. Auf lange Sicht müssen das Interesse und die Aktivität der Menschen, die sich dafür engagieren, eine positive Wirkung ausüben.
Deshalb sollte man auch nicht die Übertreibung des extremen Flügels der Umweltbewegung wichtige öffentliche Fragen überschatten oder gar die richtige Behandlung der Umwelt beeinträchtigen lassen. Wenn die Umweltbewegung wachsen soll, kommt es ganz besonders auf einen Sinn für historische Perspektiven an, der den Extremisten leider nur allzu deutlich abgeht. Vor allen Dingen müssen die Umweltschützer erkennen, daß die Umwelt früher viel schlechter behandelt wurde, als heute zulässig wäre. Zustände wie in den Städten des viktorianischen England mit ihren Krankheiten und ihrer Luftverschmutzung gibt es in unseren modernen Städten nicht mehr, und sie sind anderswo gesetzlich verboten. Wer sich mit Recht um die Luftverschmutzung sorgt, muß zugeben, daß in den Ländern mit genauen Statistiken wie den Vereinigten Staaten und Großbritannien die Luftverschmutzung in den Städten in den letzten zehn Jahren zurückgegangen ist. (In den Vereinigten Staaten hat der durchschnittliche Rauchgehalt der Luft in 60 Großstädten zwischen 1957 und 1970 um 20 Prozent abgenommen, während der Schwefeldioxidgehalt in denselben Orten von 1962 bis 1969 um ein Drittel gesunken ist.) Aus diesen und anderen Statistiken läßt sich schließen, daß Verschmutzung und andere Eingriffe in die Natur auch nicht annähernd so neu sind, wie es von denen behauptet wird, die erst vor kurzem auf diese Tatsachen aufmerksam geworden sind. Würde man dies offen zugeben, so ließe sich auch der ungesunde Überdruck etwas abbauen, den die extremen Flügel der Umweltbewegung so gut zu schaffen verstehen.
Ein weiterer deutlicher Mangel in der Argumentation der Umweltschützer ist ihre völlige Unwissenheit in Fragen der Wirtschaft. Eigentlich sind die meisten Dinge, die als Fragen von lebenswichtiger Bedeutung für die Menschheit dargestellt werden, im Kern Wirtschaftsprobleme. Bei der Luftverschmutzung unserer Großstädte kommt es weniger darauf an, ob saubere Luft geschaffen werden kann, sondern darauf, wieviel der Steuerzahler, insbesondere der Kraftfahrzeughalter und der Fabrikbesitzer, für diese Möglichkeit zu zahlen gewillt sind. Dasselbe gilt auch für die Geräuschentwicklung von Kraftfahrzeugen und Flugzeugen, die Badestrände

an unseren Meeresküsten und selbst für den Umfang, in dem die Landwirtschaft Pestizide anwenden darf. Deshalb muß man das Beste für uns alle noch viel stärker unter dem Gesichtspunkt der Wirtschaftlichkeit sehen – ein Faktum, das nicht nur für jene gilt, die die Umwelt vor Eingriffen schützen wollen, sondern auch für alle, die sie im Interesse des menschlichen Überlebens ausbeuten wollen.

Weil nun einmal die Beziehungen zwischen menschlichen Gemeinschaften und der Umwelt auf einer bestimmten Ebene vom Wirtschaftlichkeitsdenken geprägt sind, ist es nicht überraschend, daß jedes Volk seine eigenen Ziele verfolgen und selbst zwischen Ausbeutung und Erhaltung abwägen will. Mit anderen Worten heißt das lediglich, daß nur wohlhabende Länder für die Erhaltung der Lebensqualität so viel aufwenden können wie die Vereinigten Staaten und Westeuropa. Der extreme Flügel der Umweltbewegung kann durch den ständigen Vorwurf der katastrophalen Folgen unseres gegenwärtigen Tuns die Entwicklungsländer vor den Kopf stoßen, die noch nicht so reich sind, daß sie sich den Luxus einer derartigen Freiheit von Verschmutzung leisten können, wie er heute von den wohlhabenden Nationen angestrebt wird. Das hat sich in den Vereinten Nationen 1971 ganz deutlich gezeigt, als nur unter größten Schwierigkeiten eine gemeinsame Basis für die Umweltkonferenz im Juni 1972 in Stockholm geschaffen werden konnte.

Noch größer ist die Gefahr, daß der extreme Flügel der Umweltbewegung alle möglichen Länder daran hindert, die ihnen zur Verbesserung menschlicher Lebensbedingungen zur Verfügung stehenden technischen Mittel auch wirklich voll und ganz auszuschöpfen. Mehr oder weniger versteckt hat man ihnen suggeriert, Wissenschaft und Technik seien die Quellen potentieller Gefahren für die Umwelt. Wenn hier überhaupt eine Schuldfrage gestellt werden darf, so kann man sie höchstens auf die Entscheidungen schieben, die im Hinblick auf die Anwendung der Technik gefällt worden sind. Es wird immer schwerer, genau zwischen menschlichen Belangen und der Umwelt abzuwägen, denn Wissenschaft und Technik werden eine immer wichtigere Rolle spielen müssen. Noch schlimmer ist der falsche Eindruck, daß Wohlstand als solcher schon eine Gefahr darstellt. Es wird argumentiert, die vielen Autos auf unseren Großstadtstraßen und die weggeworfenen Einwegflaschen, die unsere Landschaft verunzieren, kennzeichneten den Überfluß an Geld, der den Menschen für derartige Dinge zur Verfügung steht. Versteift man sich auf diese Argumentation, so geht man an der unwiderleglichen Wahrheit vorbei, daß Wohlstand in der heute in unserer Industriegesellschaft üblichen Bedeutung des Wortes auch die Möglichkeit für ein Volk ist, sich einen Gesundheitsdienst, ein Bildungswesen und all die anderen sozialen Errungenschaften der Industrieländer zu leisten, auf die weniger glückliche Menschen immer noch hoffen.

Ein Zahlenspiel

Thema Nummer eins in der Literatur der Untergangspropheten ist die Zunahme der Weltbevölkerung. Tatsächlich ist die Wachstumsgeschwindigkeit der letzten Jahrzehnte ohne Beispiel. Mitunter nennt man diese Erscheinung auch Bevölkerungsexplosion. Misanthropen bezeichnen sie als Menschenüberschuß oder »Verschmutzung durch Menschen«. Der Titel des bekanntesten Buches von Ehrlich, *Die Bevölkerungsbombe,* verleiht diesem Begriff zusätzliche Dramatik.

Die emotionellen Obertöne, von denen diese Argumente immer begleitet werden, sind unverkennbar. Allgemein scheint die Vorstellung zu herrschen, die Menschheit sei zum Untergang verurteilt, wenn nicht rechtzeitig drastische Maßnahmen gegen das Bevölkerungswachstum ergriffen werden. Da die Zunahme der Weltbevölkerung zwangsläufig mit dem Geschlechtsverkehr zusammenhängt, ist es nicht erstaunlich, daß die Prophezeiungen demographischer Katastrophen durchwirkt sind mit Appellen an die Enthaltsamkeit, die sehr an das altmodische Höllenfeuer und an rechtschaffenes Puritanertum erinnern. »Der Mensch kann sich allein mit seiner Brutalität ausrotten«, wie es Brewer, Leiter der Organisation *Friends of the Earth Inc.*, ausdrückte. Nach Ehrlich muß »das Krebsgeschwür des Bevölkerungswachstums . . . herausgeschnitten werden«. Könnte nicht ein Teil der Emotionen, mit denen die Frage des Bevölkerungswachstums durchsetzt ist, von dem leisen Argwohn herrühren, daß die Fortpflanzung allemal etwas Sündhaftes ist?

So wird denn verständlich, warum das Bevölkerungswachstum zentrales Thema der Weltuntergangsbewegung ist. Die Weltbevölkerung, heißt es, nimmt schneller zu als die Lebensmittelvorräte, so daß am Ende zwangsläufig Hungersnot eintreten muß. William und Paul Paddock haben diese Situation sehr eindringlich in *Vor uns die mageren Jahre* dargestellt. »Hungersnöte sind unausweichlich«, erklären sie. Aber auch die Umweltverschmutzung kommt zu ihrem Recht. Je mehr Menschen, besonders wenn sie einen gewissen Wohlstand erreichen wollen, um so mehr Rauch in der Luft, um so mehr DDT im menschlichen Fettgewebe, um so mehr Abwässer in Flüssen und Seen. Die Menschen hinterlassen auch ihre Spuren in

natürlichen und scheinbar nichtregenerierbaren Rohstoffquellen wie Erzen, Energievorräten und an Meeresküsten, an denen man baden kann. Mehr Menschen bedeutet auch mehr Überfüllung, und es gilt als ausgemacht, daß die Folgen davon nicht nur Unbequemlichkeit, sondern auch soziale Katastrophen sind. »Bevölkerungsdruck fördert Kriege«, meint Ehrlich. »Überfüllung kann zu bestimmten Arten asozialen Verhaltens führen«, sagt Dubos. Der Mensch scheint die Wurzel allen Übels zu sein.
Ganz zweifellos ist die Weltbevölkerung in neuerer Zeit schneller gewachsen als je zuvor, und sicherlich kann das Wachstum in diesem Umfang nicht unbegrenzt weitergehen. Die düstersten Prophezeiungen sind jedoch unhaltbar. Allzuoft beruhen diese Argumente auf einer zu simplen Rechnung. Es gibt jetzt schon Anzeichen dafür, daß die am schnellsten wachsenden Völker der Welt in den nächsten Jahrzehnten durch natürliche soziale Kräfte in Schranken gehalten werden, nicht nur durch die Geburtenkontrolle, die im letzten Jahrhundert auch Westeuropa und Nordamerika ein gewisses Maß an demographischer Stabilität verschafft hat. Die Bedrohung durch ausgedehnte Hungersnöte kann man nur ernst nehmen, wenn man die immer deutlicheren Beweise dafür außer acht läßt, daß die nächsten Jahrzehnte wahrscheinlich die fetten Jahre sein werden, um es in der Sprache des Alten Testaments auszudrücken. Sicherlich wird der Druck der wachsenden Weltbevölkerung auf weitere natürliche Rohstoffquellen oder auf die Umwelt zunehmen, aber nichts berechtigt zu der Vermutung, diese Bevölkerungszahl könne nicht mehr unterhalten werden. Behauptungen von der Art, die Bevölkerungsdichte führe zu politischen, sozialen und persönlichen Katastrophen, scheinen aus einem naiven Verständnis der Art internationaler Beziehungen und aus zweifelhaften Analogien zwischen menschlichen und tierischen Populationen herzurühren. Die in der Literatur des Weltuntergangs so gern zitierten Bevölkerungskatastrophen entbehren jeglichen Wahrheitsgehalts.
Daraus folgt nun nicht, daß wir keinen Grund zur Sorge hätten. Besonders Länder, in denen die Bevölkerung schnell wächst, können die wirtschaftliche und soziale Entwicklung nicht im notwendigen Umfang fördern, weil sie gezwungen sind, Mittel für die Ernährung und Ausbildung von immer mehr Kindern aufzubringen. Hier muß man sich mit neuen Grundsatzfragen auseinandersetzen: Soll man Ländern, die nicht in der Lage sind, ihre Bevölkerungszahl zu stabilisieren, mehr oder weniger Auslandshilfe gewähren? Unter welchen Umständen kann die Empfängnisverhütung am wirksamsten angewandt werden? Ein gewisses Maß an demographischer Stabilität ist überall zu wünschen. Aber hier wie anderswo in der Argumentation der Weltuntergangsbewegung können falsche Warnungen vor der Katastrophe die Menschen von Aufgaben ablenken, die dringend erledigt werden müssen, etwa dem wirksamen Einsatz von Auslandshilfe zur Erreichung einer höheren Stabilität.

Die Ansicht, das fortgesetzte Bevölkerungswachstum werde zu einer Katastrophe führen, ist natürlich nicht neu. Die Umstände, unter denen Thomas Malthus 1797 die erste Ausgabe seines *Essay on the Principle of Population* veröffentlichte, entsprachen in vieler Hinsicht jenen, die zur neuesten Welle der Besorgnis über die Bevölkerungsentwicklung geführt haben. Gegen Ende des 18. Jahrhunderts war man sich in der optimistischen Einschätzung der Zukunft der Gesellschaft einig. Die Wissenschaft und ihre Anwendung schienen unerwartet großen Nutzen zu versprechen. Die Französische Revolution hatte den Geist der Gleichheit und Freiheit gefestigt. Für viele schien die Möglichkeit, die menschliche Natur zu vervollkommnen, schon selbstverständlich zu sein. In England freute sich William Godwin auf eine Welt, die »keinen Krieg, kein Verbrechen, keine Gerichte und keine Regierung kennt. Außerdem wird es weder Krankheit noch Sorge, weder Trauer noch Unmut geben. Jedermann wird in unaussprechlichem Eifer das Gute für alle suchen.«

Godwin war nicht der einzige Träumer. Zur gleichen Zeit scheint in Frankreich der liberale Revolutionär Marquis de Condorcet seine Ohren vor dem Geräusch der jakobinischen Schinderkarren so weit haben verschließen können, daß er einen ähnlich utopischen Entwurf einer Welt verfassen konnte, wie sie nie Wirklichkeit geworden ist.

Godwin wie Condorcet gaben zu, daß ihre Visionen nur dann Realität werden würden, wenn sich die Bevölkerung nicht unbegrenzt vermehrte. Condorcet stellte die Frage: »Könnte es nicht so weit kommen, daß die Anzahl der Menschen auf der Erde schließlich die Möglichkeit zu ihrer Erhaltung übersteigt und so das Glück ständig abnimmt, ein echter Rückgang eintritt oder bestenfalls ein Schwanken zwischen Gut und Böse die Folge ist?« Wie kann man dieser Zwangslage entkommen? Godwin nahm an, daß mit ständiger Verfeinerung des menschlichen Geistes der Wunsch zur Fortpflanzung schwinden werde. Condorcet drückte es anders aus: Nach seiner Meinung würden die Menschen ihre Verpflichtung gegenüber der übrigen Gesellschaft erkennen und nicht mehr den Wunsch haben, »die Erde mit nutzlosen und unglücklichen Wesen zu bevölkern«.

Die Utopisten vertreten die Gleichheit aller. Condorcet sagte: »Ein Zustand kultivierter Gleichheit entspricht der menschlichen Natur am besten und eignet sich am meisten zur Verbreitung des Glücks.« In England trug die Überzeugung, daß der Fortschritt zwangsläufig zu einer gerechteren Gesellschaftsform führen müsse, in den ersten Jahrzehnten des 19. Jahrhunderts mit dazu bei, in Verfassung und Sozialgesetzgebung die Grundlagen des viktorianischen Liberalismus zu schaffen.

Die erste Ausgabe des *Essay* von Malthus war sowohl ein allgemeiner Protest gegen die wirklichkeitsfremden Theorien der Utopisten als auch ein Klageruf ganz besonders wider die Gesetzgebung, die mit ihrer Hilfe zustande gekommen war, etwa die fehlgeschlagenen Armengesetze unter

William Pitt. Gleich allen, die heute dieselbe Haltung einnehmen wie er, hatte Malthus Visionen der Apokalypse, aber er konnte sie besser darstellen als die meisten seiner Nachfolger.

»Die großen und von keinem gewünschten Entdeckungen, die in den letzten Jahren in der Naturphilosophie gemacht worden sind, die wachsende Verbreitung allgemeiner Kenntnisse durch die Entwicklung der Buchdruckerkunst, der brennende und durch nichts zu dämpfende Forschergeist, der die gelehrte und selbst die ungelehrte Welt beflügelt, das neue, ungewöhnliche Licht, das auf politische Themen gefallen ist und die Wissenden blendet und überrascht, und ganz besonders dieses ungeheuerliche Phänomen am politischen Horizont, die Französische Revolution, die wie ein glühender Komet entweder frisches Leben und frische Kräfte weckt oder die schwindenden Bewohner dieser Welt versengt und zerstört – all das läßt viele Menschen glauben, daß wir am Rande einer Zeit leben, die voll der bedeutendsten Umwälzungen steckt, welche in gewisser Hinsicht die Entscheidung über das zukünftige Schicksal der Menschheit bringen werden.«

Die erste Ausgabe des *Essay* von Malthus ist eine Vorwegnahme der heutigen Prophezeiungen, aus dem Bevölkerungswachstum entstehe das Unheil. Da Nahrungsmittel zur Erhaltung des Lebens nötig sind und Geschlechtsverkehr (leider) ebenso unumgänglich ist, folgert Malthus, wird eine sich hemmungslos fortpflanzende Bevölkerung geometrisch wachsen und sich alle paar Jahrzehnte verdoppeln. Das Gleichgewicht zwischen der Bevölkerung der Erde und den ihr zur Verfügung stehenden Nahrungsmitteln kann schließlich nur durch die Wirkung einer oder mehrerer Kräfte hergestellt werden: durch Hungersnot, Krankheit, Krieg und Sittenverderbnis, wie Malthus es nennt.

Wie viele Schriftsteller, die sich in neuerer Zeit zu diesen und verwandten Themen geäußert haben, scheint Malthus von der Aufnahme der ersten Ausgabe seines Buches *Essay* überrascht gewesen zu sein. Pitt wurde dadurch bewogen, sein geplantes Armengesetz zurückzuziehen. Malthus selbst scheint klargeworden zu sein, daß seine Annahmen im Widerspruch zur Realität standen. So unangenehm das Leben auch zu Anfang des 19. Jahrhunderts gewesen sein mag, es war doch besser als vorher. Diese Erkenntnis schlug sich in der zweiten Auflage seines *Essay* 1803 in der Konzession nieder, daß die von ihm apostrophierte »sittliche Zurückhaltung« (die man auf keinen Fall mit Empfängnisverhütung verwechseln darf) mit zur Regulierung des Bevölkerungswachstums beitragen könnte. Damit begibt sich der Autor auf ein völlig anderes Terrain. Malthus ließ von Anfang an alle ihm damals schon zugänglichen Beweise dafür außer acht, daß das Menschengeschlecht seine Fruchtbarkeit auch ohne die Hilfe äußerer Katastrophen regeln kann. Dadurch wurde er zum Propheten, wie sich später herausstellte zum falschen Propheten, des Weltuntergangs. Er bekam schließlich wieder festeren Boden unter die Füße, aber seine Argumentation verlor dadurch sehr an Eindringlichkeit. Wer läßt sich schon beunruhigen, wenn man alles Unheil durch eine damals schon häufig geübte Art der Fruchtbarkeitsbeschränkung vermeiden kann?

Trotz dieser Aushöhlung seiner Doktrin übte Malthus einen starken, wenngleich negativen Einfluß auf das 19. Jahrhundert aus. Der Teil seiner Arbeit, der die Abhängigkeit der Bevölkerung von ihrem Nahrungsmittelvorrat konstatierte, inspirierte eine Gruppe von Theoretikern, die wir heute Humanökologen nennen würden. Soweit er die Aufmerksamkeit auf die Unterschiede zwischen den Menschen lenkte und dabei die simple Wahrheit zutage förderte, daß die Armen und Hungrigen wahrscheinlich eher als die Reichen und Satten dem »Elend und Laster« erliegen würden, schuf er Munition für alle, die später von der natürlichen Auslese sprachen. »Malthusisch« wurde damals zu dem heute noch gebrauchten abwertenden Begriff, weil Malthus ganz unverhüllt argumentierte, daß »das Elend« der Armen entweder unvermeidbar oder aber auf jeden Fall anderen Formen des »Lasters« vorzuziehen sei, die entstünden, wenn man die Armut linderte. Die Armen, so folgerte er, sind nicht auszurotten.

Natürlich wurde Malthus von so unterschiedlichen viktorianischen Zeitgenossen wie William Cobbett, William Hazlitt, Benjamin Disraeli, John Stuart Mill und Karl Marx verurteilt. Man brauchte kein Utopist zu sein, um eine andere Meinung zu haben. Manche behaupteten, er habe unrecht. Andere Gegner beschuldigten ihn, die Aufmerksamkeit und Energie von wichtigen sozialen Problemen dadurch abzulenken, daß er auf eine ganz ferne und abstrakte Katastrophe hinweise. Dieselben Vorwürfe lassen sich auch gegen die modernen Propheten der Bevölkerungskatastrophe erheben, die mit Malthus die besondere Verbindung von Zukunftspessimismus und Gegenwartsentrücktheit teilen.

Besonders bedauerlich an den heutigen Warnungen vor der Bevölkerungszunahme auf der Welt ist unstreitig, daß man aus Malthus' Fehlern so wenig gelernt hat. Einfache Rechnungen werden im allgemeinen viel stärker beachtet, als sie es verdienen. So erklärt Ehrlich: ». . . gleichgültig, wie man es auch betrachtet – die Bevölkerung ist ein Zahlenspiel.« Er führt in *Die Bevölkerungsbombe* weiter aus, daß »jedes Jahr die Nahrungsmittelproduktion in den unterentwickelten Ländern etwas weiter hinter der explosionsartig wachsenden Bevölkerungszahl zurückbleibt und die Menschen immer ein bißchen hungriger zu Bett gehen. Diese Tendenz kann sich zeitweilig oder örtlich umkehren, aber sie scheint unausweichlich zu ihrem logischen Endpunkt, der Massenhungersnot, zu führen.« Das ist eine einfache Wiederholung der Malthusischen Doktrin in ihrer ersten Fassung.

Das Zahlenspiel hat nun leider die Eigenschaft, daß auch die höchstmögliche rechnerische Genauigkeit fehlerhafte Ansätze nicht ausgleichen kann. *Die Bevölkerungsbombe,* ein Buch, das in der Weltuntergangsbewegung eine ungeheure Rolle gespielt hat, fängt mit einer Erklärung der Beziehung zwischen der Wachstumsrate der Bevölkerung und der Größenordnung an, die sie wahrscheinlich erreichen wird. Die Welt insgesamt scheint in den sechziger Jahren eine durchschnittliche Zuwachsrate von etwa 1,9 Prozent im Jahr aufgewiesen zu haben. Ehrlich führt aus, daß sich die gesamte Weltbevölkerung in 37 Jahren verdoppeln müßte, wenn es bei dieser Wachstumsrate bliebe. So lassen sich sehr bildhaft die Schrecknisse der geometrischen Progression darstellen, die schon Malthus beunruhigten: Wenn sich die Weltbevölkerung alle 37 Jahre verdoppelt, hat sie sich nach einem Jahrhundert um das Achtfache vergrößert, und es wird nicht lange dauern, bis nicht mehr genügend Stehplätze für die Menschen vorhanden sind, von der Erzeugung von Nahrungsmitteln ganz zu schweigen.

Ehrlich exerziert das nach seiner Meinung absurde Beispiel durch, daß sich die Weltbevölkerung die nächsten neun Jahrhunderte alle 37 Jahre verdoppelt, und schließt daraus, daß dann auf jedem Quadratmeter festen Bodens etwa 80 Menschen stehen müßten. Durch diese *reductio ad absurdum* entdeckt er, daß das geometrische Bevölkerungswachstum an irgendeiner Stelle unterbrochen werden muß, und das ist nach seiner Meinung der Ansatzpunkt für die Hungersnot. Wirklich absurd ist aber nicht die Schätzung, wie viele Menschen es in 900 Jahren gibt, sondern die ihr zugrundeliegende Ansicht, Bevölkerungsstatistik sei mit so einfachen Mitteln durchzuführen. Die Zuwachsrate ist das Gleichgewicht zwischen der Geburten- und der Sterbeziffer; beide Zahlen ändern sich ständig und unterscheiden sich je nach dem Ort. Die letzten Voraussagen der Vereinten Nationen über die Weltbevölkerung legen die Vermutung nahe, daß die Wachstumsrate in den siebziger und achtziger Jahren noch höher sein wird, wenn die ärztliche Versorgung in weiten Gebieten besser wird, daß aber die sinkende Fruchtbarkeit die Zuwachsrate bis zum Ende des Jahrhunderts auf 1,7 Prozent jährlich herabdrücken wird. Das entspräche dann einer Verdopplungszeit von 41 Jahren. Allerdings sind die Unsicherheiten hierbei so groß, daß die Abnahme schneller und auch stärker erfolgen könnte. Wenn Bevölkerungsstatistik schon ein Zahlenspiel ist, dann doch ein sehr viel komplizierteres, als Ehrlich erkennen läßt.

Zu einem großen Teil beruht das Spannungselement in der Bevölkerungsfrage auf der unbestreitbaren Tatsache, daß sich gerade die Bevölkerung in den Entwicklungsländern am stärksten vermehrt. Das ist keine Zufallserscheinung. Durch bessere Hygiene und bessere ärztliche Versorgung sind große Teile der Bevölkerung in den Entwicklungsländern vor einem frühen Tod gerettet worden. Ähnliche Veränderungen haben sich im letzten Jahrhundert in den Industrieländern der Welt abgespielt, und das biblische Lebensalter von 70 Jahren gilt mittlerweile als Attribut des

Fortschritts. Warum sollen deshalb die Menschen in Ländern wie Ghana, Tansania oder Burundi mit nur etwas mehr als der Hälfte zufrieden sein? Für die hiervon am stärksten Betroffenen, die Einwohner der Entwicklungsländer, hat sich die Lebenserwartung am nachhaltigsten verlängert. In Ceylon ist, zum Teil durch die Anwendung von DDT gegen die malariaübertragende Stechmücke, die Sterbeziffer von 2,2 Prozent jährlich 1945 auf weniger als ein Prozent jährlich 1954 gesenkt worden. Diese Verbesserung ist Kindern und jungen Erwachsenen am meisten zugute gekommen; Anfang der fünfziger Jahre betrug die Sterbeziffer bei den Jugendlichen in Ceylon nur noch ein Sechstel der von Anfang der zwanziger Jahre. Aber die Geburtenziffer hat, wenigstens bisher, in Ceylon und den anderen Entwicklungsländern viel weniger stark abgenommen. Hier wächst die Bevölkerung zur Zeit jährlich fast um 2,5 Prozent, also doppelt so schnell wie die Bevölkerung der Industrieländer (ein Prozent jährlich).
Obwohl die Geschwindigkeit der Bevölkerungszunahme in den Entwicklungsländern zu schweren Problemen führt, deren schlimmstes die Abzweigung von den für die wirtschaftliche und soziale Entwicklung bestimmten Mitteln darstellt, ist es doch in hohem Maß irreführend und sogar beleidigend, von einer Bevölkerungskatastrophe zu sprechen. So verwendet Ehrlich den Begriff »exportierte Sterbekontrolle«, um damit die Senkung der Sterblichkeit in den Entwicklungsländern zu beschreiben. Damit entwertet er alles, was die Entwicklungsländer selbst durch Erkennung einiger Krankheitsursachen, durch Hygiene und einfache Maßnahmen der Volksgesundheit geschaffen haben. Ehrlich bekennt, ihm sei diese emotionelle Auffassung von der Bevölkerungsfrage »an einem drückendheißen Abend in Delhi« gekommen, als er und seine Begleiter »voll Angst« sehen mußten, wie »Menschen die Hände durch das Taxifenster streckten und bettelten, Menschen ihre Notdurft auf der Straße verrichteten, Menschen an Omnibussen klebten, Menschen Tiere zusammentrieben, Menschen, Menschen, Menschen«. Wie kann man dann die exportierende pharmazeutische Industrie des Westens für die inzwischen eingetretene Senkung der Sterbeziffer verantwortlich machen? Wie läßt sich der Begriff der exportierten Sterbekontrolle mit dem chronischen Ärztemangel in der Dritten Welt vereinbaren: ein Arzt auf 4000 Menschen in Indien im Vergleich zu 1:650 in den Vereinigten Staaten?
Übereinstimmung herrscht natürlich darin, daß man Mittel und Wege finden muß, die Wachstumsrate zu verlangsamen – wie Ehrlich meint, noch vor 1975. Nach seiner Ansicht ist die einzige Alternative die »Lösung mit der Sterbeziffer«, bei der Krieg, Hungersnot und Pest, die alten Malthusianischen apokalyptischen Reiter, wieder das Heft in die Hand nehmen. Er erklärt, Hunger sei eine und vermutlich die aussichtsreichste Möglichkeit, eine solche Lösung herbeizuführen, denn »die Welt, besonders die unterentwickelte Welt, sieht sich einer wachsenden Nahrungsmit-

telknappheit gegenüber«. Indien »kommt dafür besonders in Frage«, aber in allen Entwicklungsländern »wächst die Bevölkerung weitaus schneller als die Nahrungsmittelerzeugung«.

Hungersnot ist jedoch nur eine der fürchterlichen Aussichten. »Die zunehmende Verschlechterung unserer Umwelt kann auf lange Sicht mehr Tod und Elend mit sich bringen als jede vorstellbare Lücke zwischen Nahrungsmittelversorgung und Bevölkerung.« Außerdem »läßt man nur allzu leicht . . . außer acht, was heutzutage Seuchen als Mittel zur Bevölkerungskontrolle vermögen«. Ehrlich meint, daß es für die Erreger traditioneller Krankheiten zu gegebener Zeit genügend Möglichkeiten geben wird – »Malaria, Gelbfieber, Typhus und ihre Verbündeten existieren immer noch« – und auch die virulenteren Arten des Grippeerregers hier in Betracht kommen, die in einer Epidemie bis zu 500 Millionen Menschen töten können. Und über allem schwebt dann der Schatten des Atomkrieges als Endlösung.

In den letzten zehn Jahren sind diese Argumente viele hundertmal vorgebracht worden. Die einen meinen, die heutige Weltbevölkerung mit ihrer Zunahmegeschwindigkeit müsse zwangsläufig die natürlichen Bodenschätze erschöpfen, soweit sie sich nicht regenerierten. Umweltverschmutzung und Bevölkerungswachstum sind, zumindest in der einschlägigen Literatur, eng miteinander gekoppelt. Eine solche Verbindung lautet: »Mehr Menschen bedeutet mehr Schmutz; mehr Schmutz bedeutet höhere Sterblichkeit; somit bedeuten mehr Menschen höhere Sterblichkeit.« Andere behaupten, der Druck der Bevölkerungszunahme werde in Gesellschaften wie der amerikanischen eine Tendenz zu autoritären und tyrannischen Regierungsformen auslösen. In einer weiteren Variation zum Thema heißt es, das Bevölkerungswachstum führe zur Überfüllung, einem Zustand, der für den Menschen zweifellos schlecht sei. Tatsächlich hat man beobachtet, daß überbesetzte Populationen so unterschiedlicher Tiere wie amerikanischer Hasen (in Minnesota) und Rotwild (in der Chesapeake Bay) unter Umständen aussterben, die auf eine chronische Überbeanspruchung der Nebennieren hindeuten. Bei Laborratten in zu engen und vollen Käfigen wurden Frühgeburten, hohe Sterblichkeit der Jungen, Fehlgeburten und Minderung des Nestbauinstinkts beobachtet. Wird sich das menschliche Verhalten in ähnlicher Weise verändern?

Die meisten dieser Argumente sind von gleicher Schlagkraft wie die schwächere Fassung des *Essay* von Malthus. Entweder kommt es zur Katastrophe, oder die Menschen üben »sittliche Zurückhaltung« – heute nennt man es Vorsicht –, und die Katastrophe findet noch einmal nicht statt. Das ist etwa so, als sage man einem Autofahrer in einer engen Kurve, es werde zu einem Unfall kommen, wenn er nicht bremse. Deshalb hängt die Frage, ob die Bevölkerungszunahme Unheil über die Menschheit bringt, nicht von den Zahlen und auch nicht von der Wachstumsgeschwindigkeit, sondern von einer nüchternen Einschätzung der Wahrscheinlichkeit ab, daß Völker, die schon über zwei Millionen Jahre irgendwie überlebt haben, an diesem Punkt ihrer Geschichte die Fähigkeit verlieren, die richtigen Maßnahmen zu ihrem Fortbestehen zu ergreifen.

Fast das Gegenteil trifft zu. Richtige Maßnahmen, in diesem Fall ärztliche Versorgung, sind vielleicht kein absoluter Schutz gegen Seuchen und Pest, tragen aber wesentlich dazu bei. Rücksichtslosigkeit zusammen mit einer wachsenden Bevölkerungsdichte kann zur Umweltverschmutzung führen, aber auch hier bieten sich Abhilfemaßnahmen an. Der Hunger ist heute kein Schreckgespenst mehr, sondern höchstens noch eine Vogelscheuche. Es handelt sich nicht so sehr darum, die wachsende Bevölkerung mit Nahrung zu versorgen, sondern die Ernährungsmängel zu beseitigen, an denen die Menschen seit Jahrhunderten leiden. Darf man denn im selben Atemzug beklagen, daß viele Großstädte an ihrer Bevölkerungsdichte ersticken, und lamentieren, daß die Bevölkerung aus den Stadtkernen hinaus in die Vorstädte zieht – eine Erscheinung, die in der Industriegesellschaft seit Jahren zum üblichen Bild gehört? Wo liegt denn das Unglück: im Bevölkerungswachstum oder in der Unmöglichkeit, mit sozialen Übelständen fertig zu werden, die ohne den Bevölkerungsdruck wahrscheinlich gar nicht erkannt worden wären?

Unsere heutige Besorgnis über die Bevölkerungszunahme ist deshalb so merkwürdig, weil sie die politischen Fragen, mit denen die Bevölkerungsprobleme üblicherweise vernebelt werden, völlig außer acht läßt oder nur in geringem Maß berücksichtigt. Das hat zum Teil wohl irrationale Gründe. Auf manche wirkt jedes Argument zugunsten einer Mäßigung der Fortpflanzung wie eine Einschränkung ihrer Freiheit. (Für manche Katholiken ist es sicherlich eine Art Blasphemie.) Aber allmählich gibt es auch genügend Beweise dafür, daß übermäßige Fortpflanzung zu einem zweifelhaften Vorrecht der Armen geworden ist. Die ständige Fehde zwischen Malthus und seinen Kritikern war im Grund eine Fehde zwischen einem Konservativen und den großen liberalen Geistern des 19. Jahrhunderts. Auch Marx wandte sich schließlich gegen den »verächtlichen Malthus«. Unter den heutigen Umständen muß die Bewegung für eine stabile Bevölkerungspolitik, die vorzugsweise von der Mittelklasse getragen wird, die Armen irgendwie überzeugen, mit weniger Kindern zu leben, als es natürlich wäre. Selbstverständlich stößt dieser Vorschlag nicht immer auf Zustimmung. Die Haltung, die einige moderne Propheten einnehmen, mag auf manchen elitär wirken.

Die Selbstgerechtigkeit, die beim Plädieren für Mäßigung im eigenen Land kaum zum Ausdruck kommt, tritt in Empfehlungen für Maßnahmen anderswo oft unmittelbar zutage, besonders in den Entwicklungsländern. Nach Ehrlich kommt es hier auf das Verhalten der Vereinigten Staaten, »der einflußreichsten Großmacht«, an. »Offensichtlich können

wir nicht leben, ohne uns um das Geschick unserer Brüder auf der anderen Seite des guten Schiffs Erde zu kümmern. Wenn ihre Seite des Schiffs sinkt, dann müssen wir zwangsläufig mit ansehen, wie sie ertrinken, und uns ihre Schreie anhören.«
Ehrlich fährt fort: »Neben unserem ernsten Bevölkerungsproblem im eigenen Land sind wir eng in die Weltkrise verwickelt. Wir sind durch unsere Einfuhr-Ausfuhr-Situation damit verknüpft. Wir sind durch die Möglichkeiten einer weltweiten ökologischen Katastrophe, einer weltweiten Pest, eines globalen thermonuklearen Krieges darin verstrickt. Außerdem sind wir wegen der humanitären Gefühle der meisten Amerikaner betroffen.« Der erste Schritt besteht also darin, das Bevölkerungswachstum in den Vereinigten Staaten unter Kontrolle zu bringen, sowohl wegen des unmittelbaren Nutzens, der sich daraus ergibt, wie auch als Beispiel für die anderen Nationen. Innerhalb der Vereinigten Staaten bietet Ehrlich die verschiedensten Hausmittel an, von mehr Aufklärung über die Freigabe der Abtreibung bis zur gestaffelten Besteuerung, die Großfamilien stärker belasten und selbst für Babyausstattungen eine Steuer erheben würde. Wenn all dies getan ist, »sind wir in der Lage, bei der Suche nach einer Lösung des Problems in weltweitem Rahmen die Führung zu übernehmen«.
Die meiste Unruhe löste unter allen Rezepten gegen die Leiden der Entwicklungsländer der Vorschlag von William und Paul Paddock in *Vor uns die mageren Jahre* aus, der später noch in *Die Bevölkerungsbombe* ausdrücklich unterstrichen wurde. Dieses an den amerikanischen Steuerzahler gerichtete Werk trat nachdrücklich dafür ein, amerikanische Auslandshilfe nur den Ländern zur Verfügung zu stellen, die drastische bevölkerungspolitische Maßnahmen ergriffen und, da Geld auf jeden Fall knapp sei, auch politisch genehm seien. Ähnlich wie der Feldscher, der nur anhand von Vorschriften entscheiden kann, welche Verwundeten er wenigstens notdürftig versorgen soll, traten die Gebrüder Paddock für die Verweigerung der Auslandshilfe an zwei Arten von Ländern ein: solche, die wahrscheinlich auch aus eigener Kraft überlebten, und andere, bei denen jegliche Hilfeleistung sowieso zu spät kam. Als das Buch 1967 erschien, wurden Libyen und Gambia in die erste Kategorie eingereiht; das waren die »noch gehfähigen Verwundeten«. Für Indien, Ägypten und Haiti war keine Hilfe mehr möglich. Andererseits schien die »energische Führung durch den Präsidenten Ayub Khan« Pakistan oder doch »mindestens Westpakistan« für Auslandshilfe zu qualifizieren.
Ehrlich hat dieses Schema noch weiter ausgebaut. Nach seinen Vorstellungen könnten alle Regierungen, die solche Mittel zur Verfügung stellen, »Sanierungsgebiete« auswählen, auf die sie sich vorzugsweise konzentrieren müßten. Sie würden dorthin Fernsehempfänger liefern, in den Techniken der Empfängnisverhütung geschulte Spezialisten entsenden und könn-

ten so nicht nur beschließen, welche Gegenden innerhalb welcher Länder Hilfe empfangen würden, sondern auch die Einwanderung in diese Sanierungsgebiete unter Kontrolle halten, »um zu verhindern, daß diese Hilfsgebiete von den weniger Begüterten überschwemmt werden würden«. Ganz sicher gebe es schwerwiegende »gesellschaftspolitische Probleme«, und eine Politik, die zwangsläufig zwischen Nationen unterscheide, denen geholfen werden solle, und solchen, die für sich selbst kämpfen dürften, sei im Rahmen der Vereinten Nationen nicht unbedingt lebensfähig. Die Regierung der Vereinigten Staaten solle jedoch auf jeden Fall bereit sein, einseitig vorzugehen, und Staaten wie Indien unter Druck dazu bringen, die Zwangssterilisierung als Mittel zur Bevölkerungskontrolle einzuführen.

Es sei angemerkt, daß sich Ehrlich in letzter Zeit oft, wenn auch nicht immer, vorsichtiger ausgedrückt hat. In ihrem Buch *Bevölkerungswachstum und Umweltkrise* plädieren Ehrlich und seine Frau Anne ausführlicher für Auslandshilfe und weniger explizit für so drakonische Kontrollmethoden wie den Zusatz von empfängnisverhütenden Mitteln zum Trinkwasser: »Eine Zwangsbeschränkung der Familiengröße ist für viele eine unannehmbare Vorstellung, aber die Alternativen könnten noch viel schrecklicher sein.« Die Vorstellung, die hilfespendenden Länder könnten die Souveränität der Empfängernationen außer Kraft setzen, wird jetzt durch den Begriff der »Teilentwicklung« ersetzt. Insbesondere können »Kenia und Tansania als Beispiele einer Teilentwicklung zu Gebieten gelten, die sowohl landwirtschaftlich nutzbar als auch zur Besiedlung geeignet sind. Diese und einige andere afrikanische Länder können der Welt etwas Unbezahlbares bieten: ein Fenster zur Vergangenheit, in der noch riesige Herden nichtmenschlicher Wesen das Antlitz der Erde bedeckten.« Ein »planetarisches Regime«, dem »die Vereinten Nationen als eine Art internationale Behörde für Bevölkerung, Rohstoffquellen und Umwelt« angehörten, könnte alle internationalen Aspekte der Steuerung und Überwachung von »Entwicklung, Verwaltung, Bewahrung und Verteilung der natürlichen Hilfsquellen« sowie die Regelung jeglicher Auslandshilfe, des Welthandels und des Nahrungsmittelexports in die Hand nehmen.

Diese zur Stabilisierung der Bevölkerung in den Entwicklungsländern gedachten Mittel sind von ihren Erfindern wohl kaum wirklich überlegt worden. Selektive Hilfeleistung verletzt die Konventionen in den Beziehungen zwischen den Völkern, die sich in den letzten Jahrhunderten mühsam genug entwickelt haben, ebenso wie die von Malthus erdachten Abhilfen gegen das Ideal einer gleichen Gesellschaft verstießen. Ist es politisch möglich, daß hilfeleistende Nationen zwischen der einen oder anderen Provinz in einem Empfängerland unterscheiden? Würden die Empfängerländer überhaupt Hilfe zu derartigen Bedingungen annehmen? Dürfte die Regierung dem Trinkwasser in diesen Ländern empfängnisverhütende Mittel zusetzen, wenn sie bisher kaum imstande war, Fluor, ein anerkanntes Vorbeugungsmittel gegen Zahnverfall, an die eigene Bevölkerung zu verteilen? Ist es realistisch oder überhaupt mit den Prinzipien einer guten Staatsführung vereinbar, wenn man an Zwangsprogramme zur Empfängnisverhütung denkt – »unfreiwillige Empfängnisverhütung«, wie es jetzt heißt? Man urteilt über diese Vorschläge wahrscheinlich noch viel zu milde, wenn man sagt, daß sie im Zustand der Kopflosigkeit gemacht worden sind. Nichts kann jedoch den schlechten Eindruck derartiger Erklärungen außerhalb der heilen Welt mildern, in der sie entstanden sind. Es ist wohl kaum überraschend, daß der Ruf nach Bevölkerungsbeschränkung in vielen Entwicklungsländern wie Neokolonialismus klingt. Derartig extreme Erklärungen zugunsten der Einschränkung armer Völker können immer noch sehr viel von dem zerstören, was in den letzten Jahrzehnten zur Verbesserung der Beziehungen zwischen Industrieländern und Entwicklungsländern geschaffen worden ist.

Zweifellos wächst die menschliche Bevölkerung heute schneller als je zuvor, aber dieses bisher ungekannte Wachstum läßt sich ebenso erklären wie die Perioden in den letzten zwei Millionen Jahren der Menschheitsgeschichte, in denen sich die Bevölkerung überdurchschnittlich rasch vermehrte. Es sind lediglich die natürlichen Hindernisse weggefallen, die die Bevölkerungszahl in den Jahren vor dem Zweiten Weltkrieg in Schranken hielten. Die Aussichten, daß ein neugeborenes Kind in einem unterentwickelten Land aufwachsen kann, sind heute viel besser als in den dreißiger Jahren. Unweigerlich bringen die so am Leben gebliebenen Erwachsenen auch wieder mehr Kinder zur Welt. Das Wachstum der Bevölkerung kann natürlich nicht ohne Kontrolle so weitergehen; zweifelhaft ist nur, wie und wie schnell diese Wachstumsrate wieder abnimmt. Dank der stetigen und immer rascheren Verbesserung der Landwirtschaft stellen Hungersnöte heute keine echte Bedrohung mehr dar. Und selbst in den Entwicklungsgebieten der Welt, in denen die Bevölkerungszahl am schnellsten zunimmt, wird die Wachstumsrate in den nächsten 30 Jahren höchstwahrscheinlich durch dieselben Prozesse eingedämmt werden, die den Industrieländern ein hohes Maß an demographischer Stabilität verschafft haben. Wie wird das geschehen? Wie haben die Industriegesellschaften, die mit einer schnell wachsenden Bevölkerung besser fertig werden konnten als weniger glückliche Gebiete der Welt, es fertiggebracht, ein gewisses Maß der von Malthus empfohlenen »sittlichen Zurückhaltung« aufzubringen? Und wie können die Industrieländer anderen dieselben Tricks beibringen? Das sind Fragen, wie sie die Propheten der Bevölkerungskatastrophe stellen sollten.

Hier ist ein kurzer Rückblick angebracht. Übervölkerung ist keineswegs etwas Neues. Unter den rund eine Million Indianern in Nordamerika herrschte schwere, chronische Hungersnot, als die ersten europäischen

Siedler den Kontinent betraten. 300 Jahre später kann derselbe Kontinent über zweihundertmal so viele Menschen ernähren und erzeugt immer noch einen hohen Getreideüberschuß. Die Landwirte im mittleren Westen haben eine Anbautechnik entwickelt, die gegenüber den Verfahren, wie sie bei den alten Indianern in den Ebenen zu finden waren, eine ungeheure Verbesserung darstellt. Wir erkennen aus dieser Wandlung, daß es keinen absoluten Maßstab gibt, mit dem sich berechnen läßt, wie viele Menschen bequem auf der Oberfläche der Erde leben können. Je größer die Fertigkeiten, um so größer kann auch die Bevölkerung sein. Die stetige Zunahme der menschlichen Bevölkerung in den letzten Jahrhunderten spiegelt die ständige Verbesserung der Überlebenstechnik, besonders in der Landwirtschaft und der Gesundheitspflege.

Die ersten Geschöpfe mit eindeutig menschlichen Eigenschaften lebten vermutlich vor fast zwei Millionen Jahren in Ostafrika. Wahrscheinlich zogen sie in Horden herum, ernährten sich von Pflanzen, kleinen Tieren und, wenn es die Jahreszeit zuließ, von Vogeleiern. Sie sind von größeren oder stärkeren Fleischfressern, den Löwen oder Hyänen, wahrscheinlich angegriffen und umgebracht worden. Auch wenn zu Beginn der Eiszeit das afrikanische Hochland noch mit einer dichteren Vegetation bedeckt war als heute, konnten die Vorfahren des Menschen nur dort in Sicherheit leben, wo die Lebensbedingungen für ihr Jäger- und Sammlerdasein, von dem ihre Existenz abhing, besonders gut geeignet waren. Wie die Pavianhorden, die es in Afrika heute noch gibt, konnten die Vorfahren des primitivsten Menschen nicht wie Zebras oder Büffel in riesigen Herden umherstreifen, weil sie sich vor Raubtieren und vor Unwetter schützen mußten und weil ihre Jungen sehr langsam selbständig wurden. Sie hätten auch in größeren Verbänden nicht mehr Sicherheit gefunden. Die größte dieser primitiven Horden kann höchstens 100 Mitglieder gehabt haben.

Die Überlebenschancen dieser vormenschlichen Lebensgemeinschaften müssen äußerst gering gewesen sein. Ganze Horden sind wahrscheinlich durch Naturkatastrophen, Klimaeinflüsse, Krankheiten oder Kriege ausgerottet worden. Aber selbst da waren die sichersten Gemeinschaften wohl diejenigen, die ihr zahlenmäßiges Wachstum auf irgendeine Weise kontrollieren konnten. Wenn die Bevölkerungszahl ungehindert steigen kann, verringert sich die für jeden verfügbare Nahrung, verschlechtert sich folglich der Gesundheitszustand und sinkt die Überlebenschance für alle. Auch heute noch ist eine der schlimmsten Folgen der Unterernährung in Ländern wie Indien nicht der Hungertod, sondern das höhere Risiko, an Cholera zu sterben. Obwohl Fruchtbarkeit eindeutig eine Vorbedingung des Überlebens ist, müssen auch Methoden zur Regulierung der Größe dieser Gemeinschaften in der langen Geschichte der Menschheit eine wichtige Rolle gespielt haben.

Dieselben rauhen Bedingungen haben wahrscheinlich in den ersten Ansiedlungen des modernen Menschen geherrscht, der zum erstenmal vor einer halben Million Jahren auftrat. Die heute noch in Neuguinea oder im südafrikanischen Busch anzutreffenden Eingeborenenstämme stehen häufig unter dem Einfluß von Tabus, die sich auf den Geschlechtsverkehr beziehen, oder von Heiratszeremonien, die mit dafür sorgen, daß die Bevölkerung nicht so stark zunimmt und Nahrungsmittelknappheit die Gesundheit des ganzen Stammes untergräbt. Mit anderen Worten: Sehr viele primitive Riten, die heute das Entzücken der Anthropologen sind, haben vielleicht dazu beigetragen, daß die Gemeinschaften mit den ihnen zur Verfügung stehenden Hilfsquellen auskommen konnten. Die sittliche Zurückhaltung ist älter, als Malthus angenommen hatte.
Bis vor 10000 Jahren war die Erdoberfläche nur dünn mit Menschen besiedelt. Im Paläolithikum muß Frankreich so spärlich bevölkert gewesen sein, daß auf über 50 Quadratkilometer nur ein Bewohner kam. Die Bevölkerung des heutigen Frankreich kann damals kaum mehr als 10000 Personen ausgemacht haben. In England hat zur selben Zeit die Bevölkerung vielleicht nur ein Zehntel dieser Zahl betragen. Die ersten Bevölkerungsexplosionen, wie sie die zeitgenössischen Ehrlichs wahrscheinlich genannt hätten, wurden durch die frühen Fortschritte in der primitiven Landwirtschaft möglich gemacht: Zähmung von Tieren und Landrodung durch Anzünden von Buschwerk. Die Tierzähmung führte zu zwei wichtigen Änderungen: zu höheren Bodenerträgen und zu einer gewissen Beweglichkeit, oft erzwungenermaßen, weil neue Weidegründe gefunden werden mußten. Zum Jagen und Sammeln der Nahrung brauchte man pro Person etwa zehn Quadratkilometer. Mit Weidetieren auf gutem, natürlichem Grasland konnte sich eine ganze Familie aber wahrscheinlich schon von rund zwei Quadratkilometern ernähren. Der primitive Ackerbau erlaubte noch dichter besiedelte Gemeinden, und aus technischen Gründen stieg die Bevölkerung Englands von etwa 1000 Personen im Paläolithikum bis auf 20000 im Neolithikum und 400000 in der Eisenzeit.
Obgleich die Weltbevölkerung mit der Zeit zugenommen hat, ist diese Zunahme weder gleichmäßig, noch kennt man sie genau. In primitiven Wohngemeinschaften wie bei den australischen Ureinwohnern oder den südafrikanischen Buschmännern stehen die Chancen, daß jemand 20 Jahre alt wird, 1:3 oder noch schlechter. Damit die Gemeinschaft überlebt, müssen die wenigen Frauen, die ein gebärfähiges Alter erreichen, schon frühzeitig Kinder zur Welt bringen und viele Kinder aufziehen. Selbst dann können verschiedene natürliche Zwischenfälle die ganze Gemeinschaft in Gefahr bringen, und viele Völker sind im Lauf der Geschichte geschrumpft und auch wieder gewachsen. Im 15. Jahrhundert wurde England durch den Schwarzen Tod entvölkert. Die Bevölkerung Rußlands muß im 18. Jahrhundert abgenommen haben. Die Bevölke-

rungszahl Irlands sank ein Jahrhundert später sehr stark und hat sich von dieser Tendenz bis 1961 nicht erholt.
Die Entwicklung primitiver Ackerbautechniken hat die gesamte Weltbevölkerung grundlegend beeinflußt. Um 7000 v. Chr., als die Entwicklung schon sehr weit fortgeschritten war, lag die Weltbevölkerung bei fünf bis zehn Millionen. Mit dem Beginn der modernen Zeitrechnung hatte sie sich verfünfzigfacht; sie muß also um das Jahr 1 n. Chr. etwas über 250 Millionen betragen haben. Diese Zunahme ist ebenso gewaltig wie jeder neuere Bevölkerungsanstieg. Im Vergleich zur Wachstumsrate in den letzten Jahrzehnten entwickelte sich jedoch die Bevölkerungsziffer nach der Entstehung der Landwirtschaft im Neolithikum gemächlich: Sie verdoppelte sich etwa alle 1500 Jahre. Zweifellos konnten deshalb die frühen Völker ihre gesellschaftlichen Einrichtungen, die sie brauchten, um dieses Bevölkerungswachstum zu regulieren, so umsichtig entwickeln: Städte, Handelsbeziehungen und das Rechtswesen. Die Besorgnisse über die Zunahme der Weltbevölkerung rühren nicht von dem Ausmaß, sondern der Geschwindigkeit dieser Zunahme her.
Für die ganze Welt liegt die Zuwachsrate zur Zeit bei 1,9 Prozent im Jahr. In Ländern wie Indien ist die Wachstumsrate noch höher: 2,5 Prozent betrug sie 1960. Selbst in der Blütezeit des Wachstums im viktorianischen England, als sich die Bevölkerung in einem Jahrhundert vervierfachte, überschritt die durchschnittliche Wachstumsrate 1,3 Prozent im Jahr nicht. Und für ganz Europa setzte das Wachstum im 19. Jahrhundert in den einzelnen Ländern zu verschiedenen Zeiten ein, so daß die durchschnittliche Wachstumsgeschwindigkeit immer viel niedriger war als die Zahl in dem am schnellsten wachsenden Land. In den Entwicklungsländern hat nun heute das schnelle Bevölkerungswachstum überall mehr oder weniger gleichzeitig angefangen, und die Wachstumsgeschwindigkeit ist höher, als sie es im 19. Jahrhundert in den Industrieländern war – vorwiegend deshalb, weil die moderne Medizin die Sterblichkeit viel nachhaltiger reduziert hat, als es vor 100 Jahren der Fall sein konnte. Bis hierhin sind sich die Ehrlichs und die Gemäßigten in allem einig.
Wohin soll diese Entwicklung führen? Das beste statistische Amt der Welt sind die Vereinten Nationen, aber alle Voraussagen sind hier mit ungeheuren Risiken behaftet. Wenn schon die Bevölkerung Großbritanniens um ein Prozent falsch ermittelt wurde (bei der Volkszählung 1971), ist die 1970 von den Vereinten Nationen durchgeführte Schätzung der Weltbevölkerung auf 3,63 Milliarden wohl auch um einige hundert Millionen ungenau. Außerdem ist zwangsläufig unsicher, wie sich die Weltbevölkerung zusammensetzt. Wie viele Frauen im gebärfähigen Alter sind am Leben? Wie viele davon sind zu alt, Kinder in die Welt zu setzen? Wie viele Kinder brauchen Ausbildungsplätze in der Schule? Die Propheten der Bevölkerungskatastrophe scheinen trotz aller Bekundungen ihrer

Unzulänglichkeit recht häufig die Warnungen vor Fehlern, die sich in den offiziellen Statistiken finden, in den Wind zu schlagen. Die größte Unsicherheit bei der Voraussage derartiger Zahlen trifft genau den Punkt, mit dem sich Ehrlich und seine Jünger beschäftigen: Welche Gebärgewohnheiten werden die Frauen in den kommenden Jahrzehnten haben? Man kann immer Katastrophen voraussagen, wenn man davon ausgeht, daß sich nichts ändert; ernstzunehmende Vorhersagen erkennt man aber daran, daß sie eher fragen, wie groß die Änderungen sein werden.
Zum Teil deshalb bestehen die Schätzungen der Vereinten Nationen über die Weltbevölkerung bis zum Ende dieses Jahrhunderts nicht so sehr aus einer Vorhersage als vielmehr aus einer Bandbreite von Angaben. Die beste Schätzung (im Jahr 1971) besagt, daß die gesamte Weltbevölkerung von 3,63 Milliarden 1970 auf 6,49 Milliarden im Jahr 2000 ansteigen wird; es gibt aber auch höhere und niedrigere Schätzungen auf der Grundlage unterschiedlicher Annahmen über das Ausmaß, in dem sich die Gebärgewohnheiten der Bevölkerung ändern werden. Die höhere und die niedrigere Zahl sind 7,1 Milliarden beziehungsweise 5,97 Milliarden (siehe Tabelle 1). Das zeigt wiederum, daß die besten Schätzungen der Weltbevölkerung in den kommenden zehn Jahren leicht einen Fehler von zehn Prozent aufweisen können. Die amtlichen Bevölkerungsstatistiker werden sich über diese Unsicherheitsspanne kein bißchen aufregen. Und es bestehen begründete Aussichten, daß selbst die niedrigste Schätzung nicht Wirklichkeit wird.
Auf jeden Fall wird die Bevölkerung von heute bis zum Ende des Jahrhunderts schnell wachsen. Wahrscheinlich wird sie von 1970 bis 2000 um mindestens zwei Drittel zugenommen haben. Das ist zufällig etwas mehr als die Wachstumsrate, die es in Westeuropa in den letzten 30 Jahren des 19. Jahrhunderts gegeben hat. Natürlich sind die Zahlen höher, denn sie gelten für die ganze Welt, aber nur unverbesserliche Pessimisten werden meinen, daß daraus unbedingt eine Katastrophe abzulesen ist.

Tabelle 1: Schätzung der Vereinten Nationen für die Weltbevölkerung im Jahr 2000 unter Zugrundelegung verschiedener Annahmen über die Fruchtbarkeit (Milliarden).

	Gegenwart	niedrige Schätzung	mittlere Schätzung	hohe Schätzung
Industrieländer	1,09	1,45	1,45	1,45
Entwicklungsländer	2,54	4,52	5,0	5,65
Insgesamt	3,63	5,97	6,49	7,10

Warum ist das Wachstum so schnell erfolgt? Wie unterscheiden sich moderne Völker von den Horden der Ureinwohner? Die einfache und bestürzende Wahrheit: Fast die ganze Menschheitsgeschichte hindurch bis in die neueste Zeit ist das stärkste Regulativ des Bevölkerungswachstums die Kindersterblichkeit gewesen.

Grabstätten in Steinzeitgräbern sind deutliche Beweise für die Gefahren, denen Kinder in primitiven Gemeinschaften ausgesetzt waren; über die Hälfte aller damals geborenen Kinder dürfte nicht einmal 14 Jahre alt geworden sein. In neuerer Zeit, im 19. Jahrhundert, ist mehr als die Hälfte aller Kinder der Sklaven in Westindien vor dem Erreichen der Pubertät gestorben; dasselbe gilt für die Bevölkerung Chinas 1930 und bestimmter afrikanischer Stämme noch in den letzten Jahren. Auf den Philippinen starben noch 1967 48 Prozent aller Kinder im Alter von weniger als 15 Jahren. Wenn diese Völker überleben wollen, muß jede Frau im Durchschnitt über vier Kinder gebären: zwei, die aufwachsen, und zwei für das Grab. Berücksichtigt man noch die relativ hohe Unfruchtbarkeit der Frauen bei primitiven Völkern (oft aufgrund von Geschlechtskrankheiten, oftmals aber auch als Folge der Polygamie) und die hohe Sterbeziffer bei jungen Erwachsenen (besonders Frauen im Kindbett), so müssen die gebärfähigen Frauen im Durchschnitt sechs oder mehr Kinder zur Welt bringen, nur um ihre Völker am Leben zu erhalten. Es spricht sehr für die Anpassungsfähigkeit menschlicher Traditionen, daß ein Urinstinkt wie die Gebärfreudigkeit in den am weitesten entwickelten Gesellschaften heute bereits verschwunden ist.

Primitive Völker weisen hohe Prozentsätze der Kindersterblichkeit und zum Ausgleich hohe Geburtenziffern auf, so daß jede Verbesserung der Lebensbedingungen zwangsläufig einschneidende Folgen haben muß. Die Bevölkerungsgeschichte der letzten zwei Jahrhunderte handelt im großen ganzen davon, wie die Senkung der Sterblichkeit bei Kindern und jungen Erwachsenen die Bevölkerungszunahme beschleunigt hat, zuerst in den Industriestaaten Europas und jetzt in den Entwicklungsländern der Welt.

Aus der Statistik geht eindeutig hervor, was passiert. In Schweden erreichten um 1760 nur sechs von zehn Kindern das 15. Lebensjahr – eine gewisse Verbesserung seit der Steinzeit, aber ein Risiko, das für heutige Verhältnisse untragbar wäre. Um 1830 wurden in Schweden sieben von zehn Kindern 15 Jahre alt, und bis Ende des 19. Jahrhunderts war dieser Anteil auf über acht von zehn Kindern angewachsen. 1968 war das Risiko, im Kindesalter zu sterben, so gering geworden, daß nur zwei von 100 Kindern das fortpflanzungsfähige Alter nicht erreichten. Wenn man davon ausgeht, daß die Zwangssterilisierung zur Verhinderung von unerwünschtem Nachwuchs kaum je praktikabel sein dürfte, muß auf die Senkung der Kindersterblichkeit eine Bevölkerungszunahme folgen. Stabilität gibt es erst wieder, wenn sich die Fruchtbarkeit auf einem niedrigeren Niveau eingespielt hat, also jede Frau im gebärfähigen Alter weniger Kinder zur Welt bringen muß. Die meisten Länder Westeuropas haben im letzten Jahrhundert eine Periode schnellen Wachstums durchgemacht. Überall ist darauf zum Ausgleich eine Zeit nachlassender Fruchtbarkeit gefolgt.

Die historischen Beweise für eine Einschränkung der Fruchtbarkeit sind bekannt. Die Bevölkerung der Vereinigten Staaten ist im 19. Jahrhundert viel langsamer gewachsen, als theoretisch möglich gewesen wäre, und bürgerliche Konventionen wie eine späte Heirat scheinen dafür ebenso verantwortlich gewesen zu sein wie die Belastungen durch den Bürgerkrieg und die Expeditionen in den Westen. Im katholischen Irland übten die Vorschriften der Landvererbung einen so hemmenden Einfluß aus wie Rituale in einer primitven Gesellschaft. Selbst ohne die Möglichkeiten moderner Geburtenbeschränkung ist die Gesellschaft also durchaus in der Lage, Mittel und Wege zur Regulierung der Geburtenziffer zu finden, im allgemeinen aus Gründen der Stabilität. Manchmal entwickelt sich ein Volk auch umgekehrt und hebt diese selbstauferlegten Einschränkungen wieder auf wie offenbar England zu Anfang des 19. Jahrhunderts.

Die Bevölkerung von England und Wales betrug um 1800 zehn Millionen und erhöhte sich bis 1850 trotz sehr starker Auswanderung auf knapp über 20 Millionen. Die Bevölkerungszunahme war damals ebenso hoch wie jetzt in den Entwicklungsländern. In dieser Zeit blieb jedoch offenbar die Sterbeziffer für das Land als Ganzes im wesentlichen gleich. Das Entstehen der großen Industriestädte änderte die Situation einschneidend, und ein Vergleich der Geburten- und Sterbeziffern in den Städten und auf dem Land zeigt, daß die Landbevölkerung mit Beginn der Industrialisierung ihre früheren Bevölkerungsbeschränkungen aufgeben und sehr viele junge Leute in die Städte »exportieren« konnte. Die Menschen schienen sich zu freuen, daß sie mehr Kinder haben konnten, solange es für diese Kinder Arbeitsplätze gab.

Eine scharfe Senkung der Sterbeziffer ist viel häufiger der Grund von Veränderungen der Bevölkerungsstruktur. Das geschah in England und im übrigen Westeuropa in der zweiten Hälfte des 19. Jahrhunderts, und das erleben wir zur Zeit auch in der Dritten Welt. Innerhalb weniger Jahrzehnte kann die Sterbeziffer leicht von drei bis vier Prozent im Jahr auf etwa ein Prozent im Jahr oder noch weniger herabgedrückt werden. In den Niederlanden sank die Sterbeziffer von drei Prozent jährlich in den siebziger Jahren des letzten Jahrhunderts auf weniger als ein Prozent jährlich in den zwanziger Jahren dieses Jahrhunderts. In vielen Entwicklungsländern hat sich dieser Schritt noch schneller vollzogen – die Sterbeziffer in Ceylon ist von 2,2 Prozent pro Jahr 1945 auf 0,8 Prozent 1969 gesunken. Derartig drastische Änderungen müssen zu Umwälzungen führen. In den Industrieländern Westeuropas hat man im letzten Jahrhundert die Erfahrung gemacht, daß zuerst eine gewisse Zeit die neue niedrige Sterbeziffer und die alte hohe Geburtenziffer nebeneinander bestehen, so daß die Bevölkerung zahlenmäßig sehr schnell wächst. Aber dann kommt eine Zeit, in der auch die Geburtenziffer sinkt, so daß auf der Grundlage einer niedrigen Geburtenziffer und einer niedrigen Sterbeziffer ein neues demographisches Gleichgewicht erreicht wird. Diese Erscheinung ist mittlerweile in der Sozialgeschichte ebenso bekannt wie die Abschaffung des Feudalwesens; man nennt sie den demographischen Übergang.

An der heutigen Aufregung über die Bevölkerungsexplosion ist eines besonders merkwürdig: Die Propheten des demographischen Unheils scheinen anzunehmen, daß die gesellschaftlichen Kräfte, die den Industriestaaten Stabilität verliehen haben, anderswo nicht gelten. So beleidigen sie die Menschen, denen sie helfen wollen.

Die Abnahme der Geburtenziffer, die zur Stabilisierung einer Bevölkerung notwendig ist, kann sehr frühzeitig einsetzen. So sank in Westeuropa und Nordamerika die Geburtenziffer zwischen 1875 und 1960 stetig von etwas mehr als 3,5 Prozent jährlich bis auf einen Wert zwischen 1,1 und 1,7 Prozent jährlich. Dennoch ist selbst in einigen Teilen Westeuropas der demographische Übergang bekanntlich noch nicht abgeschlossen; in den Niederlanden hat er spät eingesetzt und ist noch nicht zu Ende gekommen. Unter diesen Umständen darf man sich wohl kaum darüber beklagen, daß die Entwicklungsländer mit einem Problem noch nicht fertig geworden sind, das für sie neuer und viel komplizierter ist.

Was bedeutet der Begriff demographische Stabilität? Das Schlagwort vom »Bevölkerungswachstum null« oder *Zero Population Growth,* wie man im angloamerikanischen Schrifttum sagt, hilft hier nicht weiter. Eine Betrachtung der Ereignisse in Westeuropa zeigt es deutlich. Die jährliche Geburtenziffer ändert sich praktisch nicht, aber die Bevölkerung wächst weiter. In Gesamteuropa, Ost- und Westeuropa zusammengenommen, betrug die Geburtenziffer 1950 8,85 Millionen und im Jahr 1968 8,95 Millionen. Die jährliche Geburtenziffer hat sich also nicht wesentlich verändert. Im selben Zeitraum ist aber die Bevölkerung von 380 Millionen auf 455 Millionen angestiegen. Mit anderen Worten: Über 70 Millionen Menschen sind nicht im Säuglingsalter oder im frühen Erwachsenenalter gestorben, sondern am Leben geblieben und haben zur europäischen Wirtschaft beigetragen. Rechtfertigt eine Steigerung aus einem so harmlosen Grund wirklich die Bezeichnung Bevölkerungsexplosion?

Den Übergang von einer primitiven zu einer komplizierteren demographischen Stabilität kann man auch an der durchschnittlichen Zahl der Mädchen messen, die jede Frau in ihrem Leben zur Welt bringt. Stabilität ist hiernach ein Zustand, in dem jede gebärfähige Frau so viele Mädchen zur Welt bringt, daß die Fortpflanzung gesichert ist, die Kinderlosigkeit anderer ausgeglichen wird und Verluste ersetzt werden, die davon herrühren, daß Frauen vor Ende des gebärfähigen Alters sterben. Ob die Anzahl der Menschen in einem Land wächst oder nicht, spielt keine Rolle: Wenn die

Bruttofortpflanzungsrate nur knapp über 1,0 liegt, ist die Bevölkerung stabil. Die Geschichte der letzten 50 Jahre zeigt, was passieren kann. In Schweden lag im Jahr 1900 die Fortpflanzungsrate knapp unter 1,9 Mädchengeburten pro Frau, sank jedoch in den dreißiger Jahren unter 1,0 und stieg in den sechziger Jahren wieder auf 1,1 bis 1,2. Die älteren Leute leben länger, so daß die Bevölkerung Schwedens immer noch zunimmt, aber praktisch ist das Land demographisch stabil. Genauso sank die Bruttofortpflanzungsziffer in Bulgarien, Ungarn und Japan von über 2,0 zu Beginn des Jahrhunderts auf Werte um 1,0 in den fünfziger Jahren. Das schnelle Wachstum war ungefähr innerhalb eines halben Jahrhunderts der demographischen Stabilität gewichen.

Der demographische Übergang, der sich in den Industrieländern bereits vollzogen hat, sollte denen zu denken geben, die mit dem demographischen Unheil rechnen. Erstens: Die reinen Zahlen von Geburt und Tod sind nur Gradmesser der ihnen zugrunde liegenden Änderungen. Wer über die Bevölkerungszunahme im heutigen England klagt, meint damit eigentlich, daß jetzt weniger Menschen im frühen Erwachsenenalter oder in mittleren Lebensjahren sterben als früher. Eine Bevölkerung kann also auch lange nach Erreichen der Stabilität noch wachsen, denn die Menschen im mittleren Lebensalter ernten dann die Früchte der medizinischen Technik, die es noch nicht gab, als ihre Großeltern starben. Natürlich kann der demographische Übergang auch schnell ablaufen. In so verschiedenen Ländern wie Schweden, Bulgarien und Japan hat sich der demographische Übergang in knapp 50 Jahren vollzogen.

Was geht in den Entwicklungsländern vor sich, in denen die Bevölkerung immer noch schnell wächst? Die Sterblichkeit ist viel schneller gesunken als vor einem Jahrhundert in den damaligen Industriestaaten, aber es gibt eindeutige Anzeichen für eine Verlangsamung des Wachstums, die schließlich zur demographischen Stabilität führen wird. Tatsächlich folgt in einigen Ländern auf die schnelle Abnahme der Sterblichkeit eine noch schnellere Verringerung der Fruchtbarkeit, als wir sie je in Europa und Nordamerika beobachtet haben. Wenn sich diese Tendenzen in den nächsten Jahren bestätigen sollten, läßt sich daraus leicht schließen, daß unsere Voraussagen über die zukünftige Bevölkerung viel zu hoch angesetzt sind.

Es ist bekannt, weshalb die Bevölkerung der Entwicklungsländer schneller zunimmt als vor einem Jahrhundert die Völker Europas und Nordamerikas. Die Sterblichkeit ist schneller gesunken. Änderungen, die früher ein Jahrhundert oder länger dauerten, sind in wenigen Jahrzehnten abgelaufen. In den Niederlanden hat es fast 100 Jahre, von 1850 bis 1940, gedauert, bis die jährliche Sterbeziffer von 2,5 Prozent auf 0,8 Prozent sank, aber im Gegensatz dazu ist die Sterbeziffer in elf lateinamerikanischen Ländern von 3,3 Prozent Anfang der dreißiger Jahre auf 1,4 Prozent in den sechziger Jahren gesunken. Und doch ist das Ende noch nicht erreicht. Besonders die Säuglingssterblichkeit ist noch viel zu hoch. In Chile starben in den sechziger Jahren über neun Prozent aller Kinder im ersten Lebensjahr; das ist etwa viermal so hoch wie die Säuglingssterblichkeit in den Vereinigten Staaten und achtmal so hoch wie die Säuglingssterblichkeit in einigen westeuropäischen Ländern.

Muß man die Geschwindigkeit des Wachstums in den Entwicklungsländern der medizinischen Forschung zur Last legen? Die Medizin ist hierfür eigentlich weniger verantwortlich als die öffentliche Gesundheitspflege und die Verbesserung der Ernährungsverhältnisse. Durch die Verwendung von DDT und ähnlichen Insektiziden gegen Moskitos konnte die Malariasterblichkeit in Asien und Lateinamerika sehr stark gesenkt werden. In Britisch-Guayana starben Anfang der vierziger Jahre drei von 1000 Menschen jährlich an der Malaria; in den Jahren 1947 und 1948 ist diese Zahl auf einen von 1000 Fällen zurückgedrängt worden und spielt seitdem praktisch keine Rolle mehr. Gleichzeitig haben bessere Ernährung und verbesserte hygienische Verhältnisse zusammen die Todesfälle aufgrund von Tuberkulose und Niereninfektionen ebenfalls, wenn auch langsamer, verringert. Der Choleratod spielt eine geringere Rolle, weil besser ernährte Menschen dieser Krankheit gegenüber widerstandsfähiger sind. Und manchmal trägt die genaue Kenntnis einer Krankheit zur Abhilfe fast so sehr bei wie die ärztliche Behandlung. Wer weiß, wieweit die Kenntnis, daß Typhus mit dem Wasser übertragen wird, mitgeholfen hat, diese Krankheit in Schach zu halten? Wenn man, wie Ehrlich, die Verringerung der Sterblichkeit in den Entwicklungsländern als »exportierte Sterbekontrolle« bezeichnet, so ist das unter den gegebenen Umständen nicht nur ungenau, sondern von einer beleidigenden Herablassung. Im Hinblick auf öffentliche Gesundheit und Ernährung folgen die Entwicklungsländer den heutigen Industrieländern in einem Abstand von nur etwa einem halben Jahrhundert nach.

Und wie sieht die Zukunft aus? In vielen Entwicklungsländern zeigt sich bereits heute deutlich die Abnahme der Fruchtbarkeit, die zur Vollendung des demographischen Übergangs notwendig ist. Es besteht immer eine zeitliche Verzögerung zwischen sinkender Sterbeziffer und Fruchtbarkeit, aber offenbar scheint der Prozeß um so schneller abzulaufen, je später er einsetzt. Besonders deutlich nimmt die Fruchtbarkeit in der Sowjetunion ab; hier ist die jährliche Geburtenziffer in den letzten 70 Jahren in jedem Jahrzehnt um etwa 4,7 pro 1000 Geburten gesunken. In vielen Entwicklungsländern scheint die Geburtenziffer noch schneller abzusinken. Seit der Mitte der fünfziger Jahre hat sie in Taiwan (Formosa), Hongkong, Singapur, auf vielen Karibischen Inseln und auch in Albanien sehr stark abgenommen. In Singapur ist die jährliche Geburtenziffer von 4,7 Prozent Ende der vierziger Jahre auf 2,2 Prozent 1969 gesunken. In Puerto Rico hat sie sich von über 40 Prozent Anfang der dreißiger Jahre auf 2,4 Pro-

zent 1969 verringert, und besonders schnell hat sich diese Abnahme Ende der sechziger Jahre vollzogen. Natürlich ist diese Entwicklung noch nicht abgeschlossen, aber die Statistik bewegt sich schnell in der richtigen Richtung.
In vielen Ländern ist die Geburtenzahl eine Zeitlang jedes Jahr konstant gesunken. Das heißt, daß eine gewisse Stabilität bereits erreicht ist, obzwar die Bevölkerung noch zunehmen kann, weil Jugendliche und Erwachsene jetzt besser gerüstet sind, dem Tod ein Schnippchen zu schlagen. Tabelle 2, eine Zusammenstellung auf der Grundlage statistischer Daten der Vereinten Nationen, zeigt für einige ausgewählte Länder, in denen die Fruchtbarkeit ständig abnimmt, das Jahr, in dem die Geburtenzahl offenbar ihr Maximum erreicht hat, die damaligen Zahlen und neuere Werte.

Tabelle 2: Sinkende Geburtenziffern in ausgewählten Ländern.

Land	Höchstwert im Jahr	damalige Geburtenziffer	Geburten 1969 (oder letzte verfügbare Zahlen)
Asien			
Ceylon	1962	370762	269531 (1968)
Hongkong	1962	119166	82666
Jordanien	1966	94299	69423 (1968)
Korea	1966	896721	498236 (1966)
Pakistan	1963	5103000	4950000 (1965)
Singapur	1959	63720	44738
Taiwan	1963	424250	352762
Thailand	1964	1119715	1116427 (1967)
Afrika			
Algerien	1966	561528	529806 (1968)
Guinea	1962	7366	4966 (1966)
Mauritius	1963	28156	21718
VAR	1966	1234976	1194585
Amerika			
Barbados	1960	7833	5474 (1968)
Kanada	1959	479275	371365
Kuba	1964	264300	232027 (1967)
Jamaika	1966	71364	65400 (1968)
Puerto Rico	1965	79608	67903
Trinidad, Tobago	1962	34107	28107
USA	1961	4268326	3571000
Chile	1963	291731	282743 (1967)

Westeuropa ist in dieser Tabelle nicht aufgeführt, denn hier ist die Bevölkerung seit Jahrzehnten stabil. Und obwohl sich diese hoffnungsvollen Tendenzen hin und wieder ins Gegenteil verkehren, etwa wenn die in den fünfziger Jahren und Anfang der sechziger Jahre geborenen Mädchen ins

gebärfähige Alter kommen, mangelt es doch nicht an vielversprechenden Anzeichen einer richtigen Entwicklung.
Selbst wenn die Geburtenziffer hoch bleibt und die Zahl der Geburten von Jahr zu Jahr weiter zunimmt, können sich schon Anzeichen einer bevorstehenden demographischen Änderung bemerkbar machen. In Kolumbien scheint in den Jahren 1963 bis 1967 die Geburtenzahl Jahr für Jahr etwa 670000 betragen zu haben; während die Anzahl der potentiellen Mütter wesentlich zunahm, sank die Zahl der Geburten bei Frauen Anfang der Dreißig von 107000 auf 101000. In Guatemala, wo die Zahl der Geburten Jahr für Jahr immer noch steigt, läßt sich aus der Statistik der mittleren Jahre eine Tendenz zur späteren Heirat und zu kleineren Familien herauslesen. Zu gegebener Zeit werden diese Änderungen so zur demographischen Stabilität beitragen, wie sie es in Westeuropa getan haben. Die Frage ist nicht, ob oder wann diese Entwicklung eintreten wird, sondern wie man die Bewegung im richtigen Sinn am besten fördern kann.
Anstatt für Variationen des alten Malthusischen Mittels der sittlichen Zurückhaltung zu plädieren, wären die Propheten des Unheils gut beraten, wenn sie die Gründe zu verstehen suchten, weshalb die Fruchtbarkeit im Verlauf der demographischen Änderung unweigerlich abzusinken scheint. Empfängnisverhütende Techniken sind hierbei wichtig, aber sicherlich nicht alles. Die Entwicklung in den letzten beiden Jahrhunderten hat klar gezeigt, daß vor allem das Sozialverhalten dafür verantwortlich ist, Geburt und Tod in eine Art Gleichgewicht zu bringen. Die gesellschaftlichen Zwänge in primitiven Gemeinschaften, die junge Frauen unnatürlich lange unberührt ließen, hatten schließlich Parallelen in den Bräuchen, die zu einer niedrigeren Fruchtbarkeit der Siedler in Nordamerika geführt haben, als notwendig gewesen wäre: in der Ehelosigkeit und der Spätehe. Die Neigung zu Spätehen, die im 19. Jahrhundert mit zur Senkung der Geburtenziffer in England beitrug, spielt jetzt auch in Ceylon eine wichtige Rolle. Selbst in Ländern, in denen der Einfluß der katholischen Kirche den Techniken der Empfängnisverhütung Widerstand entgegengesetzt hat, haben Völker wie die Franzosen mit beträchtlicher Erfindungsgabe soziale Konventionen geschaffen, die die Fortpflanzung innerhalb gewisser Grenzen halten. Die Fruchtbarkeit französischer Familien scheint zur Zeit von der Religion unabhängig zu sein, obwohl noch vor einem halben Jahrhundert katholische Familien 20 Prozent mehr Kinder hatten. Selbst vor der Pille konnten die Völker also ihre Größe regulieren.
Bevölkerungskontrolle ist Sache der privaten Entscheidung des einzelnen oder von Paaren. Von welchen Einflüssen werden diese Entscheidungen getragen? Es muß doch große Unterschiede zwischen Ländern wie Indien und Ländern in Westeuropa geben. Wo das Risiko der Säuglingssterblichkeit hoch ist, etwa in den Entwicklungsländern, werden die Ehepaare im allgemeinen bestrebt sein, so viele Kinder in die Welt zu setzen, daß zu-

mindest einige davon mit Sicherheit das Erwachsenenalter erreichen. In der Industriegesellschaft wird der Wunsch nach vielen Kindern durch die Erkenntnis gedämpft, daß die meisten ohnehin überleben und große Familien schwerer zu versorgen sind. Das ist die Hauptursache des demographischen Übergangs; sie wird von den Unheilspropheten geflissentlich außer acht gelassen.

In den letzten Jahren hat die Sozialstatistik in Westeuropa gezeigt, daß Frauen Familien mit durchschnittlich 2,0 bis 2,8 Kindern wollen; die Frauen in Indien erklären dagegen, daß sie im Durchschnitt vier Kinder haben wollen. Die Wunschfamilie scheint in Ghana und auf den Philippinen sogar noch größer zu sein; denn bei hoher Kindersterblichkeit wird die Idealfamilie der Durchschnittsfrau eine große Familie sein. Das ist nicht überraschend. Als paradoxe Konsequenz ergibt sich jedoch daraus, daß eines der seltsamsten Mittel zur Niedrighaltung der Geburtenziffer vielleicht in dem mit aller Konsequenz durchgeführten Versuch besteht, die Kinder am Leben zu erhalten.

Auch die Bildung spielt eine wichtige Rolle bei der Senkung der Geburtenziffer. In Lateinamerika und in Taiwan ebenso wie in der ganzen Dritten Welt haben Menschen mit einigen Jahren Schul- oder Universitätsbildung im allgemeinen kleinere Familien. Zumindest schiebt der Schulbesuch den Beginn der Gebärperiode hinaus und führt eher zur Berücksichtigung von Grundsätzen der Familienplanung. Als positive Tendenz machen sich die sozialen Vorteile kleinerer Familien bemerkbar. Auf jeden Fall haben sozialer Aufstieg und Bildungsehrgeiz einen sehr wichtigen Einfluß auf die Stabilisierung der Bevölkerung in den Industrieländern gehabt. Warum sollten die Entwicklungsländer nicht ähnlich darauf reagieren?

Auch der heute so viel geschmähte Wohlstand trägt mit dazu bei, die Bevölkerungsziffer niedrig zu halten. Es gibt zahlreiche Beweise dafür, daß in den Entwicklungsländern die reicheren Familien im allgemeinen auch die kleineren Familien sind. In den Entwicklungsländern geht ein schnelles Wachstum des Bruttosozialprodukts Hand in Hand mit einer langsamen Zunahme der Bevölkerung. Leider beklagt die Katastrophenliteratur viele Vorteile der Zivilisation, die zu einer Abnahme der Fruchtbarkeit beitragen. Auf jeden Fall werden die Völker in den Entwicklungsländern kaum zur Stabilität finden, ohne, mitunter ganz schnell, manches an Industrie und Handel zu übernehmen, das den Industrieländern Wohlstand gebracht hat und jetzt deren Stabilität sichert. Und das Ergebnis? Obwohl der demographische Übergang in großen Teilen der Dritten Welt jetzt erst in Gang gekommen ist, wird er wohl zu einer demographischen Stabilität führen, die voll und ganz mit der jetzt in Westeuropa und in der übrigen industrialisierten Welt vorhandenen Stabilität vergleichbar ist. Wollte man anders argumentieren, so müßte man sehr viele Gegenbeweise außer acht lassen, die sich in den letzten zehn Jahren ergeben haben. Einrichtungen wie die ärztliche Versorgung und das Bildungswesen, die ebenfalls zur Erreichung einer Stabilität beitragen, dürften dann nicht mit in Betracht gezogen werden. Gleichzeitig müßte man überzeugt sein, daß die Völker in den Entwicklungsländern irgendwie immun gegenüber den Einflüssen sind, die im letzten Jahrhundert zur Stabilisierung der Bevölkerungszahl in den Industrieländern geführt haben. Klagen über die Bevölkerungsexplosion, seien sie auch noch so wohlgemeint, müssen auf alle, denen man hier Zurückhaltung empfiehlt, wie Bevormundung wirken. Man darf sicherlich nicht, wie Ehrlich, vorgeben, es sei ja nichts weiter passiert, wenn sich diese düsteren Voraussagen als übertrieben herausstellen. Tatsächlich scheint die ganze Bevölkerungsexplosion nur so etwas wie ein naßgewordener Feuerwerkskörper zu sein; aber es wäre schlecht, wenn sie die Aufmerksamkeit von den wirklich ernsten Problemen ablenkte. Das kann leicht geschehen.

Auch wenn das heutige schnelle Bevölkerungswachstum wohl zum Stillstand kommt, sobald die demographische Stabilität erreicht ist, wird es noch Probleme geben. Eines steht fest: Es bedeutet nicht den Untergang, wenn die Weltbevölkerung bis Ende des Jahrhunderts sieben Milliarden erreicht, wie es die hohe Schätzung der Vereinten Nationen voraussieht. Es wird genügend Nahrungsmittel und andere natürliche Rohstoffe geben. Nebenwirkungen wie die Umweltverschmutzung sind weniger Folgen der Größe der Weltbevölkerung als vielmehr der Industrie in den technisierten Ländern

Es kommt vor allen Dingen darauf an, daß die Völker erkennen, wie schwer die Wachstumsrate einer Bevölkerung zu bestimmen ist und mit welchen Unsicherheiten ihre zukünftigen Schätzungen behaftet sein können. Es soll kein Vorwurf sein, aber die britische und die amerikanische Regierung sind in den letzten Jahren einige Male unliebsam aufgefallen, obwohl ihre Statistiken dem heute möglichen Höchststand entsprechen. In den Vereinigten Staaten hat das Statistische Bundesamt 1967 eine Hochrechnung der amerikanischen Bevölkerungsstatistik veröffentlicht, in der anhand von vier verschiedenen Annahmen über die Fruchtbarkeit von Frauen verschiedener Altersstufen unterschiedliche Bevölkerungsschätzungen für den Rest des Jahrhunderts aufgestellt wurden. Drei Jahre später, im Jahr 1970, sah sich das Amt gezwungen, einen zweiten Bericht herauszugeben, in dem die höchste der vier früheren Schätzungen zurückgezogen und durch eine fünfte ersetzt wurde, die auf noch konservativere Annahmen über die Gebärfreudigkeit der amerikanischen Frauen gegründet war. 1971 hatte sich die geschätzte Wachstumsrate noch weiter verringert, obwohl sich dann zeigte, daß bei den früheren Voraussagen eine seit kurzem erkennbare Tendenz der verheirateten Frauen, ihre Kinder früher zu bekommen, unterbewertet worden war.

Die Moral: Man sollte die Demographie nicht mit der Astrologie in einen Topf werfen. Die Voraussage des menschlichen Fortpflanzungsverhaltens ist jedoch, besonders in der Industriegesellschaft, ungeheuer schwierig geworden. Deshalb wäre es ein Dienst an der Öffentlichkeit, wenn die Regierung, ihre Beamten und ihre Kritiker die Aufmerksamkeit von der undankbaren Aufgabe abwendeten, die Größe der Gesamtbevölkerung vorherzusagen, und sich statt dessen mehr auf die sichere Tätigkeit konzentrierten, die Faktoren abzuschätzen, die sich genau bestimmen lassen, etwa die Anzahl der Alten.

Auch wenn die Amateur-Bevölkerungsstatistiker anderer Meinung sind: Das Bevölkerungswachstum in vielen Industriestaaten ist kein gesellschaftliches Problem. Wo eine niedrige Sterbeziffer durch eine niedrige Geburtenziffer mehr oder weniger ausgeglichen wird, besteht genügend Raum für eine schnelle Änderung der Geburtenziffer innerhalb eines Jahres. In den Vereinigten Staaten hat die Geburtenziffer in den Jahrzehnten nach dem Zweiten Weltkrieg zwischen 2,7 und 1,7 Prozent geschwankt, und über die Gründe debattiert man immer noch. Haben erst der Koreakrieg und dann der kalte Krieg die amerikanische Geburtenziffer in den fünfziger Jahren niedrig gehalten? War das starke Absinken in den sechziger Jahren nur eine Vorstufe der Bewegung, die sich ein Bevölkerungswachstum null zum Ziel gesetzt hatte, oder rührten beide Erscheinungen von derselben Ursache her? Wie die Gründe auch beschaffen sein mögen: Diese jährlichen Schwankungen sind äußerst unangenehm für die Behörden, die Vorsorge für Schulplätze und Lehrerstellen treffen müssen. Aber in der neueren Bevölkerungsstatistik von Ländern wie den Vereinigten Staaten und England findet sich kein Hinweis darauf, daß die Bevölkerungszunahme das Überleben oder auch nur die Bequemlichkeit gefährdet. Außerdem zeigt keine Hochrechnung über das Wachstum, daß die Bevölkerungsgröße oder die Zahlen in bestimmten Altersgruppen nur Unannehmlichkeiten für bestimmte Stellen mit sich bringen.

Alle echten Bevölkerungsprobleme treten nicht zufällig in den Entwicklungsländern auf. Schnelles Wachstum bringt offenbar mit sich, daß es sehr viele wirtschaftlich unproduktive Abhängige, meist Kinder, gibt. In Sambia waren 1969 51 Prozent der Bevölkerung unter 20 Jahre alt, wogegen in Frankreich im selben Jahr nur 33,6 Prozent der Bevölkerung in derselben Altersgruppe lagen. Während bei primitiven Völkern Kinder meist mit wenig Aufwand großzuziehen sind und vielleicht sogar in der Landwirtschaft helfen können, stellen in Gesellschaften, die wirtschaftlich und sozial aufsteigen wollen, Kinder eine wirtschaftliche Belastung dar, denn man muß sie ausbilden und für ihre Gesundheit sorgen. Deshalb ist die Last der Abhängigkeit viel stärker zu spüren, wenn das Stadium der lediglich zur eigenen Versorgung betriebenen Landwirtschaft aufgegeben wird.

Das Ausmaß dieser Belastungen ist erheblich. 1960 machten die Kinder zwischen fünf und 14 Jahren 16 Prozent der Bevölkerung Europas, aber 26 Prozent der Bevölkerung Afrikas aus. Die Völker in den Entwicklungsländern wissen, daß Bildung einer der sichersten Wege aus der Armut ist, aber wenn der Anteil der Kinder an der Bevölkerung stark wächst, sind hohe Investitionen erforderlich, und ein großer Anteil der gebildeten Arbeitskräfte muß veranlaßt werden, den Lehrerberuf zu ergreifen. In Ghana übersteigen deshalb die Lehrergehälter den Landesdurchschnitt um das Fünffache, in den Vereinigten Staaten um weniger als das 1,5fache. Einige der ärmsten Völker der Welt müssen über acht Prozent ihres Volkseinkommens für das Bildungswesen ausgeben; das ist mehr, als die Länder Westeuropas und Nordamerikas für ihre militärische Verteidigung aufwenden. Sambia mit einem Bruttosozialprodukt von 200 Dollar pro Kopf der Bevölkerung hat 1969 6,2 Prozent davon für Bildung ausgegeben. Im selben Jahr waren für das viel aufwendigere Bildungssystem der Vereinigten Staaten nur 5,8 Prozent des Bruttosozialproduktes notwendig.
Angesichts derartiger Hindernisse ist der im Bildungswesen der Entwicklungsländer erzielte Fortschritt ein einziger Triumph. Zwischen 1965 und 1970 haben die Einschulungen auf der Grundschulstufe in Lateinamerika um 4,6 Prozent jährlich, in Afrika um 5,9 Prozent jährlich und in den Entwicklungsländern Asiens um 6,2 Prozent zugenommen. Und doch wird es noch lange dauern, bis die Bevölkerung nur noch so wächst, daß jedes Kind eine volle Grundschulausbildung erhält. Das höhere Schulwesen hinkt immer noch rund 70 Jahre hinter den entsprechenden Einrichtungen in Westeuropa und Nordamerika her. Im Bildungswesen, wie in vielen anderen sozialen Bereichen, wird die Entwicklung der nötigen Einrichtungen ausgerechnet durch die Geschwindigkeit des Bevölkerungswachstums beeinträchtigt, während einer Beschränkung des Bevölkerungswachstums die mangelnde Bildung im Wege steht.
Was für die Bildung gilt, trifft auch auf die wirtschaftliche Entwicklung und das Sozialwesen zu. Der Aufwand für den schnell wachsenden jüngeren Teil der Bevölkerung vermindert die Investitionen der Entwicklungsländer für andere soziale Leistungen oder die Entwicklung der Industrie. Und doch hat sich in den letzten beiden Jahrzehnten die Wirtschaft in der Dritten Welt schneller entwickelt als die Bevölkerung. Für die Entwicklungsländer insgesamt bietet das die Aussicht, daß sich der Wohlstand des einzelnen (gemessen als Bruttosozialprodukt pro Kopf der Bevölkerung) in 25 Jahren verdoppeln wird. Die Schwierigkeit besteht nicht darin, daß die wirtschaftliche Entwicklung durch eine Kinderschar gebremst wird, sondern daß die Entwicklungsländer ihr Los noch schneller verbessern könnten, wenn sie nur in der Lage wären, ihre Fruchtbarkeit zu senken. Wenn in den achtziger Jahren und später die Fruchtbarkeit schließlich doch wesentlich geringer ist, können die heutigen Entwicklungsländer

unter Umständen ihre Lebensbedingungen so schnell verbessern, daß der plötzliche Wohlstand, der vor einem Jahrhundert das viktorianische England wie ein Märchenland erscheinen ließ, weit dahinter zurückbleibt. Bevölkerungseinschränkung ist also weniger deshalb notwendig, um unmittelbare Bedrohungen abzuwenden; vielmehr wird der Erfolg dieser Maßnahmen zu spüren sein, je eher das Bevölkerungswachstum unter Kontrolle gebracht ist.

Unter den vielen düsteren Warnungen, die man über die Gefahren des schnellen Bevölkerungswachstums gehört hat, ist die Behauptung besonders unverständlich, schon einfache Überfüllung zeitige ernsthafte und unerwünschte Auswirkungen. Trübe Spekulationen zu diesem Thema sind durch Laborversuche inspiriert worden, in denen das Verhalten von Tieren, im allgemeinen Ratten in zu kleinen Käfigen, untersucht wird. Außerdem hat man versucht, damit einige Probleme in den Griff zu bekommen, die in Großstädten aufgetreten sind. Zweifellos führt Überfüllung in Rattenkäfigen zu pathologischem Verhalten, hoher Sterblichkeit der Jungen (einschließlich der Tötung der Jungen durch die Alten). Diese Erscheinungen hängen sehr stark davon ab, woran die Tiere gewöhnt sind. Deshalb eignen sich die sozialen Schwierigkeiten von in Käfigen gehaltenen Ratten und Mäusen nur schlecht als Beispiel zum Verständnis des Großstädters. Die Probleme der modernen Großstadt sind eine Sache für sich.

Leider hat das jedoch die Propheten nicht daran gehindert, dieses Beispiel weidlich zu nutzen. Dubos ist der Ansicht, daß die Überfüllung selbst schon den Charakter des zivilisierten Lebens schädigen kann. »Wenn sich in einer hochtechnisierten Gesellschaft Überfüllung breitmacht, wird davon die Menschheit wahrscheinlich nicht zerstört, aber dieser Schritt führt zu einer immer stärker organisierten Welt. Die Umwelt sorgt dafür, daß sich nur die Leute selektiv fortpflanzen, die am besten für ein organisiertes Leben geeignet sind. Viele Menschen sind einem Leben in der Überfüllung fehlangepaßt, aber solange es noch verhältnismäßig viel Platz gibt und eine soziale Regulierung wirkungslos bleibt, können alle, die ein freies Leben vorziehen, immer noch eine Welt nach ihrem Herzen finden. Nehmen jedoch die Überfüllung und die Organisation weiterhin zu, werden die Nachkommen dieser falsch angepaßten Menschen immer stärker eliminiert werden. Wenn sie verschwunden sind, werden viele unserer heutigen menschlichen Werte sinnlos und schließlich vergessen. Es ist dann im menschlichen Ameisenhaufen der Zukunft kein Platz mehr für schöne Literatur, individuelle Kunst oder unorthodoxe Naturwissenschaft, nicht einmal für ein primitives Christentum. Was können die Parabeln und Gedichte der Vergangenheit noch bedeuten, wenn keine Lilien mehr auf dem Feld wachsen? Wir müssen hoffen, daß es immer noch Rebellen gibt, die für die Freiheit kämpfen!« Ehrlich ist der Ansicht, daß die wachsende Bevölkerung und zunehmende Bevölkerungsdichte das

Risiko eines Krieges vergrößern: »Im Zusammenhang mit der Bevölkerung kommen Probleme auf uns zu, die die Wahrscheinlichkeit eines atomaren Harmageddon vergrößern.«

Zum Glück sind die Beweise für diese Ansicht bestenfalls verwirrend und widersprüchlich. So argumentiert Robert C. North, daß »experimentelle statistische Untersuchungen über die Beteiligung einiger größerer europäischer Länder an Kriegen in der modernen Zeit gezeigt haben, daß eine sehr hohe Korrelation zwischen der Bevölkerungswachstumsrate, dem steigenden Bruttosozialprodukt, dem wachsenden Militäretat und der Kriegsbeteiligung besteht«. Nur läßt sich hierbei schwer die Ursache feststellen. Das am dichtesten besiedelte Land in Europa, die Niederlande, ist weder besonders aggressiv noch besonders stark in Unruhen verwikkelt. In Afrika ist Tunesien mit seinen 33 Menschen pro Quadratkilometer viel stabiler als Syrien mit 25 Personen pro Quadratkilometer. Auf der Suche nach demographischen Korrelationen in den internationalen Beziehungen lassen sich, wie man sieht, die vorhandenen Beweise von beiden Seiten benutzen.

Im innerstaatlichen Bereich kann allerdings die Bevölkerungsstatistik mehr Grund zur Sorge bieten. In den Vereinigten Staaten sind Befürchtungen laut geworden, daß die Negerbevölkerung schneller wächst als die weiße Bevölkerung. Das verhältnismäßig schnelle Anwachsen der katholischen Bevölkerung in Ulster hat viele Protestanten beunruhigt. In beiden Fällen hat sich die besorgte Mehrheit durchaus Zeit gelassen, die Bevölkerungswachstumsraten durch eine Verbesserung des wirtschaftlichen Schicksals der ärmeren Bevölkerung zur Übereinstimmung zu bringen. In den Vereinigten Staaten tun sich die Schwarzen durchaus nicht als Befürworter einer starren Lenkung des Bevölkerungswachstums hervor. Wären die Vorteile der Bevölkerungswachstum-null-Bewegung deutlicher erkennbar, wenn es bessere Möglichkeiten des wirtschaftlichen Aufstiegs gäbe?

Ist es nicht vielleicht vernünftig, die ideale, optimale Bevölkerungsgröße für die Erde zu definieren, auch wenn die heutige Wachstumsrate der Weltbevölkerung noch längst nicht zur Katastrophe führen muß? Dieser Vorschlag wird häufig gemacht, aber die Frage ist ungeklärt. Auch wenn eine hohe oder wachsende Bevölkerungszahl vor allem zu Unbequemlichkeiten führt, gibt es doch Argumente für die andere Seite. Ein Vorteil des raschen Wachstums zeigt sich etwa darin, wie England im 19. Jahrhundert mehrere schnell aufstrebende Städte bevölkern und dadurch die Grundlage zur industriellen Revolution schaffen konnte. Ein schneller Anstieg des Anteils der jungen Bevölkerung kann auch dazu beitragen, konventionelle Gesellschaftsstrukturen aufzubrechen, die Hemmnisse auf dem Weg der wirtschaftlichen Entwicklung sind, besonders wenn Bildungseinrichtungen ohne zu große Schwierigkeiten zur Verfügung gestellt werden können. In Entwicklungsländern, bei denen es sehr stark auf soziale und

technische Innovation ankommt, können sich aus dem schnellen Wachstum zumindest vorübergehend Vorteile ergeben, die teilweise die wirtschaftlichen Nachteile des Wachstums wieder ausgleichen.
Auf lange Sicht ist die genaue Größe der Weltbevölkerung wahrscheinlich bedeutungslos. Es wäre zweifellos ein großer kultureller Nachteil für die Welt als Ganzes, wenn die Bevölkerung nicht so groß wäre, daß sie eine Vielzahl von Nationalstaaten mit einer Vielfalt von Hauptstädten erhalten könnte. Vor einem derartigen Unglück brauchen wir aber kaum Angst zu haben. Unheilvoll wäre es auch, wenn die Bevölkerung so weit wüchse, daß der Druck auf natürliche Hilfsquellen wie den Boden unerträglich stark würde; aber auch diese Aussicht ist fast ebenso unwahrscheinlich. Deshalb kommt es darauf an, wie ein Volk seine Hilfsquellen zwischen Bevölkerungswachstum und allen anderen Segnungen aufteilt, an denen es teilhaben kann. Da zahlenmäßige Stärke allein noch nichts Positives ist, dürfte es angebracht sein, das Bevölkerungswachstum auf das notwendige Mindestmaß zu beschränken. In der Bevölkerungsstatistik und in der Geschichte der letzten Jahre läßt sich jedoch kein Faktor erkennen, aus dem zu schließen wären, daß zeitlich befristete Abweichungen von diesem Prinzip zur Katastrophe führen müssen.

Vor der totalen Ausbeutung

In den Ankündigungen des Weltuntergangs wird häufig behauptet, die natürlichen Rohstoffquellen der Erde würden sich in der einen oder anderen Hinsicht als unzulänglich erweisen. Ebenso wird das drohende Bild einer kommenden Hungersnot sonderbarerweise immer dann heraufbeschworen, wenn viele hungrige Länder der Welt an der Schwelle ungewohnten Überflusses stehen. Die Aussicht auf eine Erschöpfung der Energievorräte gilt häufig als unmittelbare Folge des Wachstums der Weltbevölkerung und der zunehmenden Industrialisierung, und doch sieht die Zukunft heute viel besser aus als je zuvor seit dem Anfang der industriellen Revolution. Die begrenzten Bodenschätze auf der Erdoberfläche werden als weitere schwerwiegende Einschränkung eines ungehemmten Wachstums hingestellt, und dennoch steigen die Preise gerade für die Rohstoffe, die als besonders knapp gelten, nicht so stark, wie zu erwarten wäre, wenn die Verknappung wirklich so drohend bevorstände. Können die Umweltschützer nicht rechnen, oder kommt es ihnen auf andere Dinge an?

Seit jeher ist die Menschheit von Verknappung bedroht gewesen. Die Ureinwohner Nordamerikas und Australiens mußten ihre Wohnung so wählen, daß sie möglichst dicht bei den verfügbaren Nahrungsmitteln lag. Die industrielle Revolution im 19. Jahrhundert entwickelte sich aus der Entdeckung, daß die Produktivität von Arbeitskräften durch die Verwendung wirkungsvollerer Brennstoffe als Holz und Holzkohle und vielseitigerer Metalle als Schmiedeeisen, das Allzweckmaterial mittelalterlicher Metallurgie, ungeheuer gesteigert werden kann. Unter diesem Gesichtspunkt gilt es nicht zu entscheiden, ob die drohende Verknappung real ist, sondern welche Maßnahmen in den kommenden Jahrzehnten getroffen werden müssen, um sicherzustellen, daß das Leben weitergehen kann.

Die Befürchtung, die natürlichen Rohstoffquellen könnten erschöpft werden, ist in den letzten Jahren noch durch Spekulationen über die zukünftige Größe der Weltbevölkerung verstärkt worden. Wenn sich die Bevölkerung von heute bis zum Ende des Jahrhunderts verdoppelt, muß doch daraus zwangsläufig folgen, daß sich auch die Nahrungsmittelpro-

duktion verdoppeln müßte. Und wenn in den letzten Jahrzehnten die Angst vor Hungersnöten zu akut geworden ist, als daß man sich darüber hinwegsetzen könnte, dann kann doch eine in ihrer Größe festliegende landwirtschaftliche Nutzfläche nicht plötzlich das Doppelte an Ertrag bringen. Diese Vereinfachungen lassen außer acht, daß sich der Ertrag eines jeden Hektars landwirtschaftlich genutzten Bodens mit modernen Mitteln steigern läßt. Seit der landwirtschaftlichen Revolution im Neolithikum ist die zum Unterhalt des Menschen nötige Bodenfläche von einigen Quadratkilometern auf knapp 5000 Quadratmeter gesunken; das bedeutet eine Verbesserung um das Zehntausendfache. Es wird noch sehr lange dauern, bis die landwirtschaftliche Erzeugung an ihre theoretische obere Grenze stößt, das heißt, die Erzeugung von genügend Nahrung pro Kopf aus rund vier Quadratmeter Bodenfläche.
Bei der Aufstellung von »Verknappungskatalogen« unterscheidet man üblicherweise zwischen regenerierbaren und nichtregenerierbaren Rohstoffen. Diese Unterscheidung wird jedoch oft strenger getroffen als nötig. Letzten Endes hängen alle Nahrungsmittel in ihrem Wachstum vom Sonnenlicht ab; ohne Licht wächst keine Pflanze. Wenn pflanzenfressende Tiere keine Pflanzen mehr zu fressen haben, können sie nicht weiterleben. Und ohne Pflanzenfresser können die Fleischfresser nicht existieren. Die komplizierte Nahrungskette, von der das Überleben des Menschen abhängt, basiert also auf der Sonnenenergie. Jahr für Jahr wachsen die Pflanzen von neuem, entsteht frische Nahrung für den Menschen oder die Nutztiere, die er zu seiner Eiweißversorgung braucht. Die Nahrungsmittelvorräte sind also eine regenerierbare Hilfsquelle: Jedes Jahr bringt eine neue Ernte. Die Angst vor einer Hungersnot geht von der Annahme aus, diese regenerierbaren Rohstoffe könnten nicht mehr in genügender Menge vorhanden sein, um eine wachsende Bevölkerung zu versorgen. Sollte sich die Bevölkerung unendlich vermehren, käme sicherlich einmal eine Zeit, in der die Sonnenenergie nicht mehr ausreichte, alle am Leben zu erhalten. Glücklicherweise liegt dieser Zeitpunkt viel ferner, als es uns die Untergangspropheten weismachen wollen. Auf keinen Fall wird sich das in jüngster Zeit eingetretene Bevölkerungswachstum unbegrenzt fortsetzen.
Bei den nichtregenerierbaren Rohstoffen handelt es sich um die Mineralien in der Erdrinde. In seinem Buch *The Closing Circle* (1971) führt Commoner aus: »Wenn man die Bodenschätze abbaut, können sie sich nur in einer Richtung entwickeln, nämlich abnehmen . . . Fossile Brennstoffe wie Kohle, Öl und Erdgas wurden in einer Entwicklungsperiode der Erde abgelagert, die sich seitdem nicht wiederholt hat . . . Sobald diese fossilen Brennstoffe genutzt werden, geht die vor Millionen Jahren in ihnen gespeicherte Sonnenenergie ein für allemal verloren.« Auf den ersten Blick scheint dieses Argument zu überzeugen. Man kann ja nicht auf zwei Hochzeiten zugleich tanzen. Der Trugschluß besteht nur darin, anzuneh-

men, daß die Menschheit dank ihrer Erfindungsgabe zu ihrem Weiterbestehen von nur einer Rohstoffquelle abhängt. In den letzten Jahrhunderten hat sich die Art der Nutzung unserer natürlichen Hilfsquellen grundlegend gewandelt. Noch vor einem halben Jahrhundert gab es weder Kunstfasern noch Aluminium in größeren Mengen. Wohl kaum jemand kann heute die Innovationen vorhersagen, die uns die kommenden Jahrzehnte bescheren werden. Auch wenn die Mineralvorkommen nicht unerschöpflich sind, lassen sich doch selbst die unwahrscheinlichsten Substanzen zu nützlichen Zwecken verwenden.

Die Furcht vor der Erschöpfung der Bodenschätze wird noch verstärkt durch die Angst darüber, was geschehen könnte, wenn sich der Überfluß der Industrieländer auch in die Entwicklungsländer ergießen würde. Vance Packard beginnt ein Kapitel mit der Überschrift *Die versiegenden Rohstoffquellen* in seinem Buch *Die große Verschwendung* mit der Beobachtung: »Die durchschnittliche amerikanische Familie wirft Jahr für Jahr etwa 750 Konservendosen weg. Im Orient wird eine Familie, die durch einen glücklichen Zufall in den Besitz einer solchen Blechbüchse gerät, die Büchse aufheben und irgendeinem nützlichen Zweck zuführen, sei es auch nur als Blumenvase.«

Daraus ließe sich folgern, Wohlstand für alle bedeutet, daß Jahr für Jahr 750 Milliarden Blechbüchsen zusätzlich auf den Müll wandern. So geht es einem mit den düsteren Voraussagen. Zum Glück werden aber die heutigen Entwicklungsländer die Prosperität der Wohlstandsländer nachahmen können, ohne deren Fehler zu wiederholen.

Man sollte nicht zu streng zwischen regenerierbaren und nichtregenerierbaren Rohstoffen unterscheiden. In der modernen Landwirtschaft tut es Sonnenlicht allein nicht. Auch Kunstdünger gehört dazu, und zu dessen Herstellung braucht man Energie. Die Landwirtschaft in den Tropen braucht Wasser zur Bewässerung der Felder; also hängt die Erzeugung von Nahrungsmitteln auch zum Teil von den Investitionen in Staudämme, Rohrleitungen und andere Einrichtungen des Landbaues ab. Beim Erzabbau kommt es andererseits oft mehr darauf an, welchen Preis man für die Kohle- oder Eisenerzgewinnung aus einer Grube noch zahlen kann, als auf den Gehalt eines Vorkommens. Bei natürlichen Rohstoffen wie etwa den Fischbeständen liegen die Dinge wieder anders. In mancher Hinsicht kann man sich den Fischbestand in den Meeren als natürliche Rohstoffquelle denken, die sich jedes Jahr wieder erneuert, weil die oberflächennahen Pflanzenzellen Sonnenenergie speichern. Werden jedoch bestimmte Fischarten zu sorglos gefangen, kann ein ganzer Fischbestand verschwinden, so daß sich die natürlichen Rohstoffe in diesem Fall nicht regenerieren lassen.

Die übliche Unterscheidung zwischen regenerierbaren und nichtregenerierbaren Rohstoffen ist deshalb unglücklich, weil man mittlerweile eingesehen hat, daß es bei der richtigen Nutzung dieser Schätze viel mehr auf die Wirtschaftlichkeit als darauf ankommt, wieviel Nahrungsmittel man mit wieviel Sonnenlicht erzeugen kann oder wie groß (oder klein) bestimmte Mineralvorkommen sind. Auch hier zeigt sich wieder, mit welchen unzulässigen Vereinfachungen Katastrophenrechnungen durchgeführt werden.

Der Vergleich mit dem Raumschiff Erde muß jetzt oft dazu herhalten, die Legende von der drohenden Erschöpfung der natürlichen Hilfsquellen zu dramatisieren. Dabei stellt man die Erde als abgeschlossenen Lebensraum, als unabhängiges Gebilde dar, das zu Anbeginn der Zeiten mit einem bestimmten Vorrat ausgestattet wurde und eine begrenzte Energiemenge von der Sonne aufnehmen kann. Wie in einem echten Raumschiff, so wird behauptet, geht das Leben zu Ende, wenn die verfügbaren Hilfsquellen erschöpft sind. Zum Glück hinkt der Vergleich zwischen Erde und Raumschiff. Wenn auch die Erde, vom Mond aus betrachtet, klein aussieht, ist sie doch immer noch riesig im Vergleich zu den Dimensionen, in denen der Mensch lebt.

Die Größe der Weltmeere kennzeichnet die Dauerhaftigkeit des Raumschiffs Erde wohl am besten. Bei der gegenwärtigen Bevölkerung von 3,5 Milliarden Menschen entfällt auf jeden ein zehntel Kubikmeile Meer. Das Wasser der Weltmeere enthält über sieben Millionen Tonnen Gold, das sind etwa fünf Pfund für jeden heute lebenden Menschen. Der Gehalt der Ozeane an anderen Stoffen ist noch viel größer; so enthalten sie etwa 50 Tonnen Eisen für jeden Menschen. Allerdings sind die Kosten der Erzgewinnung aus dem Meer und die damit verbundenen Schwierigkeiten ungeheuer groß; man kann sich die Weltmeere also höchstens als eine Art eiserne Reserve für Rohstoffe außer Magnesium, Kalium, Brom, Jod und einige Metalle vorstellen, für die es bereits wirtschaftliche Abbauverfahren gibt. Die Mineralien im Meer bestehen aus chemischen Substanzen, die durch Erosion und andere Vorgänge aus dem Gestein an der Erdoberfläche ausgewaschen worden sind. Die Erdrinde enthält einen viel höheren Mineralanteil. Die physische Erschöpfung der Rohstoffvorräte im Raumschiff Erde ist also eine ebenso vage Annahme wie die Gefahr, daß die Unversehrtheit des Raumschiffs Erde durch zufällige Verstöße gegen einen Teil der sogenannten Ökosphäre verletzt werden kann.

Erstaunlicherweise ist in den Vereinigten Staaten, dem mit natürlichen Bodenschätzen am reichsten ausgestatteten Kontinent, die Besorgnis über eine drohende Verknappung besonders ausgeprägt. Die Naturschutzbewegung ist fast so alt wie die amerikanische Industrie und hat sich mit den Mineralvorkommen ebenso beschäftigt wie mit der Landschaft. Von Anfang an war in Amerika die Sorge um die natürlichen Bodenschätze Teil der Bemühungen, eine Strategie zum Weiterbestehen des Landes zu entwickeln. 1908 wurde bei einer Konferenz der Bundesstaatengouverneure im Weißen Haus der Versuch unternommen, die den Vereinigten Staaten zur Verfügung stehenden natürlichen Hilfsquellen zu inventarisieren. Es hat seitdem mehrere neuere Aufstellungen ähnlicher Art gegeben. 1952 veröffentlichte eine mit Rohstofffragen beschäftigte Kommission des amerikanischen Präsidenten, die sogenannte *Paley Commission,* unter dem Titel *Resources for Freedom* eine Untersuchung und gleichzeitig eine Warnung vor dem Ausmaß, in dem die nichtregenerierbaren natürlichen Hilfsquellen verbraucht wurden. Anfang der sechziger Jahre stellte eine unabhängige Organisation, *Resources for the Future Incorporated,* eine Dokumentation zur gleichen Frage zusammen, die stärker von wirtschaftlichen Überlegungen geprägt war.

Diese Ansichten werden neuerdings von allen Seiten in schärferer Form geäußert – auch ein wesentlicher Bestandteil der Beschäftigung mit dem drohenden Untergang. Ehrlichs Meinung über bevorstehende Hungersnöte ist bekannt. Stephan Spurr von der Universität Michigan erklärte auf einer Tagung über die Nutzung von natürlichen Hilfsquellen: »Der beherrschende Gesamteindruck: . . . die Zeit wird knapp.« In seinem Buch *The Ecological Citizen* führt Dirck Van Sickle aus: »Wir müssen den Verbrauch einschränken, weil es einfach nicht so weitergehen kann. Wenn wir so fortfahren, bedeutet es den ökologischen Untergang. Es wäre unmoralisch, die nichtregenerierbaren Rohstoffe hungriger Nationen zu verschlingen, um seine eigenen kurzfristigen Träume zu erfüllen. Selbst wenn dem größten Teil der Menschheit Hungersnot und Elend erspart bleiben, wird sich dieser Teil nie entwickeln können, wenn sein Reichtum an Bodenschätzen Jahre vorher in die amerikanischen Mülleimer gewandert ist.«

Dieselbe Ansicht vertritt Commoner: »Unsere technische Gesellschaft hat einen Fehler begangen, der uns noch aus dem 19. Jahrhundert her bekannt ist, als die damals größten Industriezweige, besonders die Holzindustrie und der Bergbau, die natürlichen Bodenschätze der Erde plünderten. Diese Industrien produzierten billige Werkstoffe zum Aufbau einer neuen industriellen Gesellschaft, aber sie luden durch die Zerstörung und den Abbau von Rohstoffquellen eine ungeheure Schuld auf sich, für die spätere Generationen zahlen mußten. Die Naturschutzbewegung in den Vereinigten Staaten entstand damals, um diese gierigen Eingriffe in unsere Hilfsquellen unter Kontrolle zu bringen. Dasselbe geschieht heute, aber jetzt stehlen wir zukünftigen Generationen nicht nur das Holz oder die Kohle, sondern die grundlegenden Lebensnotwendigkeiten: Luft, Wasser und Boden. Wir brauchen eine neue Naturschutzbewegung, um das Leben selbst zu retten.«

Diese Sätze zeigen ganz deutlich die uneinheitliche Meinung der Vereinigten Staaten über den Konsum. Die altmodischen Tugenden der ersten europäischen Ansiedler in Nordamerika, nichts zu verschwenden und

bedürfnislos zu leben, sind im 20. Jahrhundert der Ansicht gewichen, der Konsum, selbst die Verschwendung seien wirtschaftliche Notwendigkeiten. Dieselbe Heuchelei, die in den zwanziger Jahren zum Alkoholverbot führte, kann in den siebziger Jahren zu einem Verbot der Einwegflasche führen. Aber aller Eifer hat verhältnismäßig wenig Einfluß auf die Nutzung der natürlichen Hilfsquellen der Erde.
Drohende Hungersnöte lassen sich leider nur allzu leicht heraufbeschwören. Ehrlich äußert sich zu diesem Thema besonders drastisch: »Wir haben heute nicht genügend Nahrung. Wie es morgen aussieht, ist noch die Frage. Wenn die Optimisten recht behalten, wird unser heutiges Elend wahrscheinlich noch zwei Jahrzehnte andauern. Haben die Pessimisten recht, wird es bald zu ungeheuren Hungersnöten kommen, vielleicht schon Anfang der siebziger Jahre, ganz sicherlich in den achtziger Jahren.« An anderer Stelle erklärt er: »Wir haben zu viele Menschen, eine unmöglich hohe Wachstumsrate, und die Lebensmittel werden knapp.« Diese Voraussage war noch nie so falsch wie heute.
Die Ernährungs- und Landwirtschaftsorganisation der Vereinten Nationen, einmal als »ständige Organisation zur Demonstration der Tatsache, daß in der Welt Nahrungsmittelknappheit herrscht« bezeichnet, hat das Ihre dazu beigetragen, die öffentliche Diskussion über die Nahrungsmittelversorgung zu beleben. Der damalige Generaldirektor der FAO, B. R. Sen, führt in seiner Einleitung zu dem Bericht *Third World Food Survey* aus, in den weniger entwickelten Ländern seien »mindestens 20 Prozent der Bevölkerung unterernährt und 60 Prozent falsch ernährt«. In den folgenden Jahresberichten hat die FAO auf die ständige Verbesserung der Nahrungsmittelversorgung in den letzten Jahrzehnten hingewiesen, aber dabei ihre düsteren Warnungen wiederholt, die Ernährungslage als solche sei im wesentlichen unverändert. In dieser ganzen Zeit hat die FAO kaum die Behauptung widerlegen können, die Maßstäbe, an denen sie den Nahrungsmittelbedarf des Menschen bestimme, seien unrealistisch hoch.
In neuerer Zeit und unter neuer Leitung zeigt die FAO zum Glück mehr Bereitschaft, die Realitäten (die gar nicht bestritten werden sollen) anzuerkennen. Im Jahresbericht 1970 führt der Generaldirektor der Organisation, A. H. Boerma, in einer nüchternen Erklärung aus, daß »vielleicht endlich ein Wendepunkt im schwierigen Kampf der Entwicklungsländer um eine genügend schnelle Zunahme ihrer Nahrungsmittelproduktion erreicht ist«. Wer weiß, ob die FAO diesen Erfolg nicht früher auf ihr Konto verbucht hätte, wenn ihr beizeiten klargeworden wäre, daß ihre Existenz nicht untrennbar mit dem Fortbestehen des Hungers gekoppelt ist.
In Wirklichkeit wächst die Nahrungsmittelproduktion auf der Welt zur Zeit viel schneller als die Bevölkerung. In den sechziger Jahren nahm die Weltbevölkerung fast durchweg um zwei Prozent jährlich zu, während

die gesamte landwirtschaftliche Produktion im selben Zeitraum um 2,7 Prozent jährlich anstieg. Nach den statistischen Angaben der FAO erfolgte in dieser Zeit auch eine besonders schnelle Zunahme der Fischereierträge, nämlich um 57 Prozent in den zehn Jahren bis 1968. In den letzten Jahren sind besonders ermutigende Fortschritte in den Ländern erzielt worden, die sie am nötigsten brauchen: Südostasien und Indien. In den sechziger Jahren stieg die Nahrungsmittelproduktion in beiden Gebieten um vier Prozent jährlich, also fast doppelt so schnell wie die Bevölkerung, und weitere Verbesserungen bahnen sich an. Obwohl auf der ganzen Welt die Bevölkerung in den sechziger Jahren schneller zugenommen hat als je zuvor, ist die Lebensmittelproduktion noch schneller gestiegen. Es ist nicht einzusehen, warum sich dieser Anstieg nicht noch fortsetzen soll.

Die Nahrungsmittelproduktion kann in verschiedener Hinsicht weiter gesteigert werden, um die Wachstumsrate der Bevölkerung zu verbessern. Eine bessere Ausnutzung des Bodens liegt auf der Hand. 1967 schätzte eine Arbeitsgruppe im Rahmen des Wissenschaftsberatungsausschusses des amerikanischen Präsidenten, daß zur Zeit nur annähernd 44 Prozent des landwirtschaftlich nutzbaren Bodens bebaut werden. In vielen Teilen der Welt, besonders in den Tropen, sind weite Landstriche nur von tropischen Wäldern bedeckt. Im Gebiet des Amazonas und am Kongo gibt es genügend landwirtschaftlich ungenutztes Land, das 10000 Hektar Anbaufläche bieten würde und damit über eine Milliarde Menschen ernähren könnte (wenn man von der für heutige Verhältnisse gültigen Voraussetzung ausgeht, daß etwa 4000 Quadratmeter bebautes Land notwendig sind, um einen Menschen zu ernähren).

Nimmt man allen landwirtschaftlich nutzbaren Boden unter den Pflug, so müßten damit 7,5 Milliarden Menschen zu ernähren sein. Aber damit sind sicherlich noch nicht alle Möglichkeiten erschöpft. Wir haben in den letzten Jahren gesehen, wie schnell der Ertrag landwirtschaftlich genutzter Böden durch Bewässerung, Düngung und verbesserte Kulturpflanzen erhöht werden kann. Für die nächste Zukunft bietet sich hier ein aussichtsreicherer Ansatzpunkt.

In den Vereinigten Staaten hat die Maiserzeugung pro Hektar Anbaufläche von den frühen dreißiger Jahren bis zum Anfang der sechziger Jahre fast um das Dreifache zugenommen. Von 1950 bis 1965 ist der durchschnittliche Reisertrag pro Hektar von knapp 2,5 Tonnen auf 3,8 Tonnen gestiegen, was einer Steigerung von über 50 Prozent in 15 Jahren entspricht. In derselben Zeit wurde der Weizenertrag um etwa denselben Prozentsatz gesteigert. In Japan lag dank der intensiveren Anbaumethoden die Reiserzeugung 1950 bei knapp 3,7 Tonnen pro Hektar und war bis 1965 um fast 25 Prozent auf 4,3 Tonnen pro Hektar gestiegen.

In denselben Jahren war die Produktion in anderen Ländern, besonders in den Entwicklungsländern, wesentlich niedriger als in den Vereinigten

Staaten und Japan. 1965 betrug die Weizenernte pro Hektar in Indien knapp die Hälfte der Erzeugung in den Vereinigten Staaten und weniger als ein Drittel der Produktion in Japan. In den letzten Jahren hat sich hier allerdings eine grundlegende Wandlung vollzogen. Nach der Einführung neuer Weizen- und Reissorten auf den Philippinen, in Indien und Pakistan ist der Ertrag des Bodens beträchtlich verbessert worden. Die Grüne Revolution, wie man sie auch nennt, hat erst begonnen. Sie wird zu gegebener Zeit die Länder der Dritten Welt noch nachhaltiger beeinflussen, als es die landwirtschaftliche Revolution in Europa zu Ende des 18. Jahrhunderts getan hat.

Die Änderungen in der Landwirtschaft Südostasiens sind im UNO-Bericht *Economic Survey of Asia and the Far East 1969* beschrieben. Die Einführung neuer, besonders ertragreicher Reis-, Weizen- und Maissorten bildet nur das letzte Glied in einer langen Reihe von Verbesserungen, die im Lauf der letzten 15 Jahre durchgeführt wurden. Seit Anfang der fünfziger Jahre ist die landwirtschaftlich genutzte Fläche in Ceylon, Indien, Indonesien, Malaysia, Pakistan, den Philippinen und Thailand ständig gewachsen. Auch die Nutzungsintensität ist verbessert worden, entweder durch Bewässerung, so daß derselbe Boden mehr als eine Ernte pro Jahr hervorbringt, oder durch planvollere Bewirtschaftung. Die neuen ertragreichen Weizen-, Reis- und Maissorten sind erst 1965 eingeführt worden und werden sich in den achtziger Jahren voll auswirken.

Die größten Erfolge in Südostasien wurden in Thailand erzielt. Seit 1960 ist hier die landwirtschaftliche Erzeugung um 7,5 Prozent jährlich gestiegen, so daß das Land jetzt Nahrungsmittel ausführen kann. In Pakistan hat die landwirtschaftliche Produktion um 4,5 Prozent jährlich zugenommen, und die Zuwachsrate erhöht sich immer noch. Hierfür waren verschiedene Faktoren verantwortlich. In Ceylon wurde von der Mitte der fünfziger bis zur Mitte der sechziger Jahre die für den Reisanbau genutzte Fläche um ein Fünftel vergrößert; in Westpakistan spielte die Verwendung von Röhrenbrunnen zur Bewässerung eine wichtigere Rolle. In ganz Südostasien hat der Einsatz von Kunstdünger zugenommen. 1969 wurden in der indischen Landwirtschaft rund fünf Kilogramm Kunstdünger pro Hektar Anbaufläche verwendet.

Wie sind die weiteren Aussichten? Die mit den neuen Getreidesorten bisher gemachten Erfahrungen sind sehr ermutigend. Allerdings muß genügend Kunstdünger zugeführt werden und die Wasserversorgung gesichert sein. In Indien können die neuen Reissorten im Vergleich zu den herkömmlichen Sorten um 45 bis 75 Prozent Mehrertrag bringen. Die Weizenproduktion in Tonnen pro Hektar kann um 60 bis 400 Prozent gesteigert werden. Ein ähnlicher Erfolg ist für Pakistan, die Philippinen und in ganz Südostasien zu erwarten, obwohl es zur Berechnung der Ergebnisse noch zu früh ist.

Viel hängt auch davon ab, wieweit man den Bauern hilft, bei diesen neuen Anbaumethoden auftretende Schwierigkeiten zu überwinden, die sich aus dem zusätzlichen Kunstdüngerbedarf und dem schnelleren Wachstumszyklus ergeben. In Westpakistan brachte 1966 der Hektar Mexi-Pak-Weizen, eine der neuen Sorten, 2,5 Tonnen Getreide, ein paar Jahre später jedoch nur noch zwei Tonnen, weil die neue Sorte auf ungeeignetem Boden angebaut worden war. Trotz dieses sinkenden Ertrags bleibt noch genug Raum zur weiteren Entwicklung. In Indien rechnet man damit, daß 1973 knapp ein Drittel des Reisanbaus von den neuen Sorten bestritten wird und etwa die Hälfte des angebauten Weizens aus verbesserten Sorten besteht.

In der Landwirtschaft läßt sich eine Revolution nicht über Nacht herbeiführen. Man muß die Bauern informieren und die erforderlichen Hilfsmittel für die neue Landwirtschaft zur Verfügung stellen. Im gegenwärtigen Tempo dürfte jedoch die Getreideproduktion auf der jetzigen Anbaufläche in Südostasien in den siebziger Jahren um über 50 Prozent steigen. Kurz gesagt: Die Nahrungsmittelproduktion wird wahrscheinlich viel schneller wachsen als die Bevölkerung selbst nach den höchsten Schätzungen.

Es versteht sich von selbst, daß die neue Landwirtschaft mit mehr Risiken verbunden ist als die alte. Die Abhängigkeit von hochgezüchteten Weizenarten kann immer dazu führen, daß eine Pflanzenerkrankung die Ernte etwa so ruiniert wie in den Vereinigten Staaten, als die besonders ertragreichen Maissorten von der Maisfäule befallen wurden. Es ist jedoch kein Grund zur Verzweiflung, wenn in etwa zehn Jahren einige der neuen Weizen- und Reissorten in manchen Ländern, in die sie eingeführt worden sind, verschiedene Pflanzenkrankheiten aufweisen. Wie in den Vereinigten Staaten und Kanada wissen die Pflanzenzüchter, daß der Kampf gegen Pflanzenkrankheiten nie aufhört, aber auch nie verlorengegeben werden muß.

Die Entwicklung der neuen Getreidesorten ist fast ausschließlich der Pflanzenzucht zu verdanken. Die in Indien und Pakistan angebauten neuen Weizensorten wurden Ende der fünfziger und Anfang der sechziger Jahre in Mexiko entwickelt, gehen jedoch auf die Pflanzenzucht in den Vereinigten Staaten kurz nach dem Zweiten Weltkrieg zurück. Nur selten wird so deutlich erkennbar, wie die wissenschaftliche Forschung dazu beitragen kann, drängende soziale Fragen zu lösen.

Die gesellschaftlichen Folgen der neuen landwirtschaftlichen Revolution sind wahrscheinlich schwieriger in den Griff zu bekommen als die dabei auftretenden technischen Probleme. Die Frage der besten Absatzmöglichkeiten für die landwirtschaftlichen Überschüsse in Südostasien hat sich bereits gestellt, und es steht zu befürchten, daß die Bauern entmutigt werden, wenn man ihnen keinen angemessenen Preis für ihre Produkte garantieren kann. Es wird auch einige Zeit dauern, bis die Versorgung mit Saatgut und Kunstdünger so organisiert ist, daß die Bauern damit arbeiten können, und bis landwirtschaftliche Kreditorganisationen ins Leben gerufen sind. Außerdem gibt es in der Landwirtschaft Südostasiens Strukturschwierigkeiten. 1969 verfügten in Westpakistan und auf den Philippinen vier von fünf landwirtschaftlichen Anwesen über weniger als 200 Ar Anbaufläche. Im übrigen Südostasien waren die Höfe meist noch kleiner. Diese Landstückelung kann angesichts der landwirtschaftlichen Umwälzungen nicht mehr von langer Dauer sein, aber die gesellschaftlichen Veränderungen erfolgen sicherlich langsam und sind schmerzhaft wie alle Änderungen.

Die Regierungen in den Entwicklungsländern müssen sich an dieser Umstrukturierung aktiv beteiligen. Bewässerungsanlagen sind zu errichten, die Zuständigkeit für die Prüfung neuen Saatguts und für die Ausbildung der Bauern, die es verwenden, ist zu klären. Kunstdünger muß hergestellt oder eingeführt werden. Wie die traurigen Erfahrungen in Ostbengalen 1970 klar zeigen, erfordert die Existenz eines landwirtschaftlichen Marktes auch Straßen, damit die Ernten vom Land abgefahren werden können. Dies alles erscheint wie eine nicht zu bewältigende Aufgabe, aber die Ergebnisse schlagen sich nicht nur in einem so reichhaltigen Nahrungsmittelangebot nieder, daß auch der Bedarf der wachsenden Bevölkerung damit gedeckt werden kann (und gelegentlich sogar Überschüsse für den Export übrigbleiben), sondern dienen auch als Anreiz für die Entwicklung einer Sozialstruktur, in der weitere Änderungen leichter durchzuführen sind.

Eine Entwicklung wie in Südostasien muß in Afrika und Lateinamerika erst noch stattfinden; dort ist die Geschichte der letzten Jahre weniger ermutigend. Auch hier ist die Nahrungsmittelerzeugung dem Bevölkerungswachstum vorausgeeilt, aber nur ganz knapp. Der große Erfolg, mit dem der Weizenanbau in Asien eingeführt wurde, wird jedoch auch hier eine machtvolle Triebfeder für die weitere Entwicklung bilden. Nach dem FAO-Bericht *The State of Food and Agriculture* aus dem Jahr 1970 gibt es in Afrika »ermutigende Anzeichen der fortschreitenden Einführung und Anpassung modernerer Techniken«. Die Pflanzenzucht, die sich bisher hauptsächlich mit Baumwolle und Kaffee befaßte, also mit Pflanzen, von denen der Ausfuhrhandel vieler afrikanischer Länder abhängt, ist jetzt auch auf Getreide ausgedehnt worden, besonders in Nord- und Ostafrika. Der Heuschreckenplage ist man besser Herr geworden. Die Tierzucht in Afrika ist immer noch entsetzlich unwirtschaftlich, aber trotz allem konnten nicht weniger als zehn afrikanische Länder von Mitte der fünfziger Jahre bis 1970 ihre Nahrungsmittelerzeugung insgesamt verdoppeln.

Wenn die Nahrungsmittelproduktion schneller zunimmt als die Bevölkerung, müßte eigentlich die Angst vor Unterernährung oder Hungersnot schwinden. Grobe Schätzungen sind natürlich irreführend. Es gibt zahlreiche Beweise dafür, daß in bestimmten Gebieten Afrikas und Lateinamerikas einige Länder schneller Fortschritte machen als andere, daß in den meisten Ländern die Nahrungsmittel nicht gerecht verteilt sind. Sicherlich kann man nicht gewährleisten, daß die Ernährungsweise für das Überleben immer optimal geeignet ist. Die für die Nutzung unserer Rohstoffe zuständigen Stellen sollten sich mehr mit diesen Fragen als mit der Erwägung beschäftigen, ob die Weltnahrungsmittelvorräte der Bevölkerungsgröße entsprechen werden.

Die Entwicklung eines internationalen Nahrungsmittelmarktes ist in mancher Hinsicht ebenso wichtig wie die Züchtung neuer Getreidesorten. In den letzten 20 Jahren waren die Vereinigten Staaten ein bedeutender Nahrungsmittellieferant. Seit den frühen fünfziger Jahren sind die Getreideexporte aus den Vereinigten Staaten um 40 bis 50 Millionen Tonnen jährlich gewachsen; das sind fast acht Prozent der Getreideproduktion (ausgenommen Reis) der ganzen Welt. Obwohl die Idee, Nordamerika zu einer Art Kornkammer für die Entwicklungsländer zu machen (wie es ursprünglich W. Arthur Lewis vorgeschlagen hatte), nicht unrealistisch ist, liegen doch offenkundige Vorteile in der Entwicklung eines Nahrungsmittelmarktes, auf dem Waren auch zwischen Ländern wie Thailand und Indien ausgetauscht werden können. Gerade diese Ansicht haben die Vereinten Nationen den betroffenen Regierungen klarzumachen versucht, aber hier bleibt für ihre Bemühungen noch ein weites Tätigkeitsfeld.

Innerhalb eines Landes lassen sich Lebensmittel natürlich nur schwer nach dem Grundsatz der Gleichheit verteilen. Schließlich fallen Armut und Hunger immer noch zusammen; Lebensmittel kosten Geld, und Arme können sich im allgemeinen weniger leisten. Selbst in den Vereinigten Staaten hat in den letzten Jahren die Entdeckung Aufsehen erregt, daß arme Familien in Staaten wie West Virginia und Kentucky, zumindest nach den Maßstäben, die man in Nordamerika anlegen darf, unterernährt waren. Eine der Schwierigkeiten bei der Voraussage des Lebensmittelbedarfs einer wachsenden Weltbevölkerung rührt aus der Gewißheit her, daß der Wohlstand ebenso wie die Bevölkerung mit der Entwicklung zunehmen wird. Also können sich immer weitere Bevölkerungskreise in den Entwicklungsländern mehr und bessere Lebensmittel, etwa Fleisch, leisten, so daß die allgemeine wirtschaftliche Entwicklung in der Dritten Welt zur Nahrungsmittelnachfrage beiträgt, die befriedigt werden muß, um die wachsende Bevölkerung zu ernähren. Es läßt sich nur schwer genau vorherberechnen, welcher zusätzliche Nahrungsmittelbedarf daraus entsteht. Allerdings ist die Annahme wohl zu hochgegriffen, jeder Mensch auf der Welt werde sich im Essen und Trinken schließlich nach den Maßstäben richten, die heute in den Industrieländern als normal gelten.

Trotz sehr eingehender Untersuchungen nach dem Zweiten Weltkrieg ist immer noch nicht genau bekannt, was man unter ausreichender Ernährung zu verstehen hat. Am häufigsten wird hier der Maßstab zugrunde gelegt, den die FAO Anfang der fünfziger Jahre festgesetzt hat. Dies ist jedoch problematisch, weil der Nahrungsmittelbedarf des Menschen vom Alter, dem Körpergewicht und der Tätigkeit abhängt. Wahrscheinlich ist der FAO-Maßstab zu hoch angesetzt. In Japan erreicht der Nahrungsmittelbedarf die von der FAO aufgestellten Richtwerte nicht, obwohl es in diesem Land weder Lebensmittelknappheit noch Geldmangel gibt. Eine richtige Definition des Begriffs »angemessene Ernährung« muß unbedingt jedem Versuch vorausgehen, den Prozentsatz der Menschen zu berechnen, die zu einem bestimmten Zeitpunkt unterernährt sind. Die Befürchtung, die Schätzungen der FAO könnten falsch sein, ist in letzter Zeit öfters laut geworden.

Fehlernährung ist ein viel schlimmeres und verbreiteteres Problem als Unterernährung. In den Industrieländern der Welt vergißt man nur allzu leicht, daß Mangelkrankheiten noch in den dreißiger Jahren verbreitet waren. Die durch den Vitamin-D-Mangel in der Nahrung hervorgerufene Rachitis hat einige sehr hochentwickelte Länder nachhaltig gezeichnet. Vollständiger Eiweißmangel ist immer noch einer der Hauptgründe für Entwicklungsschäden und geistige Unterentwicklung bei den Armen, selbst in hochtechnisierten Ländern. Untersuchungen von Skeletten aus mittelalterlichen Gräbern in Europa und Grabstätten der Eingeborenen Nordamerikas haben gezeigt, daß einige bekannte Ernährungskrankheiten auch im Altertum weit verbreitet waren. Eiweißmangel besteht seit Jahrhunderten bei den Völkern in Südostasien, die sich von Reis ernähren, und den Völkern Westafrikas, die von anderen Getreidearten, etwa Gerste, leben. Wahrscheinlich gab es diese Fehlernährung schon im Garten Eden.

Zur Zeit tritt Eiweißmangel besonders in den Entwicklungsländern auf. Erfahrungsgemäß sind heranwachsende Kinder und schwangere Frauen davon besonders gefährdet. Rein rechnerisch betrachtet, reicht die Eiweißproduktion auf der ganzen Welt wahrscheinlich gut aus, jeden richtig zu ernähren. Nach den sehr großzügigen Richtwerten der UN-Ernährungs- und Landwirtschaftsorganisation beträgt der durchschnittliche Eiweißbedarf rund 25 Gramm pro Tag. In Indien reichten auch in den sechziger Jahren die in der durchschnittlichen Ernährung enthaltenen Eiweißstoffe aus, diesen Richtwert um mehr als 20 Prozent zu überschreiten. Woran liegt es, daß man dennoch in den größeren indischen Städten wie auch auf dem Land Eiweißmangelerscheinungen antrifft? Manche Menschen nehmen mehr Eiweiß zu sich, als sie brauchen; folglich haben andere zuwenig. Besonders schwer ist jedoch der Bedarf heranwachsender Kinder und schwangerer Frauen mit der üblichen Getreidenahrung zu decken. Außerdem setzt sich nur zögernd die Erkenntnis

durch, daß die Folgen der Fehlernährung nicht einfach Hunger oder der Hungertod, sondern viel häufiger Wachstums- und Entwicklungsschäden bei Kindern und übermäßige Anfälligkeit gegenüber Krankheiten wie Cholera in jedem Alter sind.
In Afrika heißt die Krankheit, von der Kinder befallen werden, *Kwashiorkor;* das ist ein westafrikanisches Wort für Kinder, die abgestillt werden, weil ein jüngerer Nachkömmling da ist. *Kwashiorkor* und alle anderen durch Eiweißmangel hervorgerufenen Erscheinungen zeigen verwirrende Krankheitsbilder und sind wahrscheinlich komplizierter, als sie auf den ersten Blick aussehen. Es scheint eine merkwürdige Verbindung zwischen *Kwashiorkor* und Masern zu bestehen. Unterernährte Menschen sind besonders anfällig gegenüber Masern; 1959 starben während der Masernepidemie in Indien zwei von 10000 Menschen; diese Sterbeziffer ist mindestens hundertmal so hoch wie alle Werte, die man während einer Masernepidemie in den Industrieländern festgestellt hat. Die Beziehung zwischen Masern und *Kwashiorkor* scheint aber auch in umgekehrter Richtung gegeben zu sein. Ende der fünfziger Jahre hatten in Peru 25 bis 50 Prozent der Menschen, die wegen *Kwashiorkor* ins Krankenhaus eingeliefert wurden, im voraufgegangenen Vierteljahr die Masern gehabt. Vielleicht erhöht der Eiweißmangel die Gefahr eines tödlichen Ausgangs der Masern, und vielleicht kann eine Erkrankung an Masern auch *Kwashiorkor* hervorrufen (oder ausbrechen lassen). Die Menschen, bei denen bisher *Kwashiorkor* festgestellt wurde, haben zweifellos weniger Möglichkeiten als Gesunde, eine eiweißreiche Nahrung zu sich zu nehmen. *Kwashiorkor* und alle anderen Mangelkrankheiten können sich ebensosehr als Probleme der Volksgesundheit wie der Volksernährung herausstellen. Deshalb sollte man Organisationen wie der UNICEF die Anerkennung dafür nicht versagen, daß sie schon Anfang der fünfziger Jahre die Unterrichtung der Öffentlichkeit für mindestens so wichtig hielten wie ausreichende Nahrung. Der Instinkt reicht vielleicht aus, damit sich die Menschen den Bauch so vollschlagen, daß sie zu Kräften kommen; eine ausgewogene Ernährung ist jedoch nur dann möglich, wenn sie wissen, was Eiweiße sind und warum man sie braucht. Fehlernährung ist ebensosehr eine Folge der Unwissenheit wie der Nahrungsmittelknappheit. Unter allen Umständen müssen die heute vorhandenen Eiweiße und landwirtschaftlichen Rohstoffe besser genutzt werden. In den Entwicklungsländern besteht ein dringender Bedarf an Sozialprogrammen, damit den ärmeren Familien die Lebensmittel zur Verfügung gestellt werden können, die sie brauchen, um am Leben zu bleiben. Aus einer 1958 in Indien aufgestellten Statistik geht hervor, daß die armen Familien nicht nur weniger Kalorien zu sich nahmen als reiche Familien, sondern wegen ihrer Armut auch zu einer einseitigeren Ernährung gezwungen waren. In den kommenden Jahren werden die Pläne zur Verbesserung der Getreideprodukte, die die

Hauptnahrungsquellen der Dritten Welt darstellen, eine sehr wichtige Rolle spielen. Selbst in Ländern wie England und den Vereinigten Staaten gibt es Bestimmungen, die den Mindestgehalt an Kalzium und bestimmten Vitaminen im Brot festsetzen. In den sechziger Jahren lieferten die Vereinigten Staaten im Rahmen der Entwicklungshilfe künstlich mit Vitaminen angereichertes Weizenmehl. Neuerdings gibt es Pläne, wie man Weizenmehl mit einem Eiweißkonzentrat aus getrocknetem und gemahlenem Fisch und durch Zusätze von Lysin, einer der neun essentiellen Aminosäuren, anreichern könnte, die zur vollständigen Eiweißnahrung gehören und im Weizenprotein nicht ausreichend enthalten sind. Die Kosten dieser Zusätze sind überraschend niedrig: Voll angereichertes Mehl läßt sich schon für einen Preis zwischen zwei und sieben Dollar pro Tonne herstellen, so daß die von einem Kind in einem Entwicklungsland pro Jahr verzehrten Getreideprodukte nur den Bruchteil eines Dollars an Zusätzen kosten. Der Lebensmitteltechnologie wächst bei der Verhütung von Eiweißmängeln eine wichtige Rolle zu. Bisher sind die bekannten Verfahren zur Verbesserung der Nahrungsmittelvorräte der Welt nur recht unvollkommen angewandt worden.

Im Kampf gegen den Eiweißmangel müssen in fernerer Zukunft noch radikalere Maßnahmen ergriffen werden. Reis enthält nur zwei Drittel des Eiweißgehalts von Weizenmehl; zu gegebener Zeit müssen Reissorten gezüchtet werden, die mehr Eiweiß enthalten. Die Weizenzüchter haben bereits gezeigt, was sich hier erreichen läßt: In den Vereinigten Staaten werden zur Zeit Weizensorten entwickelt, die einen wesentlich höheren Anteil an der Aminosäure Lysin enthalten. Die Ernährungs- und Landwirtschaftsorganisation der Vereinten Nationen hat sich begeistert über die Möglichkeiten und Vorteile der Gentechnik geäußert, der eine Kreuzung aus Weizen und Roggen gelang. Die neue Pflanze heißt *Triticale* und wird zur Zeit im Nahen Osten erprobt; ihr Produkt enthält 20 Prozent Eiweiß, dessen Qualität dem Eiweiß von entrahmter Milch entspricht.

Das Eiweißangebot läßt sich auch auf unkonventionellere Weise vergrößern, etwa mit Hilfe der Chemie. Wenn die chemische Industrie ihre Produktion an Kunststoffen und Kunstharzen auf 25 Millionen Tonnen jährlich steigern konnte, was dem Gewicht von einem Drittel der Weltfleischproduktion entspricht, ist wohl anzunehmen, daß die Herstellung der essentiellen Aminosäuren, die im Getreideeiweiß nur ungenügend vertreten sind, ebenfalls rasch wirtschaftliche Größenordnungen erreicht. Es gibt auch Verfahren zur Eiweißherstellung durch die Züchtung von eiweißreichen Mikroorganismen auf Kohlenwasserstoffen, die als Nebenprodukte in Erdölraffinerien entstehen. Hierdurch könnten Ende der siebziger Jahre leicht viele Millionen Tonnen Eiweißkonzentrat erzeugt werden. Die Verwendbarkeit von Pflanzen wie der Sojabohne, die sonst eher als Tierfutter dient, für die menschliche Ernährung muß noch

erforscht werden. Auch hier scheint es leichter zu sein, Katastrophen vorherzusagen, als vernünftige Schritte zur Durchführung bereits möglicher technischer Maßnahmen zu tun, die voll und ganz ausreichen, den Eiweißbedarf der Weltbevölkerung zu decken, auch wenn sich die Bevölkerung von jetzt bis zum Ende des Jahrhunderts verdoppeln sollte.
Ich will damit nicht sagen, daß der Nahrungsmittelbedarf in den vor uns liegenden Jahrzehnten von den chemischen Verfahrenstechnikern befriedigt werden soll; die chemische Industrie sollte lediglich die Landwirtschaft wirksam darin unterstützen, den Menschen gut zu ernähren. Auf jeden Fall sind die Aussichten einer Ertragssteigerung in der konventionellen Landwirtschaft viel besser.
Deshalb ist es verfehlt zu fragen, wie viele Menschen die Erde ernähren kann. Es ist viel wichtiger zu wissen, was die Regierungen und die Bauern in neue landwirtschaftliche Techniken investieren wollen, also in Saatgut, Maschinen, in die Verbesserung von ungenügend genutztem Boden oder die Bewässerung. Aber diese technischen Möglichkeiten, so wichtig sie auch sein mögen, spielen auf lange Sicht vielleicht nur eine untergeordnete Rolle im Vergleich zur Notwendigkeit, den Bauern in der Dritten Welt, die jetzt gerade die ersten Nahrungsmittelüberschüsse erwarten können, für ihre Bemühungen den rechten Lohn zu verschaffen. Diese Probleme sind nicht leicht zu lösen, aber sie unterscheiden sich doch grundlegend von der absoluten Verknappung, die von den Propheten des Unheils so hartnäckig heraufbeschworen wird. Zweifellos könnte die Welt sieben Milliarden Menschen oder sogar die doppelte Zahl ernähren. Es kommt nur darauf an, ob sich die Menschen die Mühe machen, die Bedingungen dafür zu schaffen.
In den letzten Jahren war häufig zu hören, man könne riesige Nahrungsmittelmengen aus dem Meer gewinnen. Die Aussichten sind hier allerdings viel ungünstiger als in der konventionellen Landwirtschaft. Die Weltmeere stellen eine wichtige Eiweißquelle dar, und man wird einen höheren Anteil dieses Produkts aus dem Meer gewinnen müssen. Aber auch hier sind die Möglichkeiten sehr beschränkt. Bis 1970 stiegen die Fischereierträge auf der ganzen Welt ständig (im Durchschnitt um 6,8 Prozent jährlich vom Ende der fünfziger bis zum Ende der sechziger Jahre). Heute bringt der gesamte Fischfang über 60 Millionen Tonnen pro Jahr, also im Durchschnitt ein Pfund Fisch in der Woche pro Kopf der Weltbevölkerung.
Warum sollte man nicht dafür sorgen können, daß der Fischereiertrag ständig gesteigert wird? Phantasie und die Bereitschaft, in Einrichtungen wie Fischdampfer zu investieren, sind die einzigen Vorbedingungen. Aber es hat auch sehr optimistische Pläne gegeben, Fischfarmen im Meer anzulegen. Man wollte versuchen, den Ertrag an bestimmten Fischarten dadurch zu steigern, daß man Teilen des Meeres die entsprechenden Nähr-

stoffe zuführte. Leider war die Begeisterung der praktischen Durchführbarkeit weit vorausgeeilt.
In den Meeren ist es wie auf dem Festland: Lebewesen brauchen die Energie des Sonnenlichts, die zuerst von einzelligen Pflanzen, dem sogenannten Plankton, oder größeren Organismen wie Seetang oder Algen aufgenommen wird. Auf dem Land fressen die Pflanzenfresser Gras, im Meer ernähren sich die dort angesiedelten Pflanzenfresser von diesen Meerespflanzen. Fleischfressende Fische, die wiederum von den Pflanzenfressern leben, werden entweder von größeren Fleischfressern gefressen, oder sie enden im Fischnetz. Obwohl die Weltmeere zwei Drittel der Erdoberfläche bedecken, breitet sich mikroskopischer Pflanzenwuchs reichlich nur dort aus, wo das Meer einfache Chemikalien in größerer Menge enthält, vor allen Dingen Phosphate und Nitrate, die als Nährstoffe für den Aufbau dienen. Deshalb ist der größte Teil der Meeresoberfläche für die Umwandlung der Sonnenenergie in organische Chemikalien, die dann zur Grundlage einer Nahrungskette werden können, nicht zu gebrauchen. Die verhältnismäßig flachen Gewässer rings um die Ränder der Kontinente, das Festlandsschelf, eignen sich hierzu am besten, aber die Wale im Südatlantik verdanken ihre Existenz (wenn man ihr jetziges Dasein noch so nennen kann) den verschiedenen Tiefseeströmen, die über 1500 Kilometer nördlich des antarktischen Eisschelfs vorbeiführen und Nährstoffe vom Meeresgrund nach oben spülen.
Die Schätzungen des möglichen Fischereiertrags aus den Weltmeeren schwanken sehr stark zwischen knapp 60 Millionen Tonnen Fisch, was dem heutigen Ertrag entspricht, und dem Mehrfachen dieses Wertes. Solange die Fischerei wie heute auf die Festlandsschelfe beschränkt ist und keine grundsätzlich neuen Verfahren zu einer wirtschaftlichen Steigerung der Produktivität entwickelt werden, dürfte sich am Ertrag der Fischereiflotten auf der Welt wohl kaum etwas Grundlegendes ändern. Vielleicht kommt man auf wirtschaftliche Möglichkeiten, die Rohstoffe in der Tiefe der Weltmeere abzubauen, aber die Landwirtschaft auf dem festen Land wird in den nächsten zehn Jahren wahrscheinlich eine viel stürmischere Entwicklung durchmachen.
Wenn man auf das Meer als Eiweißquelle zurückgreift, muß man dabei auch berücksichtigen, daß die Fischerei sehr stark vom Zufall abhängt und noch immer keinen festen Gesetzmäßigkeiten gehorcht. Obwohl die Fischdampfer und ihre Ausrüstung immer leistungsfähiger geworden sind, fangen sie am meisten in den Teilen des Ozeans, in denen sie auch vorher schon Fische gefangen haben. Es wird immer schwieriger vorherzusagen, ob in der Tiefsee vor den Festlandsschelfen mit höheren Erträgen gerechnet werden kann.
Ein zu hoher Wirkungsgrad kann auf lange Sicht die Existenz der Fischereiindustrie gefährden. Schon jetzt gibt es Anzeichen dafür, daß manche

Fischgründe überfischt werden. In den letzten Jahren scheinen die Fänge nicht mehr gestiegen zu sein, obwohl immer mehr und immer leistungsfähigere Fischdampfer in Dienst gestellt wurden. Für die Fischerei dürften die goldenen Zeiten unmittelbar nach dem Zweiten Weltkrieg wohl kaum wiederkehren, als die Fische, die über fünf Jahre lang kaum gestört worden waren, scharenweise ins Netz gingen. Einige weitverbreitete Fischarten wie der Schellfisch werden zur Zeit vor der Küste von Neufundland in einem Ausmaß gefangen, das mit dem Weiterbestehen der Art gerade noch vereinbar ist; Heringe sind vor der englischen Küste schon so selten geworden wie die Sardinen in der Biskaya. Seit Anfang der sechziger Jahre haben sich natürlich einige Fischbestände auch vergrößert, die die Grundlage der Handelsfischerei bilden: Schellfisch und Weißfisch sind in der Nordsee in dem Maß zahlreicher geworden, in dem die Heringsbestände zurückgingen; die Gründe hierfür kennen wir noch nicht. Im Fischereiwesen muß jetzt vor allen Dingen dafür gesorgt werden, daß sich dieser Industriezweig durch Überfischen nicht selbst ein Ende bereitet.

Der Walfischskandal im Südatlantik ist leider ein deutlicher Beweis dafür, daß selbst in einer vernünftigen Welt die Dummheit nicht ausstirbt. Seit dem Zweiten Weltkrieg war abzusehen, daß sich die Walfangindustrie allmählich selbst um ihre Existenzgrundlage brachte; deshalb schienen es alle Beteiligten für vernünftig zu halten, eine internationale Walfangkommission ins Leben zu rufen, die die jährlichen Walfangquoten festsetzen (aber nicht durchsetzen) sollte. Unter dem Druck der Länder, die möglichst schnell möglichst viele Wale fangen wollten, setzte die Kommission Jahr für Jahr zu hohe Quoten fest. Gleichzeitig ließ sie zu, daß die jährlichen Fangzahlen in »Blauwaleinheiten« ausgedrückt wurden, räumte dabei aber ein, daß Walfänger, die keine Blauwale gefangen hatten, statt dessen andere Arten in größerer Zahl fangen durften. Das Ergebnis: Der Gesamtbestand an Blauwalen beläuft sich jetzt wahrscheinlich nur noch auf ein paar hundert Exemplare, und die Walfänger widmen sich nunmehr den Finnwalen. Die Regierung der Vereinigten Staaten hat gut daran getan, 1971 zu erklären, daß Walfischprodukte nicht mehr in die Vereinigten Staaten eingeführt werden dürften. Die Walfänger anderer Länder, besonders aus Japan und der Sowjetunion, werden aber die Jagd fortsetzen. Wenn man sieht, wie die internationale Walfangkommission bei der Aufgabe versagt hat, für die sie gegründet worden war, kann man von den internationalen Organisationen nicht mehr allzuviel erwarten, die längst hätten geschaffen werden sollen, um zu verhindern, daß die Bestände an wertvollen Nutzfischen (Wale sind Säugetiere, nicht Fische) durch Überfischen gefährlich verringert werden.

Der Ertrag der Hochseefischerei läßt sich wohl am ehesten auf dem heutigen Stand halten, wenn vernünftige Maßnahmen zur Überwachung der Fischdampfer ergriffen werden. Auch das beweist wieder, daß die technische Innovation allein und das Fischen in bislang unerschlossenen Meeren nicht ausreichen. Zum Glück scheinen einige Staaten die richtigen Maßnahmen zu planen. Auf der Sitzung der Nordostatlantik-Fischereikommission im Dezember 1971 wurde vereinbart, die gegenwärtigen Fischereibeschränkungen für den Heringsfang in der Nordsee, die Mindestabmessungen für die Maschenweite der Fischernetze vorschreiben, auch auf die zulässige Fanggröße auszudehnen. Ähnliche Maßnahmen wurden getroffen, um den Islandkabeljau zu schützen, dessen Bestand in letzter Zeit besonders gefährdet war. Es bleibt allerdings abzuwarten, ob sich Organisationen wie die Nordostatlantik-Fischereikommission genügend durchsetzen können, um die Zerstörung wichtiger Fischgründe zu verhindern.

Wenn Fisch stärker zur Eiweißversorgung genutzt werden soll, kommt es weniger auf die Weiterentwicklung der Hochseefischerei an als auf die Verbesserung des Süßwasserfischereiwesens, weil man hier die Fische tatsächlich in großem Maßstab »ernten« kann. Die gegenwärtigen Fänge in den ertragreichsten Meeren, dem Atlantik und dem arktischen Mittelmeer, liegen bei etwa einem fünftel Pfund pro Hektar und Jahr; ungepflegte Süßwasserfischteiche können demgegenüber pro Hektar und Jahr über 60 Pfund Fisch bringen, während sorgfältig überwachte Teiche in den Tropen den fünfhundert- oder tausendfachen Ertrag liefern können. Derartig hohe Erträge lassen sich durch Düngung der Teiche oder sogar durch Füttern der Fische erzielen. In den traditionellen chinesischen Fischfarmen werden Unkraut, Gras und tierischer Abfall verwendet, um dem Wasser Nährstoffe und den Fischen Futter zuzuführen. Anderswo hat man mit Vitaminen angereicherte Getreideprodukte mit solchem Erfolg zur Züchtung von Forellen genutzt, daß ungefähr zwei Pfund Futter im Durchschnitt ein Pfund Fisch ergeben.

Fische weisen bei der Umwandlung von Pflanzennahrung in für den Menschen genießbare Nahrungsmittel einen besonders hohen Wirkungsgrad auf. In der Rinderzucht braucht man sechs Pfund Futter, um ein Pfund Tier zu erzeugen, während in einer Fischkultur weniger als anderthalb Pfund Futter schon ein Pfund Wels, die ertragreichste Fischart, ergeben. Mit einfachen Methoden lassen sich die in künstlichen Teichen gezüchteten Fische fangen, so daß Fischfarmen vielleicht eher in Süßwasserteichen oder flachen Brackwasserlagunen als im offenen Meer eingerichtet werden dürften. Fisch wird also eine wichtige Quelle für die Welteiweißversorgung darstellen. Zur Zeit liefert die Hochseefischerei etwa ein Drittel des Mindesteiweißbedarfs für die gesamte Welt, aber aus Fischfarmen stammt nur ein kleiner Teil dieser Menge. Das ist jedoch kein Grund, diesen Zweig nicht stark zu fördern.

Die Angst vor einer drohenden Energieverknappung ist in den letzten Jahren ebenfalls viel diskutiert worden, und die Fragen, die die Energie-

versorgung aufwirft, sind in mancher Hinsicht typisch dafür, wie wir mit natürlichen Rohstoffen umgehen. Daß die traditionellen fossilen Brennstoffe nicht regenerierbar zu sein scheinen, weckt die meisten Befürchtungen. Die Weltkohlenvorräte sind vor über 200 Millionen Jahren entstanden, und sobald wir sie verbraucht haben, sind sie für immer dahin. Auch die Erdölvorkommen lassen sich so in Rauch verwandeln, und selbst wenn irgendwo auf der Welt immer noch Erdölkohlenwasserstoffe aus verfaulender organischer Materie entstehen, übersteigt doch der Verbrauch bei weitem den Umfang, in dem diese Substanzen neu gebildet werden können. Was geschieht, wenn alle Vorräte erschöpft sind?
Der Verbrauch aller Arten von Brennstoffen wird noch lange steigen. Zum einen gibt es immer mehr Menschen, die Heizung, Transportmittel und Maschinen brauchen. Zum anderen bringt es die wirtschaftliche Entwicklung in den Industrieländern und den Entwicklungsländern zwangsläufig mit sich, daß jeder Mensch pro Jahr mehr Energie verbraucht. In den zehn Jahren von 1959 bis 1969 ist die pro Person auf der Welt verbrauchte Energiemenge um mehr als ein Drittel (35,6 Prozent) gestiegen, so daß gegen Ende dieses Zeitraums der Energieverbrauch pro Kopf und Jahr zwei Tonnen Kohle entsprach. Durch die Zunahme der Weltbevölkerung in derselben Zeit wuchs auch der Energieverbrauch um knapp zwei Drittel (63 Prozent), so daß 1969 die auf der Welt verbrauchte Energiemenge 6,5 Milliarden Tonnen Kohle entsprach.
Wie jeder andere Maßstab für die wirtschaftliche Entwicklung schwankt auch der Energieverbrauch je nach Land beträchtlich. In Südamerika wurden 1969 pro Kopf weniger als sieben Prozent der in Nordamerika konsumierten Energiemenge verbraucht. In Afrika war der Verbrauch noch niedriger; 1969 ergab sich für den gesamten Kontinent ein Durchschnittsverbrauch von knapp zwei Drittel Tonnen pro Person; nahezu zwei Drittel des gesamten Brennstoffverbrauchs entfielen auf Südafrika. Allerdings gibt es Anzeichen dafür, daß die Zuwachsrate der Brennstoffindustrie in den Entwicklungsländern höher ist als anderswo; demnach haben sich die Entwicklungsländer auf den langen Weg begeben, den sie zurücklegen müssen, ehe sie eine Art Wirtschaftsgleichgewicht mit den Industrieländern der Welt erreicht haben werden. Zahlenmäßig ist dieser mögliche wirtschaftliche Wettbewerb eindrucksvoll: Ein Drittel der gesamten Energie auf der Welt wird zur Zeit in den Vereinigten Staaten verbraucht; würde dieselbe Energiemenge auf der ganzen Welt verbraucht, so müßte jährlich das Sechsfache an Brennstoff genutzt werden. Statt 6,5 Milliarden Tonnen Kohle pro Jahr brauchte dann die Weltwirtschaft 39 Milliarden Tonnen.
Woher soll diese Energie kommen? Wollte man die in der Erde enthaltenen Reserven an Kohle, Erdöl und sonstigen Brennstoffen schätzen, so wäre das vergleichbar mit einer Schätzung der Häufigkeit unaufgeklärter

Morde. Wahrscheinlich wird jedoch Erdöl von allen fossilen Brennstoffen am meisten durch die gegenwärtige Steigerung des Energiebedarfs in Mitleidenschaft gezogen. Vielleicht ist noch mehr Erdöl im Boden enthalten, aber sicherlich nicht viel mehr als 300 Milliarden Tonnen. Dieser Vorrat würde beim heutigen Umfang des Verbrauchs 135 Jahre vorhalten, entsprechend weniger, wenn die technisierten Länder ihre Nachfrage nach Erdöl weiterhin steigern. Wenn die Entwicklungsländer einen größeren Teil der verfügbaren Menge für ihre eigenen Zwecke verwenden, verkürzt sich dieser Zeitraum noch weiter. Zwangsläufig wird so irgendwann im nächsten Jahrhundert die Erdölindustrie, so wie wir sie heute kennen, zu bestehen aufhören. Entweder steigt der Preis von Erdölprodukten wie Heizöl und Vergaserkraftstoff so lange, bis es billiger ist, auf andere Produkte auszuweichen, oder die Vorräte gehen zu Ende. Allerdings sollte man sich wegen dieser langfristigen Aussichten keine grauen Haare wachsen lassen. Die Erdölreserven sind nicht von heute auf morgen erschöpft; vielmehr wird es allmähliche Preiserhöhungen geben, so daß zuerst die wirtschaftlich weniger wertvollen Verwendungszwecke wegfallen. Wahrscheinlich bleibt Erdöl auch in den kommenden Jahrhunderten der wichtigste Rohstoff für die Kunststoffindustrie, selbst wenn die Menschen ihre Wohnungen ohne Heizöl warm halten müssen. Allerdings wird man die Erschöpfung der Erdölreserven in den nächsten 150 Jahren durch die Ausbeutung neuer Treibstoffquellen auffangen müssen.

Der bereits in geringem Umfang abgebaute Teersand in Kanada könnte, wenn man die Verbrauchszahlen von 1969 zugrunde legt, lediglich die Nachfrage von sechs Jahren befriedigen. Die Erdgasreserven wären allerdings in der Lage, auf derselben Basis die ganze Welt über 600 Jahre lang zu versorgen, die Kohlevorkommen würden 2500 Jahre vorhalten und die riesigen Ölschiefer, die es überall auf der Welt gibt, sogar 40000 Jahre. Es ist also nicht gerechtfertigt, von einer absoluten Brennstoffknappheit zu sprechen. Man muß nur wissen, welche Arten von Brennstoffen zu welchen Kosten für uns in den nächsten Jahrzehnten in Frage kommen.

Alle Befürchtungen wegen einer Brennstoffknappheit müßten auf jeden Fall durch die Einführung der Kernenergie zerstreut werden, die ja das verfügbare Angebot bereits erweitert hat. Nach dem heutigen Stand der Technik läßt sich aus jeder Tonne Uran das Energieäquivalent von 10000 Tonnen Kohle gewinnen. In den achtziger Jahren wird die Umwandlungsrate etwa bei zehn Millionen Tonnen Kohle pro Tonne Uran liegen. Außerdem werden die Kernreaktoren dann auch andere Brennstoffe als Uran, vielleicht Thorium, verwenden können. Die Entwicklung der Kernenergie in den letzten 20 Jahren hat die wirtschaftlich aus der Erdrinde zu gewinnende Energiemenge verzehnfacht. So hat eine einzige technische Entwicklung die künstlich hochgespielte Ankündigung einer tödlichen Energieverknappung mit einem Schlag beseitigt.

Heute schon weiß man, daß bis zum Ende des 20. Jahrhunderts Möglichkeiten vorhanden sein werden, Wasserstoff in schwerere Elemente umzuwandeln und damit noch größere Energien freizusetzen. Ein Eimer Wasser kann dann eine Energiemenge erzeugen, die 100 Tonnen Kohle entspricht. Man kann sich den im Wasser unserer Weltmeere enthaltenen Wasserstoff dann als Äquivalent eines Kohleflözes vorstellen, das die gesamte Erdoberfläche bedeckt und 1500 Kilometer in die Tiefe reicht. Es besteht also absolut kein Grund, wegen der zunehmenden Verknappung einer verhältnismäßig unbedeutenden Energiequelle, nämlich Erdöl, in Panik zu verfallen.

Obwohl somit Brennstoffe, aus denen sich Energie gewinnen läßt, nahezu unbegrenzt vorhanden sind, müssen doch einige praktische Fragen beantwortet werden: Welches sind die billigsten Energiequellen, wie schnell werden sie aufgezehrt, wie schnell werden sie durch neue ersetzt, welchen Einfluß haben die Energiekosten auf das Ausmaß und die Geschwindigkeit der Industrialisierung? Die fünfziger und sechziger Jahre haben hier einige Überraschungen geboten.

1955 warnte die *Ridley Commission* die britische Regierung vor einer drohenden Kohleknappheit in den sechziger Jahren. Da man damals nicht gern Devisen für die Erdöleinfuhr ausgeben wollte, nahm die Regierung ein ehrgeiziges Programm zur Entwicklung von Kernkraftwerken in Angriff. Wie die Ereignisse später gezeigt haben, war diese Entscheidung verfrüht; außerdem wurde Erdöl schließlich billiger als erwartet. Das alles führte dazu, daß Anfang der sechziger Jahre die Energielücke, die durch die sinkende Kohleförderung entstanden war, nicht durch Kernenergie, sondern durch Erdöl geschlossen wurde. In den sechziger Jahren vergrößerte sich die Flexibilität durch die Entdeckung von Erdgasvorkommen in der Nordsee noch weiter. Daran schloß sich die Entdeckung weiterer Erdölvorkommen an. Die in den fünfziger Jahren scheinbar bevorstehende Brennstoffknappheit war innerhalb von 15 Jahren einer fast verwirrenden Vielfalt des Angebots gewichen.

Große Auswahl bedeutet niedrigere Preise, und die Weltbrennstoffwirtschaft hat sich in den letzten zwei Jahrzehnten besonders dadurch ausgezeichnet, daß die Energieerzeugungskosten langsamer gestiegen sind als alle übrigen Kosten, besonders die Löhne und Gehälter. Zum Teil läßt sich diese Erscheinung so erklären, daß die Brennstoffindustrie immer leistungsfähiger geworden ist, so daß immer weniger Personal benötigt wird, um das Energieäquivalent einer Million Tonnen zu erzeugen.

Zur allgemeinen Überraschung waren die neu entdeckten Vorkommen fossiler Brennstoffe größer als die bereits bekannten Vorkommen. Das gilt besonders für die Erdölfunde am nördlichen Küstenstreifen von Alaska. Wenn man die Erde schon mit einem Raumschiff vergleichen will, muß man zugeben, daß seine Passagiere bemerkenswert wenig darüber wissen, wie es zu versorgen ist. Auch die technischen Neuerungen der letzten Jahre sind wichtig, nicht nur die Kernkraftwerke, sondern auch die Gasturbinen, Brennstoffzellen und Geräte, die Wärme ohne Einwirkung bewegter Teile in elektrischen Strom umwandeln. Sie alle haben der Brennstoffindustrie viel mehr Möglichkeiten zur Verfügung gestellt, dem Kunden Energie genau in der Form zu liefern, in der er sie braucht.

Trotz der Ausbeutung unserer Energiereserven seit dem Anfang der industriellen Revolution haben wir also jetzt mehr und billigere Energie zur Verfügung als je zuvor. Außerdem ist nicht einzusehen, warum die Energievorräte nicht noch größer und in jeder Hinsicht auch billiger werden können. Auch wenn die Entwicklungsländer in Zukunft die Weltbrennstoffwirtschaft in viel stärkerem Maß in Anspruch nehmen als bisher, bedeutet das noch keine Katastrophe. Lange bevor wirklich die Gefahr einer Erschöpfung der Brennstoffvorräte besteht, wird der Energieverbrauch schon durch andere Faktoren eingeschränkt werden, möglicherweise durch die Notwendigkeit, die Abwärme aus den Kraftwerken zu begrenzen, oder dadurch, daß die hochtechnisierten Länder weniger stark vom Energieverbrauch abhängig werden, weil sich die moderne Industrie weiterentwickelt.

Die Angst vor einer Verknappung anderer Bodenschätze als der fossilen Brennstoffe, besonders der Erze, aus denen Metall gewonnen wird, hat in den letzten Jahren zu vielerlei Befürchtungen Anlaß gegeben. Wie vorauszusagen, blicken Ehrlich und Frau düster in die Zukunft. Sie sind der Ansicht, daß es den Industriestaaten in den letzten Jahrzehnten dieses Jahrhunderts »nicht zu schlecht gehen wird, da die meisten Entwicklungsländer kaum in der Lage sein dürften, sich mehr als eine bescheidene Industrie aufzubauen. Etwa 100 Jahre später wird es der Menschheit allgemein ziemlich schlecht gehen, besonders wenn sich einige der heute schon erkennbaren Tendenzen fortsetzen. Danach werden die Kosten der Energie, die zum Abbau der dann noch vorhandenen Bodenschätze erforderlich sein wird, ins Astronomische steigen.« Auch hier müssen wir einwenden, daß diese Voraussage, wie viele andere, die sich auf so gefühlsbetonte Begriffe wie »unser ausgeplünderter Planet« beziehen, auf der Annahme beruht, die Zukunft werde genauso sein wie die Gegenwart, nur in viel ausgeprägterem Maß. Dabei wird nicht berücksichtigt, daß sich die Menschheit im Lauf der Zeit Veränderungen der Rohstoffvorräte ebenso anpassen wird wie in den letzten zwei Millionen Jahren.

Unter allen nichtregenerierbaren Rohstoffen, die sich angeblich im Raumschiff Erde befinden, gelten allgemein die Metallerze als besonders heikel. In den Vereinigten Staaten ist die Furcht vor einer Mineralknappheit seit dem Ende des 19. Jahrhunderts zu einer fixen Idee geworden, hauptsächlich wegen der ungeheuren Geschwindigkeit, mit der im Westen neue Erzvorkommen entdeckt und ausgebeutet wurden. Die Naturschutzbewegung in den Vereinigten Staaten widmete sich um die Jahrhundertwende der Erhaltung der Mineralvorkommen ebenso wie dem Schutz von Wildreservaten. Seit dem Zweiten Weltkrieg sind zahlreiche Untersuchungen mit dem Ziel durchgeführt worden, die zureichende Versorgung der amerikanischen Wirtschaft mit Mineralien nachzuweisen; die *Paley Commission* veröffentlichte 1952 eine der aufsehenerregenderen Studien. Es ist wirklich paradox, daß ausgerechnet in den Vereinigten Staaten, die wegen ihres Reichtums an Mineralvorkommen von der übrigen Welt immer noch beneidet werden, eine solche Unruhe entstehen konnte.

Ebenso besorgt wie der Bericht der *Paley Commission* über die drohende Rohstoffknappheit in den Vereinigten Staaten äußerte sich 1960 Packard in seinem Buch *Die große Verschwendung:* »Die Vereinigten Staaten müssen immer häufiger minderhaltige Erze verwenden . . . Die Abhängigkeit der Vereinigten Staaten von ausländischen Vorkommen wird von Jahrzehnt zu Jahrzehnt immer schneller zunehmen, wenn sich die Bevölkerung und ihre Verbrauchsgewohnheiten so rasch entwickeln, wie es die Verkaufsstrategen hoffen.«

Ist es nicht ein wesentliches Merkmal aller Bergbauindustrien, daß zuerst die reichsten Vorkommen abgebaut werden? Andere Methoden würden wahrscheinlich so manches Bergbauunternehmen an den Rand des Ruins treiben. Und ist es wirklich so ein Unglück, daß die Vereinigten Staaten feststellen, daß sie – wie andere Länder – nicht ganz autark sind?

Neuerdings ist besonders in den Vereinigten Staaten die Unruhe über die Zukunft der natürlichen Rohstoffe noch durch eine Entwicklung verschärft worden, die auf den ersten Blick fast wie eine mathematische Beziehung zwischen Wohlstand und dem Verbrauch an nichtregenerierbaren Rohstoffquellen wirkt. Im Lauf der Zeit und mit zunehmendem Wohlstand ist der Metallverbrauch ungeheuer gestiegen. In den Vereinigten Staaten hat er sich in den beiden Jahrzehnten nach dem Zweiten Weltkrieg um etwa drei Prozent jährlich erhöht, also mehr als doppelt so schnell wie die Bevölkerungszahl. Wird diese Tendenz unbegrenzt anhalten, so daß sich der Rohstoffverbrauch in Ländern wie den Vereinigten Staaten bis Ende des Jahrhunderts verdoppelt und woanders noch schneller ansteigt? Diese Fragestellung unterliegt dem Trugschluß, daß wachsender Wohlstand auch zu grundlegenden Umwälzungen in der Verwendung dieser Werkstoffe führt. So wie der Wohlstand in den heutigen Industrieländern von einer Abnahme des Brotverbrauchs begleitet war, wird der Überfluß die Völker weniger stark von Werkstoffen wie Stahl abhängig machen.

Häufig wird auch befürchtet, die rasche Nutzung der Rohstoffe in den Industrieländern beraube die Entwicklungsländer ihrer Bodenschätze, so daß sie den Weg zum Wohlstand, den Länder wie die Vereinigten Staaten schon hinter sich gebracht haben, nicht mehr finden könnten. Van Sickle

drückt es so aus: »Den unterentwickelten Ländern wird die Industrialisierung unmöglich gemacht, selbst wenn sie das Ernährungs- und Bevölkerungsproblem gelöst haben, sofern sie keine Metalle haben ... Es ist verbrecherisch, an einem Lebensstil und an Verbrauchsgewohnheiten festzuhalten, die nicht nur zukünftige Generationen unversorgt lassen, sondern schon vor Ende dieses Jahrhunderts zum Notstand führen werden.« Hier wird die falsche Behauptung aufgestellt, die Entwicklungsländer müßten denselben Weg zum Wohlstand einschlagen, den auch die Industrieländer beschritten haben. In der Welt der Zukunft, charakterisiert von Elektronenrechnern anstelle der Dampfmaschine, die der industriellen Revolution ihr besonderes Gepräge gab, werden Rohstoffe ganz anders verwendet werden, als unsere Propheten meinen.
Ihre Prophezeiungen lassen im allgemeinen die wirtschaftlichen Gesichtspunkte völlig außer acht. Trotz der Geschwindigkeit, mit der heute Rohstoffe abgebaut werden, stehen bezeichnenderweise Werkstoffe zu wirtschaftlichen Bedingungen immer reichhaltiger zur Verfügung und werden nicht knapper. Offenbar sind Exploration und Erzverhüttung der Knappheit immer noch um einiges voraus.
Zweifellos werden viele Mineralien in einem beängstigenden Umfang verbraucht. 1969 erzeugten die Aluminiumhütten neun Millionen Tonnen Aluminium, etwa 40 Prozent davon in den Vereinigten Staaten und zwölf Prozent in der Sowjetunion. Die Weltproduktion an Aluminium hat sich in den vergangenen Jahren alle neun Jahre verdoppelt, ist jedoch in Westeuropa und Japan noch schneller gewachsen. Auch die Erzeugung der meisten anderen Metalle steigt ständig. Die Tabelle zeigt die Produktion einiger Metalle für 1969 und die prozentuale Zunahme in den vorausgegangenen fünf Jahren.

Tabelle 3: Prozentuale Zunahme des Verbrauchs einiger ausgewählter Metalle von 1964 bis 1969.

	Produktion 1969 (Tonnen)	prozentuale Zunahme seit 1964
Blei	3200000	24%
Kupfer	6000000	25%
Aluminium	9030000	54%
Zink	4890000	33%
Zinn	177500	24%
Magnesium	204000	38%

Werden die Vorkommen an diesen Materialien so reichhaltig sein, daß der ständig wachsende Bedarf gedeckt werden kann? Wie bei den fossilen Brennstoffen, so ist auch hier die Frage der absoluten Knappheit weniger akut als die Frage nach den Preisen, zu denen die Metalle und die anderen für die moderne Industrie notwendigen Mineralien zur Verfügung stehen. Zumindest kurzfristig sind die Erfahrungen in den letzten Jahrzehnten ermutigend. Auch wenn man die Erde als Raumschiff betrachtet, birgt sie immer noch ungeheure, bisher unerschlossene Rohstoffquellen. Außerdem sind Exploration, Abbau und Verhüttung so schnell verbessert worden, daß die Kosten der Herstellung von Rohstoffen für die Industrie aus diesen Mineralien in den letzten Jahren ständig gesunken sind. Wenn man davon spricht, wie die Erde »ausgeplündert« wird, so paßt das auch schlecht zur Entwicklung der Uranindustrie in den letzten 20 Jahren. Heute ist dieses Metall weder selten noch wertvoll. Ebenso sind billige Vorräte ehemals exotischer Metalle wie Silicium und Germanium so vermehrt worden, daß der Bedarf der Elektronikindustrie gedeckt werden konnte. Titan, in den vierziger Jahren noch eine Kuriosität, ist heute ein weitverbreitetes Produkt.

Am Beispiel Aluminium ist am besten zu erkennen, wie Bergbautechnik und Metallurgie die praktisch verwendbaren Vorräte dieses Metalls vergrößert haben. Aluminium wurde zu Anfang dieses Jahrhunderts erstmals in größerem Maßstab verarbeitet. Zuerst war die Herstellung durch das erforderliche Erz, Bauxit, behindert, das chemisch rein sein mußte und insbesondere weder Siliciumoxid noch Eisen enthalten durfte. Im Lauf der Jahre sind Verfahren zur Aluminium-Reindarstellung selbst bei Vorhandensein von Eisen und Siliciumoxid entwickelt worden; heute ist es möglich, Aluminium aus Erzen zu gewinnen, die man in den dreißiger Jahren noch als Abfall betrachtet hätte. Schon zu Anfang der sechziger Jahre wurde in einer eingehenden Untersuchung von Landsberg, Fischman und Fisher, *Resources in America's Future,* geschätzt, daß die nachgewiesenen Weltvorkommen an Aluminiumerz von 1950 bis 1958 von 1,6 Milliarden Tonnen auf 3,6 Milliarden Tonnen gestiegen seien und die gegen Ende der fünfziger Jahre entwickelten chemischen Verfahren den Metallurgen weitere fünf Milliarden Tonnen Aluminiumerz zugänglich machen würden. Seit der Entwicklung von Hüttenwerken, die Aluminium sehr schnell und in großen Mengen produzieren können, ist der Preis viel weniger von der Erzqualität abhängig als früher. Neuerdings sieht es so aus, als würden die Kosten der Aluminiumgewinnung aus Erzen aller Güteklassen durch die Entwicklung eines Direkt-Extraktionsverfahrens noch einmal gesenkt, weil eine kostspielige Zwischenstufe im Prozeß wegfällt. Deshalb ist der Preis für Aluminiummetall in den letzten zwei Jahrzehnten fast nur gesunken. Angesichts der herrschenden Inflation ist das gleichbedeutend mit einer wesentlichen Senkung der echten Kosten, und nichts spricht dafür, daß diese Tendenz zu einem Stillstand kommen wird.

Daß sich die Welt innerhalb ihrer physikalischen Grenzen gut eingerichtet hat, ist auch an den grundlegenden Veränderungen zu erkennen, die in den letzten zehn Jahren bei der Verwendung von Eisen und Stahl, den traditionellen Werkstoffen der Schwerindustrie, eingetreten sind. Der Weltverbrauch an Eisen steigt weniger schnell als der Verbrauch an Kupfer und Aluminium, also Werkstoffen, die für die moderne Industrie – Elektronik und Flugzeugbau – von unmittelbarem Wert sind. Die Erzeugung von Rohstahl wächst in den Industrieländern noch langsamer als anderswo. Auf der ganzen Welt hat die Rohstahlerzeugung von 1964 bis 1969 um 31 Prozent, in den Vereinigten Staaten jedoch nur um zwölf Prozent zugenommen. Seit 1950 ist die Rohstahlproduktion in den Vereinigten Staaten von 47 Prozent auf 21 Prozent der Weltproduktion gesunken.

Worauf sind diese Änderungen zurückzuführen? Seit einigen Jahrzehnten nimmt die Bedeutung des Stahls für die amerikanische Wirtschaft ständig ab. Ende der zwanziger Jahre wurden etwa 300 Tonnen Stahl pro Million Dollar des Bruttosozialprodukts erzeugt. 1969 waren es weniger als 200 Tonnen. Die heutigen Fertigungsprozesse hängen immer stärker von anderen Werkstoffen als Stahl ab, entweder von exotischeren und teureren Metallen oder von Chemikalien wie Kunststoffen. Man kann daraus wohl schließen, daß in der Entwicklung einer industriellen Volkswirtschaft ein Punkt erreicht wird, an dem die Fertigungsindustrie mit den traditionellen Erzeugnissen der Schwerindustrie, also Stahl, Zement und dergleichen, gesättigt ist. Die heutige Verwendung von Rohstahl in den Vereinigten Staaten zeigt auch die Flexibilität bei der Nutzung natürlicher Rohstoffe. Jahr für Jahr sammeln sich in den Vereinigten Staaten große Mengen Stahlschrott; sehr viel davon wird zum Verbrauch in andere Länder exportiert. Die Stahlwerke in den Industriestaaten erzeugen Rohstahl und verwenden ihn zur Stahlherstellung nur, weil dieses Verfahren wirtschaftliche Vorteile bietet. Sollte sich auch nur die geringste Eisenerzverknappung zeigen, so könnten die Stahlkocher ihren Eisenerzverbrauch drastisch einschränken und statt dessen auf die ungeheuren Schrottmengen zurückgreifen, die sie inzwischen gesammelt haben.

Die veränderte Situation bei Rohstahl und Stahlschrott in der Stahlindustrie ist ein gutes Beispiel dafür, wie der Ersatz eines Werkstoffs durch einen anderen eine drohende Rohstoffverknappung abwehren kann. In anderen modernen Industriezweigen sind noch radikalere Substitutionen von Werkstoffen an der Tagesordnung. In der Elektroindustrie kann Aluminium sehr gut anstelle von Kupfer verwendet werden, wenn Kupfer zu knapp (oder zu teuer) wird. Wenn von zukünftigem Rohstoffmangel die Rede ist, fehlt der Hinweis auf Silber, den idealen elektrischen Leiter, das niemals so reichlich vorhanden war, daß es seinem Wert entsprechend hätte in der Technik verwendet werden können. Magnesium kann bei der Herstellung von Flugzeugteilen an Stelle von Aluminium verwendet werden und ist diesem oft vorzuziehen. Synthetische Schleifmittel, mitunter sogar Diamanten, werden immer häufiger statt der natürlichen Industrie-

diamanten verwendet, die unter großen Schwierigkeiten aus der Erdrinde gewonnen werden.
Immer deutlicher ist zu erkennen, wie unsinnig die Vorstellung ist, einige Werkstoffe spielten im modernen Leben eine so wichtige Rolle, daß ohne sie die Zivilisation zusammenbräche. Auf der Liste solcher Produkte stehen natürlich vorkommende Substanzen wie Helium, Kupfer und Chrom. In Wirklichkeit sind alle diese Stoffe jedoch nur Mittel zu einem speziellen Zweck. Chrom braucht man zur Edelstahlherstellung, aber wer wollte behaupten, daß Tafelbestecke oder Behälter für die chemische Industrie nur aus Edelstahl sein dürfen? Die letzten Jahre haben nur zu klar gezeigt, daß andere Werkstoffe, etwa synthetische Chemikalien, denselben Zweck vielleicht etwas teurer und weniger bequem erfüllen können. Die Ziele der modernen Industrie lassen sich normalerweise also durch den Einsatz von Alternativwerkstoffen auf verschiedenen Wegen erreichen. So wie die Kernenergieindustrie Thorium als Brennstoff verwenden muß, wenn Uran je knapp werden sollte, müssen die Hersteller von Stahlbetonbauten andere Werkstoffe als Stahl zur Verstärkung benutzen, wenn die Eisenerzvorräte zur Neige gehen.
Eigentlich ist Helium der einzige Werkstoff, für den es keinen Ersatz gibt, weil es die besondere Eigenschaft hat, in der Nähe des absoluten Nullpunkts flüssig zu bleiben, und aus diesem Grund für die Kühlung von wissenschaftlichen Geräten und Industrieanlagen auf sehr tiefe Temperaturen äußerst wichtig ist. Glücklicherweise entsteht Helium als Nebenprodukt bei der kontrollierten Kernfusion. Die Versorgung ist also gesichert, wenn die geringen heute aus Erdgasvorkommen gewonnenen Vorräte erschöpft sind.
Dennoch ist die Geschichte der Heliumkonservierung nicht ohne Bedeutung. Anfang der sechziger Jahre nahm es die amerikanische Regierung auf sich, für die Bewahrung der Heliumvorräte zu sorgen. Helium ist am einfachsten aus den Erdgasvorkommen in Texas zu gewinnen. Nach einem damals aufgestellten Plan sollten die Erdgaserzeuger das Helium aus ihrem Produkt abzweigen und zu einem guten Preis an die strategische Vorratsstelle in den Vereinigten Staaten verkaufen. Die Produktion überstieg jedoch bald die Nachfrage bei weitem, und 1970 waren für die amerikanische Regierung die Kosten der Heliumlagerung untragbar geworden. Folglich wurde der Plan der Heliumkonservierung zu den Akten gelegt, und heute müssen die Erdgasproduzenten selbst die Marktbedingungen für dieses Material schaffen. Der Entschluß der amerikanischen Regierung, kein Helium mehr zu horten, ist letzten Endes ein Anzeichen dafür, daß sie die vorhandenen Rohstoffe den jetzt lebenden amerikanischen Steuerzahlern nicht zugunsten der Nachwelt vorenthalten will. Das läßt sich natürlich am einfachsten damit rechtfertigen, daß ja niemand weiß, was künftige Generationen brauchen. Diese scheinbare Rücksichtslosig-

keit ist wohl eher damit zu entschuldigen, daß es zur Zeit nur ganz grobe Maßstäbe zum Abwägen zwischen den langfristigen und kurzfristigen wirtschaftlichen Investitionen in die Hortung von natürlichen Rohstoffen gibt.

Der Vorwurf, die Industrieländer der Welt nähmen den Entwicklungsländern die Rohstoffe weg, die diese irgendwann einmal selbst brauchen, ist nicht neu. So hat die britische Regierung sich (oder im allgemeinen ihre Vorgänger im Amt) in der Vergangenheit oft genug getadelt, weil sie große Kohlenmengen für den Export verkauft hatte, so daß für den Abbau nur die weniger günstigen Vorkommen übriggeblieben waren. Dabei wird allerdings ein wichtiger Punkt außer acht gelassen: Länder, die Rohstoffe zu verkaufen haben, müssen versuchen, zwischen sofortiger Barzahlung und den Vorteilen abzuwägen, irgendwann einmal billige Rohstoffe im eigenen Land zur Verfügung zu haben. Derartige Rechnungen sind mit vielen Unsicherheiten behaftet, aber Entwicklungsländer, die Rohstoffe absetzen wollen, sollten sich den Weltmarktpreis für ihre Waren zumindest auch im Hinblick auf die Zukunft überlegen. Wenn man sieht, wie Ende der sechziger und Anfang der siebziger Jahre die Ölländer der Welt den ausländischen Käufern einen höheren Preis als früher für ihr Rohöl abverlangten, darf man wohl annehmen, daß diese Lektion bereits beherzigt wird. Es liegt im Interesse aller, daß dies möglichst schnell geschieht.

Umweltverschmutzung: kein Grund zur Panik

Umweltverschmutzung ist heute gleichbedeutend mit Umweltkrise. Schuld daran ist die in den fünfziger Jahren durchaus begründete Befürchtung, die Radioaktivität aus Kernwaffenversuchen könne in der ganzen Welt genetische und sonstige Schäden hervorrufen. Hätten die Regierungen diese berechtigten Klagen damals ernster genommen, brauchten sie sich heute weniger mit emotionellen Argumenten auseinanderzusetzen.
Die radioaktiven Rückstände aus Kernwaffenexplosionen breiteten sich seinerzeit über die ganze Welt aus und rieselten dann jahrelang allmählich auf die Erde herunter, so daß mit Recht zu befürchten war, die ganze Umwelt werde vergiftet. Aber radioaktive Stoffe schädigen Lebendes nur heimlich. Strontium ist vom Kalzium in menschlichen Knochen nicht zu unterscheiden, kann aber Jahre später Krebs erregen. Andere radioaktive Stoffe lassen sich nur mit besonderen Geräten nachweisen, aber auch sie können sich irgendwann als ererbte genetische Schäden oder als Schilddrüsenkrebs bemerkbar machen. Obwohl sich inzwischen gezeigt hat, daß der radioaktive Fallout in Wirklichkeit weniger gefährlich war, als man in den fünfziger Jahren befürchtet hatte, sind die Behauptungen der Regierungen, die damals Kernwaffenversuche durchführten, der in jenen Jahren freigesetzte Fallout sei völlig harmlos gewesen, wohl kaum berechtigt. Diese traurige Angelegenheit scheint jedoch die Menschen gegenüber der Bedrohung empfindlich gemacht zu haben, die ganze Umwelt könne unmerklich vergiftet werden, scheinbar unschädliche Chemikalien sich nach und nach in den Nahrungsmitteln, dem Trinkwasser oder sogar in der Atmosphäre festsetzen. Die Umweltbewegung hat mittlerweile im Spiel mit Emotionen eine hohe Virtuosität entwickelt, aber sie bleibt immer noch den Beweis schuldig, daß der Mensch im Begriff ist, die Umwelt zu ruinieren, von der er abhängt.
Die Unruhe im Zusammenhang mit allen möglichen kerntechnischen Anlagen hält an. 1971 erklärten John W. Gofman und Arthur R. Tamplin, bis 1970 Angestellte der amerikanischen Atomenergiekommission: »Die Radioaktivität ist eines der schlimmsten, vielleicht das schlimmste aller Gifte. Es entsteht in astronomischen Mengen als unvermeidliches

Nebenprodukt bei der Erzeugung von Atomstrom. In einem Betriebsjahr produziert ein einziges großes Kernkraftwerk so viel langlebige radioaktive Gifte wie 1000 Atombomben vom Hiroshima-Typ. Man kann Strom in Kernkraftwerken nicht erzeugen, ohne die radioaktiven Gifte mit herzustellen. Wird auch nur eines jemals in die Umwelt freigesetzt, womit nach unserer Ansicht zu rechnen ist, so ist die Vergiftung der Umwelt nicht mehr rückgängig zu machen. Die Giftstoffe werden jahrhundertelang auf der Erde bleiben. Die Menschen müssen erfahren, daß sie ihnen wahrscheinlich ausgesetzt sind und welche tödlichen Schädigungen dabei der einzelne und alle künftigen Generationen erleiden werden.«

Im Kern ist das Argument richtig, wenigstens was die Stromerzeugung in konventionellen Kernkraftwerken betrifft, also den Anlagen, die mit Uran oder Thorium als Brennstoff betrieben werden. Alle heutigen Kernkraftwerke erzeugen radioaktive Isotope in großen Mengen. Allerdings ist nicht sicher, ob eines dieser »radioaktiven Gifte« die Umwelt bleibend verseuchen kann, denn einige dieser Substanzen haben eine ungewöhnlich kurze Lebensdauer. Übler ist die Behauptung, daß mit einer Vergiftung dieser Art »zu rechnen« ist; das ist eine ganz subjektive Aussage. Sie bedeutet, daß an den Plänen, die die Kerntechniker zur Beseitigung der Abfallprodukte aus Kernkraftwerken aufstellen, etwas nicht stimmt. Deshalb sagt die Botschaft, die die Herren Gofman und Tamplin mittlerweile in den ganzen Vereinigten Staaten verbreitet haben und die die Standortwahl für Kernkraftwerke sehr erschwert hat, nur, daß ihre Urheber kein Vertrauen zu den Ingenieuren haben. Reicht das als Grundlage für einen Kreuzzug gegen den Atomstrom aus?

Die Angst vor schleichendem, tückisch wirkendem Gift prägt die Debatte über die Auswirkungen von Chemikalien auf Lebewesen; besonders Rachel Carsons Buch *Der stumme Frühling* ist ein Beweis dafür. Sie schreibt über Insektenvertilgungsmittel, jedoch so allgemein, daß ihre Feststellungen inzwischen auch auf andere chemische Substanzen, wie etwa die als Süßstoff in Lebensmitteln verwendeten Cyclamate, übertragen worden sind. Die Autorin führt aus: »Wie der stete Wassertropfen irgendwann auch den härtesten Stein höhlt, kann die Berührung mit gefährlichen Chemikalien von der Wiege bis zur Bahre letzten Endes zum Unheil führen. Jede Einwirkung, sei sie auch noch so geringfügig, trägt zur allmählichen Ansammlung von Chemikalien in unserem Körper und damit auch zur kumulativen Vergiftung bei. Wohl niemand ist vor der Berührung mit dieser Kontamination sicher, es sei denn, er lebe in der strengsten Isolation, die sich vorstellen läßt. Von der Werbung bearbeitet und von den geheimen Verführern überredet, erkennt der Durchschnittskäufer nur selten die tödlichen Stoffe, mit denen er sich umgibt; vielleicht merkt er gar nicht, daß er sie überhaupt benutzt.«

Aber wirken alle diese Stoffe wirklich so kumulativ, wie Rachel Carson

meint? Nachweislich scheidet der menschliche Körper alles einmal aufgenommene DDT wieder aus. Natürlich sind nicht alle neuen Chemikalien harmlos, aber die Angst, mit der man ihnen heute begegnet, rührt zu einem großen Teil vom falschen Vergleich mit der Radioaktivität her. Im übrigen ist es nicht mehr als recht und billig, daß man sich über die biologischen Wirkungen von Insektiziden besonders in den Vereinigten Staaten aufregt, denn über die Hälfte aller nach dem Zweiten Weltkrieg verbrauchten Insektizide sind dort gespritzt worden. Im Gegensatz zum radioaktiven Fallout, der sich wirklich über die ganze Welt verbreitet, verteilen sich die neuen Chemikalien leichter in der unmittelbaren Umgebung.
Aber wenn die neuen chemischen Wirkstoffe in der Umwelt leichter zu erkennen sind, stärkere örtliche Konzentrationen aufweisen und weniger tückisch wirken, als es aus Rachel Carsons Märchenbuchprosa ersichtlich ist, könnten doch die Eingriffe des Menschen in seine Umwelt alle möglichen irreparablen Schäden hervorrufen. Das ist noch eine verbreitete Befürchtung. In den letzten Jahren hat es zahlreiche Spekulationen über weltweite Katastrophen gegeben, die durch so einfache Chemikalien wie Kohlendioxid entstehen könnten, also Gas, das der Mensch ausatmet, das jedoch auch bei der Verbrennung von fossilen Brennstoffen, Kohle und Erdöl, entsteht. Leider absorbiert Kohlendioxid die Wärmestrahlung sehr gut, und normalerweise wirken die geringen in der Atmosphäre enthaltenen Mengen dieses Gases als eine Art Schutzschicht, die die Wärme auf der Erdoberfläche zurückhält. Nun ist gefolgert worden, zuviel Kohlendioxid könne auch zuviel Wärme zurückhalten, so daß sich das Klima auf der Erdoberfläche grundlegend ändern würde.
In seinem neuesten Buch *The Closing Circle* führt Commoner aus: »Je höher also die Kohlendioxidkonzentration in der Luft ist, um so größer ist auch der Anteil der Sonnenstrahlung, der als Wärme auf der Erde zurückgehalten wird. Das erklärt auch, weshalb in der Frühzeit der Erde, als die Kohlendioxidkonzentration hoch war, die Durchschnittstemperatur fast tropische Werte erreichte. Als später der dichte Pflanzenwuchs einen Teil des Kohlendioxids in Vegetation umwandelte, die dann zu Kohle, Öl und Gas wurde, kühlte sich die Erde ab. Jetzt haben wir diese fossilen Brennstoffe verfeuert und wieder in Kohlendioxid zurückverwandelt, und die Kohlendioxidkonzentration in der Atmosphäre ist gestiegen. Welche Auswirkung das auf die Erdtemperatur haben kann, ist heute Gegenstand erregter wissenschaftlicher Diskussionen.«
Zum Glück ist dieses Argument unvollständig. Auf der Welt von heute teilen sich Vulkane mit den Kraftwerken in den zweifelhaften Ruhm, das meiste Kohlendioxid in die Atmosphäre zu schicken. Auch dehmen die Meere ständig Kohlendioxid aus der Atmosphäre auf. Natürlich läßt sich ein Gleichgewicht zwischen diesen beiden Effekten nur schwer herstellen, aber es gehört zur Prophezeiung von Katastrophen, immer das

Schlimmste anzunehmen. Angesichts der Tatsache, daß die Temperatur auf der Erdoberfläche in den letzten Jahrzehnten eher gesunken, nicht gestiegen ist, wie es die Pessimisten vorhergesagt haben, ist es doch überraschend, daß diese Orakelsprüche ihren Eindruck sogar auf den Präsidenten der Vereinigten Staaten nicht verfehlt haben.

1971 wurde die durch andere Arten von Umweltgiften hervorgerufene Bedrohung nach der Entdeckung großer Quecksilbermengen in Thunfisch aus dem Pazifik derart hochgespielt, daß das Fischen eine Zeitlang eingeschränkt werden mußte. Solche Zwischenfälle haben den Eindruck erweckt, die Weltmeere seien ganz allgemein verschmutzt und diese Verschmutzung rühre von irgendeiner Industrie her, die für das 20. Jahrhundert charakteristisch ist. Wir werden jedoch noch sehen, daß diese düstere Voraussage kaum ernst zu nehmen ist. Die Weltmeere enthalten zusammen 25 bis 100 Millionen Tonnen Quecksilber, das vorwiegend in der geologischen Entwicklung der Erde durch Gesteinszerfall und Vulkantätigkeit dorthin gelangt ist. Zur Zeit beläuft sich die Quecksilberproduktion auf der ganzen Welt auf höchstens 10000 Tonnen pro Jahr. Selbst wenn diese Menge sofort in die Weltmeere gekippt werden würde, dauerte es 2500 bis 10000 Jahre, bis sich die Quecksilberkonzentration im Meer verdoppelt hätte. Es bleibt ein Rätsel, warum manche Thunfische mehr Quecksilber in der Leber haben als andere, aber das Problem der Quecksilbervergiftung von Seetieren konnte vielleicht nur deshalb hochgespielt werden, weil heute zur chemischen Analyse so empfindliche Meßverfahren zur Verfügung stehen, daß sich diese Stoffe zum erstenmal an Stellen nachweisen lassen, wo sie auch früher schon vorhanden waren. Und was die übrigen Formen der Meeresverschmutzung betrifft, so sollte man sich daran erinnern, daß die großen Wale im Südatlantik ausgerottet wurden und nicht durch Verschmutzung umgekommen sind.

Die Einführung neuer Maschinen hat natürlich alle möglichen Umweltprobleme mit sich gebracht. Das Überschallflugzeug ist wahrscheinlich der spektakulärste und auch der umstrittenste Fall, aber auch mittlerweile so vertraute Einrichtungen wie »normale« Düsenflugzeuge, der Straßenverkehr und die Preßluftbohrer gehören in diese Kategorie. »Lärmbelästigung« ist ein Begriff, den man tagtäglich hören und lesen kann, und allgemein hat sich die Erkenntnis durchgesetzt, wie es Commoner ausdrückt, daß »die Verschlechterung der Umweltbedingungen hauptsächlich von der Einführung neuer Produktionsverfahren in Landwirtschaft und Industrie herrührt«. Der Wohlstand wird wohl immer häufiger für eine Quelle unvermeidlicher Umweltgefährdung gehalten. Aber wer wollte sagen, daß Preßluftbohrer eine größere Belästigung darstellen als die alten Dampfhämmer? Wer würde die Belästigung durch den Großstadtverkehr mit allen Schäden vergleichen, die der Großstadtsmog hervorruft, der 1955 allein in Salford in Lancashire über 2000 Menschen das Leben kostete?

Jede Stadtverwaltung, die auf sich hält, hat mittlerweile Verordnungen erlassen, die die Smogbildung verhindern. Sind Chemikalien wie DDT, die jetzt in unsere Flüsse geraten, wirklich schlimmer als die riesigen Mengen ungeklärter Abwässer, die früher in diese Gewässer eingeleitet wurden?

Wenn Menschen immer noch an den Auswirkungen der Industrie und des Großstadtlebens leiden, liegt es bei der Verwaltung, Regulative für die Eingriffe in die Umwelt zu entwickeln, um damit dem Menschen eine sozial annehmbare Mischung aus Freiheit, Wohlstand und Gesundheit zu bieten. In Wirklichkeit sind Technik und Wohlstand nicht die ewigen Störenfriede, als die sie die Umweltschützer immer hinstellen, sondern viel eher die Instrumente, mit denen eine bessere Umwelt geschaffen werden kann.

Die Geschichte der Verschmutzung ist alt. Noch zu Ende des 18. Jahrhunderts hatten die wenigsten Städte eine Abwasserkanalisation; Abwässer, die jetzt in einigen Teilen der Welt in die Flüsse eingeleitet werden, liefen damals in offenen Rinnen die Straßen der Städte hinunter. Der Lärm ist in den Großstädten seit der Römerzeit eine arge Belästigung gewesen, denn die primitiven Industrien spielten sich im allgemeinen in Heimarbeit ab. In mittelalterlichen Städten haben sich vielleicht alle Schmiede in ein paar engen Straßenzügen niedergelassen; einen Eindruck vom Lärm in diesen Städten bekommt man heute noch in vielen Orten am Mittelmeer.

Mit der industriellen Revolution wurden der Umwelt weitere Schäden zugefügt. Große Mengen Kohle wurden äußerst unvollkommen verbrannt. Die Kupferhütten in den früher einmal lieblichen Tälern von South Wales verpesteten die Luft mit stinkenden Gasgemischen, die sehr viel Schwefelsäure enthielten. Gegen Ende des 19. Jahrhunderts waren in vielen Gegenden Westeuropas und der Vereinigten Staaten ganze Landstriche von der Metallindustrie verschandelt worden. Aus den Flüssen wurden Kanäle zur Beseitigung der Industrieabwässer. Noch heute erinnern in großen Teilen der industrialisierten Welt Abfallhaufen an die Zeit, da die Arbeit der Industrie als segensreich und gut galt und Verschmutzung, wie wir es heute nennen würden, gleichbedeutend mit Wohlstand war. Das Lower Swansea Valley in South Wales bleibt trotz aller ehrgeizigen Sanierungsversuche ein Denkmal der Verschmutzung im 19. Jahrhundert.

Ebenfalls im 19. Jahrhundert traten Erkrankungen auf, die durch industrielle Schadstoffe verursacht wurden. Die Verwendung einer quecksilberhaltigen chemischen Substanz zum Gerben von Biberpelzen, aus denen Pelzhüte hergestellt wurden, führte damals anscheinend zu einer als Hutmacherkrankheit bezeichneten Erkrankung der Nerven, an die unter anderem Alices Besuch auf der Teegesellschaft des verrückten Hutmachers in *Alice im Wunderland* erinnert. In Lancashire war Ende des

19. Jahrhunderts die Verwendung von Phosphor zur Gummivulkanisierung die unmittelbare Ursache der Krebshäufigkeit bei Arbeitern in der Gummiindustrie und auch einer besonderen Mißbildung, des Kieferschwunds. Von den siebziger Jahren des 19. Jahrhunderts an führte die zunehmende Sorge um die Gesundheit der Arbeiter in den Industrieländern zu einer immer strengeren Überwachung solcher und ähnlicher Vorfälle. Das bedeutet aber längst nicht, daß alle Gefahren, die die Industrie im 19. Jahrhundert mit sich brachte, voll und ganz gebannt sind. Im Kohlenbergbau sterben in England jährlich immer noch 200 Bergleute an der Staublunge. Diese Todesursache ist häufiger als Unfälle unter Tage.
Auch die Bemühungen der Länder um den Schutz vor industrieller oder sonstiger Verschmutzung haben im Lauf des letzten Jahrhunderts zu einigen wichtigen und offenbar wirksamen Abhilfemaßnahmen geführt. In England ist die öffentliche Wasserversorgung seit den vierziger Jahren des letzten Jahrhunderts ständig verbessert worden, seit man erkannt hat, daß verseuchtes Leitungswasser Typhus in ganzen Landesteilen verbreiten kann. Die Verseuchung der Umwelt durch andere Infektionskrankheiten ist durch medizinische Mittel mit Erfolg unter Kontrolle gebracht worden. In den Industrieländern der Welt ist die Diphtherie praktisch vollständig ausgestorben, und dieses Ziel ließe sich auch anderswo relativ einfach erreichen. Die Tuberkulose, die nun einmal durch den Menschen übertragen wird, spricht auf die heutigen Medikamente ähnlich an. Auch die Kinderlähmung läßt sich in Schach halten.
In den letzten Jahrzehnten haben die Behörden in Westeuropa und den Vereinigten Staaten besonders sorgfältig auf die Reinhaltung von Luft und Wasser geachtet. In England enthält nach einfachen gesetzgeberischen Auflagen die Luft immer weniger Rauch (also Rußteilchen), Schwefeldioxid und sonstige für die öffentliche Gesundheit schädliche Stoffe. Wo Überwachungsmaßnahmen wirksam sind, wie etwa beim englischen Fluß Trent, verbessert sich die Beschaffenheit des Flußwassers ständig. Auch der mittlere Flußlauf der Themse leidet jetzt im Sommer nicht mehr an Sauerstoffmangel.
Angesichts der Tatsache, daß man den Gebrauch von Pestiziden heute für die angeblichen Veränderungen der Umwelt stellvertretend verantwortlich macht, sollte doch darauf hingewiesen werden, daß schon seit Anfang des 19. Jahrhunderts alle möglichen giftigen Chemikalien zur Insektenvernichtung verwendet werden. Im 20. Jahrhundert diente Cyanwasserstoff, ein besonders giftiges Gas, in weitem Umfang zur Ausräucherung von Wanzen und zur Vernichtung des Klopfkäfers in alten Häusern. Cyanwasserstoff wurde auch mit Erfolg so lange gegen den Schädlingsbefall von Zitruspflanzen in Kalifornien eingesetzt, bis die Risiken dieses Verfahrens ins Unerträgliche wuchsen und die Insekten selbst gegen dieses tödliche Gas resistent wurden.

Arsenhaltige Insektenvertilgungsmittel wurden im 19. Jahrhundert in der Landwirtschaft eingeführt, lohnen jedoch heute kaum noch das Risiko der Anwendung. Wie bei den beständigen Pestiziden, so können auch bei diesen Stoffen unerwartete Nebenwirkungen auftreten: Das gegen Bodenschädlinge wie Erdschnakenlarven und Drahtwürmer angewandte Bleiarsenat kann auch Regenwürmer töten. 1939 wurden allein in den Vereinigten Staaten fast 30000 Tonnen Bleiarsenat für die Verwendung in Pestiziden hergestellt; Anfang der sechziger Jahre wurde nur noch ein Fünftel dieser Menge verwendet. In den dreißiger Jahren wurden fluorhaltige Chemikalien benutzt, aber nicht lange, denn sie waren so gefährlich, daß Menschen nicht in Berührung mit ihnen kommen durften; deshalb wurde ein natürliches Produkt unter der Bezeichnung *Pyrethrum*, aus der in Kenia wachsenden Pyrethetrinblume gewonnen, vor dem Zweiten Weltkrieg zur Vernichtung von Körperläusen beim Menschen angewandt.

Daß die Umweltbewegung nicht anerkennen will, wieviel im letzten Jahrhundert geschehen ist, um diese Schädlinge ganz unter Kontrolle zu bringen, schadet ihrer Sache, sei es auch nur, weil sie dadurch wertvolle juristische und verwaltungsmäßige Präzedenzfälle übersieht. Im Kampf gegen die Verschmutzung liegen die Schwierigkeiten nicht auf technischem, sondern auf weltanschaulichem Gebiet. Wie läßt sich ein Gleichgewicht zwischen den Interessen derjenigen finden, die von der Verschmutzung profitieren, und denen, die nicht nur nichts davon haben, sondern dabei sogar noch verlieren können? Wie ist der Industriebetrieb, der zu öffentlichem Wohlstand führt, aber daneben dem einzelnen Schaden zufügen kann, mit so altmodischen Begriffen wie der persönlichen Freiheit zu rechtfertigen? Diese Fragen sind im Grunde nicht neu. Die gegenwärtige Debatte über die Umweltverschmutzung leidet nur sehr stark darunter, daß man so tut, als seien sie es.

Rachel Carsons mittlerweile klassischer Angriff gegen die Verwendung von Pestiziden in den Vereinigten Staaten hat leider den Grundton für alle Erörterungen über Verschmutzung und Umweltprobleme angegeben. In ihrem Buch *Der stumme Frühling* führte sie in besonders drastischer Form den heute weithin gebräuchlichen schriftstellerischen Trick ein, dem Leser eine dramatische Schilderung dessen vorzusetzen, was passieren könnte, und ihm zum Schluß mitzuteilen, diese Aussichten seien in ihrer ganzen Schrecklichkeit nur dann zu vermeiden, wenn Menschen und öffentliche Institutionen verantwortungsbewußter handelten. Das ist die altehrwürdige Technik der Wanderprediger, die ihren Zuhörern durch die plastische Schilderung der Hölle den Weg zum Himmel bahnen wollten. Leider hat Rachel Carsons Buch durch diese übermäßige Dramatisierung ebensosehr zur Verwirrung der Diskussion über staatliche Maßnahmen in der Öffentlichkeit beigetragen wie zur Förderung einer Kontrolle der Pestizidanwendung, die nach Lage der Dinge zweifellos erforderlich war.

Rachel Carsons Angriff richtete sich ganz besonders gegen die Pestizide, die »Todeselixiere«, wie sie sie nannte, vor allem gegen den Erzfeind DDT. Im Zweiten Weltkrieg wurde die hervorragende Eignung von DDT zur Insektenvertilgung sehr schnell erkannt. Auf der Erfolgsliste steht unter anderem eine 1944 in Neapel fast wie durch ein Wunder zum Stillstand gebrachte Typhusepidemie. DDT hatte den wichtigen Vorzug, daß es schon in ganz geringen Mengen Insekten wie Mücken oder Stubenfliegen töten konnte, ohne schädliche Einwirkungen auf den Menschen zu haben. Bei der Verteufelung des DDT vergißt man oft, daß diese Substanz und ihre chemischen Abkömmlinge ursprünglich deshalb auf so breiter Basis eingeführt wurden, weil sie verhältnismäßig unschädlich waren. DDT wirkt eigentlich auf den Menschen nicht giftiger als Aspirin, ist aber für Insekten unendlich viel giftiger als beispielsweise Bleiarsenat. DDT ist jedoch eine beständige chemische Verbindung, die sich durch Umwelteinflüsse nur schwer verändert; deshalb galt es von Anfang an als Wunderwaffe etwa gegen die Moskitos, die Malaria übertragen. Nach dem Zweiten Weltkrieg wurden in Malariagebieten Hauswände mit DDT abgespritzt, weil man fest überzeugt war, das bekanntlich in Wasser unlösliche Pestizid werde monatelang aktiv bleiben und dadurch in die Blutbahn der Insekten geraten, die sich vor oder nach ihrer Mahlzeit auf den Wänden niederließen. Natürlich kann sich diese Beständigkeit auch nachteilig auswirken.

Die in den dreißiger Jahren durch Insektenbefall hervorgerufenen Schäden vergißt man nur zu leicht, aber noch heute werden etwa zehn Prozent der Getreideernten in den Entwicklungsländern von Schädlingen vernichtet (von Nagern ebenso wie von Insekten). In den dreißiger Jahren müssen zwischen zwei und fünf von 100 Todesfällen auf der Welt durch von Insekten übertragene Infektionen hervorgerufen worden sein, wie etwa Malaria, Gelbfieber, Pest.

So ist es verständlich, daß die neuen Insektenvertilgungsmittel zuerst begeistert aufgenommen und im Übermaß angewandt wurden. In Ländern wie Ceylon und Brasilien verschwand die Malaria fast über Nacht. Organisationen wie die Weltgesundheitsorganisation der Vereinten Nationen haben mittlerweile erkannt, daß die Ausrottung der Malaria wichtiger ist als die Vernichtung der Stechmücke. Aber niemand denkt daran, den Einsatz von DDT gegen Stechmücken, die Malariaerreger übertragen, einzustellen. Die Gefahren dieser Maßnahme haben sich in den sechziger Jahren in Ceylon gezeigt, als das Abspritzen mit DDT eingestellt wurde, nachdem die Malariafälle 1963 auf 17 zurückgegangen waren: 1967 hatte sich die Zahl der registrierten Malariafälle wieder auf über 3000 erhöht. 1968 gab es über eine Million Fälle. Infolgedessen wurde die Verwendung von DDT noch vor Jahresende wiederaufgenommen.

Auf der Grundlage der DDT-Chemie wurde natürlich in den vierziger und fünfziger Jahren die Forschung nach noch wirksameren Insektenvertilgungsmitteln in großem Maßstab aufgenommen. Eng verwandt mit DDT ist eine chemische Substanz, die man als DDD bezeichnet. Nicht unmittelbar im Zusammenhang damit wurde eine Gruppe von Insektiziden, die sogenannten Chlorkohlenwasserstoffe, entwickelt, zu denen Aldrin, Dieldrin und Heptachlor gehören. Diese Substanzen erwiesen sich nicht nur in ihrer Wirksamkeit als dem DDT überlegen, sondern auch als ebenso beständig gegenüber dem chemischen Abbau. In der Geschichte synthetischer Pestizide sind sie von besonderem Interesse, weil sie auf Vögel viel giftiger wirken als DDT.

Bei milder Beurteilung der ersten Exzesse in der Verwendung synthetisch erzeugter Pestizide kann man sagen, daß Anwender wie Hersteller sich über die Immunität des Menschen gegenüber diesen Substanzen getäuscht haben. Der wertvollste Teil in Rachel Carsons Buch ist deshalb ihr Angriff gegen die gedankenlose Anwendung von Pestiziden.

Mitte der fünfziger Jahre versuchte man in Michigan, den Japankäfer durch Versprühen von Aldrin aus der Luft unter Kontrolle zu bekommen; leider erwies sich diese Maßnahme als weitaus wirksamer zur Vernichtung vieler anderer Tierbestände, etwa der Vögel und Eichhörnchen. Ein weiterer klassischer Unfall dieser Art ereignete sich in Clear Lake in Kalifornien, etwa 140 Kilometer nördlich von San Franzisko; hier wurde 1948 DDD (das auf Fische angeblich weniger toxisch wirkt als DDT) im Rahmen eines umsichtig geplanten Programms unter Leitung des kalifornischen Gesundheitsministeriums versprüht. Man wollte damit der Stechmücken Herr werden, die ihre Brutstätten am Seeufer hatten und die Angler und Sportfischer belästigten. Nach drei aufeinanderfolgenden Anwendungen des Insektizids waren die Stechmücken sicherlich dezimiert worden, aber auch sehr viele Tauchervögel.

Es ist erschreckend, daß sich verhältnismäßig kleine Mengen eines beständigen Pestizids wie DDD zuerst in der Fischleber konzentrieren können und dann von Vögeln aufgenommen werden, die sich von diesen Fischen ernähren. Daß sich diese beständigen Pestizide so von einem Glied der Nahrungskette zum nächsten bewegen, dabei Tiere schädigen, die besonders anfällig sind, ist einer der Hauptgründe zur Besorgnis über die Pestizide in der Umwelt. Schließlich ist der Mensch das Ende der Nahrungskette, denn er ernährt sich von Tieren und von Pflanzen, und DDT und alle anderen Chlorkohlenwasserstoffe konzentrieren sich vorwiegend in der Leber und im Fettgewebe.

Pestizide können auch das natürliche Gleichgewicht zwischen den Arten stören. Auch hier kam es zu einer Fehlanwendung in Kalifornien. Die Insekten, die die kalifornischen Zitrusplantagen befallen hatten und in den dreißiger Jahren gegen Cyanwasserstoff resistent geworden waren, waren schließlich durch einen eingeführten Marienkäfer sehr stark dezimiert und fast ein halbes Jahrhundert lang in Schranken gehalten, wenn auch nicht völlig ausgerottet worden. Diese fast vollständige Vernichtung von schädlichen Insekten in den Obstplantagen wurde jedoch zunichte gemacht, als kurz nach dem Krieg DDT intensiv angewendet wurde: Der Marienkäfer war anfälliger als die Schädlinge, und diese wüteten schlimmer denn je. Das ökologische Gleichgewicht, das sie in Schranken gehalten hatte, war zwar künstlich herbeigeführt worden, wurde aber nun durch DDT nachhaltig gestört.

Diese Berichte können Angst und Schrecken erregen, und ihre Erwähnung bei Rachel Carson und deren Jüngern hat mit zur weitverbreiteten Ansicht beigetragen, die Anwendung von Pestiziden bedürfe der strengen Überwachung. In den letzten Jahren haben die Staaten überall gesetzliche Maßnahmen ergriffen, um die Anwendung bestimmter Pestizide zu regeln. In England stellte man Ende der fünfziger Jahre fest, daß Vögel, besonders die Waldtaube, von Saatgut vergiftet wurden, das Aldrin, Dieldrin oder Heptachlor enthielt. Danach wurde die unbeschränkte Anwendung dieser Pestizide verboten, obwohl es bis heute keine offizielle Registrierungspflicht innerhalb eines einfachen rechtlichen Rahmens gibt. In den Vereinigten Staaten müssen die als Pestizide dienenden Chemikalien zuerst für den geplanten Verwendungszweck genehmigt werden. In den Niederlanden und Schweden wird, wie in den Vereinigten Staaten, der praktische Einsatz von Pestiziden auf verschiedenen Ebenen geregelt: Die Verwendungsmöglichkeiten dieser Chemikalien sind beschränkt, und es gibt Vorschriften, die den Grad der Kontamination von Lebensmitteln mit diesen Substanzen genau festlegen. Einige Länder werden wohl demnächst gesetzlich vorschreiben, daß jeder, der den Einsatz von Pestiziden plant oder selbst die Spritzpistole bedient, in den entsprechenden Verfahren ordnungsgemäß ausgebildet sein muß.

In dem Buch *Der stumme Frühling* ist ebenso wie in anderen Protestaktionen gegen DDT die häufige Resistenz von Insektenstämmen gegenüber DDT überbetont worden, als sei dies ein Grund, Chemikalien nicht so zu verwenden. *Die Natur rächt sich,* überschreibt Rachel Carson ein Kapitel in ihrem Buch. In Wirklichkeit geht es nur darum, daß Insekten wie Menschen sehr widerstandsfähig sind. In einer feindlichen Umgebung sind nach einer alten Definition die Tüchtigsten am besten zum Überleben ausgerüstet; das heißt, daß die Exemplare einer Gemeinschaft, die gegen offenkundige Gefahren immun sind, zukünftigen Generationen ihren genetischen Stempel aufdrücken werden. Bei Lebewesen, die von größeren Fleischfressern bedroht werden, kann Intelligenz oder die Fähigkeit, auf Bäume zu klettern, von Vorteil sein; bei Insekten, die von DDT bedroht sind, kommt es besonders auf die Immunität an. Weil Insektizide von der Art des DDT unerwartet wirksam waren, ist auch die Immunität so verhältnismäßig rasch, innerhalb von zehn Jahren, aufgetreten. In der

Schilderung des im großen ganzen erfolgreichen Einsatzes von DDT gegen die Stechmücke während des Krieges in Italien führt Rachel Carson in ihrem Buch aus, daß »schon ein Jahr später die ersten Alarmzeichen auftraten . . ., denn sowohl die Stubenfliege als auch die Stechmücken von der Gattung *Culex* erwiesen sich als resistent gegenüber dem gesprühten Mittel«. Das ist richtig, aber wenn die Lehre von der Evolution und die Ökologie, die darauf aufgebaut ist, überhaupt einen Sinn haben sollen, gibt es nur zwei große Insektizidgruppen: solche, die bei den Schädlingspopulationen Resistenz hervorrufen, so daß diese Schädlinge nicht ganz ausgerottet werden, und die anderen, die völlig wirkungslos bleiben.
Das engt natürlich die Anwendungsmöglichkeit bestimmter synthetisch hergestellter Pestizide sehr stark ein. Als man nach dem Krieg besonders bei den Sonderorganisationen der Vereinten Nationen wie der Weltgesundheitsorganisation und der Ernährungs- und Landwirtschaftsorganisation zuversichtlich von der Ausrottung der Malaria sprach, meinte man damit eigentlich die Ausrottung der Anophelesmücke. Inzwischen dürfte jedoch klargeworden sein, daß die Malaria nicht durch die massive Anwendung von Insektiziden gegen die Stechmücke, sondern höchstens durch eine Kombination mehrerer Ergebnisse der modernen Wissenschaft auszurotten ist, darunter auch therapeutische Maßnahmen und bessere Kanalisation. Den Ökologen ist damit eine wichtige Aufgabe gestellt, denn nur sie können sicher sagen, wie man in die Welt der Natur eingreifen darf, ohne Schaden zu verursachen. Ökologie heißt nicht, daß die Pestizide zu gefährlich sind, sondern daß man sie überlegt benutzen muß.
Vor allem aus diesen Gründen hat die Anwendung von DDT und den auf der Grundlage dieser Verbindung entwickelten Insektiziden seit Anfang der sechziger Jahre ständig abgenommen. Fast zwei Drittel der Gesamtproduktion an DDT und seinen unmittelbaren Derivaten kommen aus den Vereinigten Staaten. Seit Ende des Zweiten Weltkriegs sind über 20 Millionen Tonnen DDT in den Vereinigten Staaten und anderen Ländern hergestellt worden. Die Produktion von Insektiziden auf Aldrinbasis ist nach anfänglichen Schwierigkeiten schneller gewachsen und erreichte 1966 mit einer Produktion der amerikanischen Werke von 60000 Tonnen einen Höchststand. Obwohl die Herstellungskapazität außerhalb der Vereinigten Staaten auch erhöht wurde, haben Einschränkungen in der Verwendung und die Notwendigkeit, neuere Pestizidentwicklungen gegen Insekten einzusetzen, die gegen das erste Präparat resistent geworden sind, den Aldrinverbrauch sinken lassen. Diese neueren Wirkstoffe, über die Rachel Carson ebenfalls Beschwerde führt, enthalten Phosphor und sind viel weniger beständig als Chlorkohlenwasserstoffe. Irgendwann werden aber einige der besonders aktiven Schädlinge auch gegenüber diesen Substanzen resistent werden, und dann muß man wissen, ob es noch wirksamere Mittel zur Insektenvertilgung gibt.

In gewisser Weise hat Rachel Carson, indem sie die Aufmerksamkeit auf den Mißbrauch von DDT und anderen beständigen Pestiziden gelenkt hat, der Öffentlichkeit doch einen Dienst erwiesen. Ihr Buch *Der stumme Frühling* weist lediglich den Mangel auf, daß es viel weiter gegangen ist und Anschuldigungen enthält, die damals nicht stichhaltig waren und, wenn man es recht betrachtet, auch heute noch nicht stichhaltig sind. Jetzt besteht die Gefahr, daß ein zu heftiger Angriff gegen DDT und die daraus entwickelten Chemikalien die Welt um wichtige Vorteile bringt.

DDT und die daraus entwickelten Pestizide sind beständig. Sie setzen sich im Boden fest und können dort Jahrzehnte oder noch länger unverändert bleiben. Sie sammeln sich in Gemüse und Getreide an. Sie werden von den Flüssen in die Seen und ins Meer transportiert und können im pflanzlichen oder tierischen Gewebe eingelagert werden. Bei den Säugetieren konzentrieren sich die Pestizide im Fettgewebe; dadurch werden sie sehr wirksam von der Blutbahn ferngehalten, und deshalb bleiben vielleicht Säugetiere von diesen Wirkstoffen verhältnismäßig gut verschont.

Der Umfang dieser Rückstände spielt keine Rolle. Wichtig ist, inwieweit das Vorhandensein der Pestizide schaden kann. Es gibt Beweise dafür, daß Fische geschädigt werden können und auch schon geschädigt worden sind. Auch fisch- und fleischfressende Vögel sind gefährdet. Der Braunpelikan in Nordamerika hat wahrscheinlich Schäden davongetragen; über die Wirkung von DDT auf den nordamerikanischen Adler bestehen noch Zweifel. Leider gibt es gar keinen Zweifel darüber, daß dieser majestätische Vogel sehr viel häufiger von Bauern unberechtigt abgeschossen als durch DDT umgebracht wird. Eigentlich ist nicht nachzuweisen, daß Menschen tatsächlich durch beständige Pestizide geschädigt worden sind. Natürlich bereitet es gewisse gedankliche Schwierigkeiten, hier zwischen den Interessen der Vögel und denen der Menschen abzuwägen. Die Umweltschützer haben nie eindeutig gesagt, wie viele Menschenleben man gefährden kann, um den Vogelbestand in einer Größenordnung zu halten, die nur durch Raubvögel und Futterknappheit bestimmt ist.

Auch Rachel Carsons Buch kann hier nicht weiterhelfen, denn bei ihr versinkt die Wahrheit zu oft in den Wogen der Leidenschaft. Selbst bei einfachen Tatsachen legt sie sich in ihrem Buch *Der stumme Frühling* öfter fest, als es notwendig wäre. Nehmen wir nur die Frage, ob DDT im menschlichen Fettgewebe für immer gespeichert bleibt, wenn es sich dort einmal festgesetzt hat. Die Physiologen rechnen hier mit einer Art Gleichgewicht, sei es auch kompliziert, zwischen der DDT-Menge im Fett und dem im Blutkreislauf befindlichen DDT. Wenn wenig DDT im Blut enthalten ist, wird das Fettgewebe einen Teil seiner Belastung abgeben, so daß ein bestimmter Prozentsatz davon schließlich ausgeschieden wird. Bei Menschen, die erst vor kurzem Nahrung mit einem sehr hohen DDT-Gehalt zu sich genommen haben, wird ein Teil dieses DDT aus dem Blut abgezogen und im Fettgewebe gespeichert. Dieselbe Art Gleichgewicht gilt für die Ansammlung von radioaktivem Strontium im menschlichen Körper, nur daß hier das Knochengerüst und nicht das Fett die Fremdstoffe aus dem Kreislauf abzieht.

Leider ist *Der stumme Frühling* hier sehr irreführend. An einer Stelle heißt es: »Diese Verseuchung ist zum großen Teil nicht wieder rückgängig zu machen; so gut wie irreversibel ist auch die Kette der Folgeschäden, die sie nicht nur auf der Welt anrichtet, die das Leben tragen muß, sondern auch im lebenden Gewebe.« Zu dem beständigen Insektizid Chlordane erklärt die Autorin, daß »es sich, wie alle anderen Chlorkohlenwasserstoffe, im Körper allmählich ansammelt und ablagert«. Diese Behauptungen sind falsch. Es besteht kein Grund zu der Annahme, das Gleichgewicht zwischen DDT im Blut und im Fettgewebe sei nicht reversibel. Wenn ein Mensch eine Zeitlang kein DDT aufnimmt, verliert er auch die vorher gespeicherte Menge. Es ist sehr wichtig, daß die Ansammlung dieser Stoffe nicht kumulativ erfolgt, wie Rachel Carson behauptet, gleichgültig, was mit dem DDT sonst im Fett geschieht. Die Zukunft wird also hier nicht unbedingt von der Vergangenheit belastet.

Auf jeden Fall sind die bisher im Menschen abgelagerten Pestizidrückstände extrem niedrig. In den Vereinigten Staaten enthält das menschliche Fettgewebe im allgemeinen zwischen 10 und 12 ppm DDT, was besagen soll, daß jedes Pfund Fett etwa 0,006 Gramm DDT enthält. Der Gesamtgehalt an DDT im menschlichen Körper würde demnach weniger als 0,3 Gramm DDT betragen, also einen unbedeutenden Teil der Dosis, die nötig ist, um zu einer erkennbaren Vergiftung zu führen. In Ländern außerhalb der Vereinigten Staaten, in denen DDT und die anderen beständigen Pestizide in viel geringerem Umfang verwendet wurden, ist der DDT-Gehalt im Fettgewebe entsprechend niedriger. In Westeuropa liegt der Mittelwert bei etwa 5 ppm, und der Prozentsatz der im menschlichen Körperfett eingeschlossenen Letaldosis ist ebenfalls niedriger.

Die Beurteilung dieser winzigen Kontaminationsdosen wird dadurch noch kompliziert, daß gelegentlich Insektizide vom DDT-Typ mit anderen Chlorkohlenwasserstoffen verwechselt werden, die nicht alle Pestizide sind.

In einem großen Teil der vor 1968 durchgeführten chemischen Messungen wurde zwischen DDT und einigen mehrfach chlorierten Biphenylen, den sogenannten PCBs, nicht unterschieden. Diese letzteren Substanzen werden seit den dreißiger Jahren vor allen Dingen in der Kunststoffindustrie häufig verwandt. Wie DDT so sind auch sie chemisch beständig. Selbst wenn sie Menschen und Tiere schädigen, ist ihre Wirkung doch unstreitig viel geringer als die der Pestizide. Es ist durchaus möglich, daß bei einigen früheren Messungen die DDT-Menge in der Vogelleber zu hoch angesetzt wurde, weil zwischen DDT und den PCBs eine Verwechslung vorlag,

obwohl bisher noch gar nicht feststeht, daß PCBs überhaupt im menschlichen Gewebe nachgewiesen worden sind.
Schwierigkeiten ergeben sich auch daraus, daß die DDT-Menge im Körperfett bei jedem Menschen anders ist. Das kann an der Ernährungsweise liegen, und deshalb haben vielleicht auch die Neger im Süden der Vereinigten Staaten mehr DDT im Fettgewebe als Neger in anderen Ländern. Aber zweifellos spielen hier auch individuelle Stoffwechselschwankungen eine Rolle. Man muß also erst einmal die Prozesse besser verstehen lernen, die für die Anhäufung von DDT und den übrigen Pestiziden im menschlichen Körper verantwortlich sind.
Haben DDT-Rückstände vielleicht eine Spätwirkung, wenn sie schon keine unmittelbar erkennbaren Schäden hervorrufen? Oder kann man die Langzeiteffekte von DDT völlig außer acht lassen? Bei Rachel Carson scheint es hierüber keinen Zweifel zu geben. In ihrem Buch *Der stumme Frühling* stellt sie immer wieder die Behauptung auf, »die neuen chemisch hergestellten Insektizide können Krebs erregen«. An einer Stelle erklärt sie: »Sie zerstören die Enzyme, die den Körper schützen sollen; sie blokkieren die Oxydationsprozesse, denen der Körper seine Energie verdankt; sie verhindern die normale Funktion vieler Organe, und sie können in einigen Zellen eine langsame und nicht rückgängig zu machende bösartige Veränderung hervorrufen.«
Was ist wahr daran? In den sechziger Jahren wußte man, daß DDT im tierischen Blutkreislauf unter anderem auch die natürlichen chemischen Wirkstoffe oder Enzyme beeinflußt, die eine wichtige Rolle in der Nervenfunktion spielen; deshalb rufen tödliche Pestiziddosen manchmal Zuckungen hervor, ehe der Tod eintritt. Es ist auch bekannt, daß DDT und ähnliche Insektizide die submikroskopischen Strukturen beeinflussen können, die normalerweise den Energiehaushalt der Zelle regulieren, wobei der dem Blut entnommene Sauerstoff zur Umwandlung der chemischen Energie aus den aufgenommenen Nährstoffen in eine andere Form dient. An diesem Prozeß sind vor allem Leberzellen beteiligt, und die Leber ist auch besonders für die Ausscheidung unerwünschter Wirkstoffe zuständig. Bei Labortieren, denen man reichlich Insektizide zugeführt hatte, vergrößerte sich die Leber. Daraus läßt sich ableiten, wie der Wirkungsgrad einer Leberzelle durch die Chlorkohlenwasserstoffe beeinträchtigt werden kann. Allerdings besteht ein beträchtlicher Unterschied zwischen der in solchen Laborversuchen verwendeten Materialmenge und den Insektiziddosen, denen die menschliche Leber wahrscheinlich ausgesetzt wird.
Eine Beziehung zwischen den Versuchsergebnissen und den Folgen geringer Insektizidmengen im menschlichen Fettgewebe läßt sich nicht exakt herstellen. Natürlich weiß Rachel Carson auch hierfür einige Indizienbeweise: »Im Zusammenhang mit der nahezu uneingeschränkten Verwendung von Insektiziden, die als Lebergifte wirken, sollte man den starken

Anstieg der Hepatitishäufigkeit nicht außer acht lassen, der Anfang der fünfziger Jahre erkennbar wurde und bis heute nicht nachgelassen hat. Auch die Leberzirrhose soll im Zunehmen begriffen sein. Natürlich ist beim Menschen schwieriger als bei Labortieren nachzuweisen, daß Ursache A die Wirkung B hervorruft. Dennoch läßt der gesunde Menschenverstand vermuten, daß die Beziehung zwischen einer steigenden Häufigkeit von Lebererkrankungen und dem Vorkommen von Lebergiften in der Umwelt kein reiner Zufall ist.«

Diese Schlußfolgerung ist völlig unbegründet. Das häufigere Auftreten von Hepatitis in den Vereinigten Staaten in den fünfziger Jahren scheint auf eine Infektion zurückzugehen. Alle inzwischen dort und in anderen Ländern durchgeführten eingehenden Untersuchungen haben ergeben, daß die Rückstände an chlororganischen Insektiziden, die sich im menschlichen Gewebe anlagern, bisher ohne erkennbaren Einfluß auf die Gesundheit des Menschen geblieben sind. Eine in den Vereinigten Staaten unter Leitung von Emil M. Mrak arbeitende Sonderkommission, die ihren Abschlußbericht im Dezember 1969 erstattete, fand keinerlei Hinweise dafür, daß das Vorhandensein von Pestiziden in der Umwelt den Menschen tatsächlich schädigt. Besonders in der Landwirtschaft kommt es durch hohe Dosen dieser Wirkstoffe zu tödlichen Vergiftungen. Aber die Kommission führte aus: »Abgesehen von den Fällen akuter Vergiftung läßt sich als einzige Langzeitwirkung, die eindeutig auf die längere Einwirkung von chlororganischen Pestiziden zurückzuführen ist, die Anlagerung im Gewebe anführen. Bisher ist kein Kausalzusammenhang zwischen diesen Werten und einer Erkrankung festgestellt worden.« Dieselbe Schlußfolgerung wurde im September 1971 wiederholt, als die amerikanische Nationale Akademie der Wissenschaften einen Sonderausschuß berief, der die Umweltschutzbehörde beraten sollte; dieser Sonderausschuß kam zu dem Schluß: »Untersuchungen über die chronische Toxizität von DDT haben keinen Hinweis darauf ergeben, daß dieses Insektizid für den Menschen nicht sicher ist, wenn man es unter Beachtung der üblichen Anwendungsvorschriften benutzt.«

Können die im Fettgewebe des Menschen gespeicherten DDT-Rückstände nicht vielleicht Krebs hervorrufen? In *Der stumme Frühling* beschreibt Rachel Carson »eine der eindrucksvollsten Theorien über die Krebsentstehung«, die auf den deutschen Chemiker Warburg zurückgeht. Warburg vertritt die Ansicht, Krebs entstehe am häufigsten aufgrund von Störungen der normalen Zellerneuerung oder der Energieerzeugung in der Zelle. Eine Zelle, deren normaler Erneuerungsprozeß unterbrochen ist, kann dies, nach seiner Theorie, zwar gelegentlich mit anderen Mitteln der Energieerzeugung ausgleichen, aber das ist dann charakteristisch für Krebszellen. Rachel Carson führt aus, daß »nach Warburgs Maßstäben die meisten Pestizide dem Kriterium des perfekten Krebserregers nur allzugut

entsprechen«. Die Autorin und Warburg haben nun leider das Pech gehabt, daß diese Krebstheorie, die Anfang der sechziger Jahre häufig diskutiert wurde, mittlerweile unmodern geworden ist.
Aber kommen wir zur Sache. Es gibt keine experimentellen Beweise dafür, daß DDT und die daraus entwickelten Pestizide bei Labortieren Krebs erzeugen. 1969 erschien der Bericht einer komplizierten Untersuchung über die Auswirkungen der Verfütterung verschiedener chemischer Wirkstoffe einschließlich DDT an zwei verschiedene Mäusestämme; die Studie war vom Nationalen Krebsforschungsinstitut in den Vereinigten Staaten bei der Firma Bionetics Laboratory Inc. in Auftrag gegeben worden. Sie zeigte, daß diese Mäuse eine Tendenz zur Bildung der sogenannten Hepatome, einer Art Lebertumor, aufweisen. Dieses Ergebnis ist inzwischen auch anhand einer Versuchsreihe mit Labormäusen bestätigt worden, die von der Internationalen Krebsforschungsorganisation angeregt worden war. Dabei hat sich gezeigt, daß etwa die Hälfte der Mäusepopulation Hepatome entwickelte, wenn man den Tieren zwei Jahre lang ein Futter mit etwa der tausendfachen DDT-Konzentration verabreichte, die in normaler menschlicher Nahrung vorhanden ist. Allerdings darf man nun die Hepatome nicht als Indiz dafür betrachten, daß DDT selbst bei den in den Versuchen verwendeten Mäusen Krebs erregt.
In den Vereinigten Staaten ist jeder Wirkstoff, der bei Labortieren Krebs hervorruft, gesetzlich verboten, ohne Rücksicht darauf, wie unrealistisch diese Laborversuche auch sein mögen. Allerdings ist die Annahme, DDT erzeuge Krebs, weder bei Tieren noch beim Menschen gerechtfertigt. Natürlich besteht immer die geringe Möglichkeit, daß noch höhere DDT-Dosen über längere Zeiträume hinweg zu Krebswucherungen führen, aber unter den meisten Gegebenheiten darf man Rachel Carsons Haltung doch wohl unverantwortlich nennen, wenn sie ihre Leser mit Andeutungen von gräßlichen Konsequenzen schreckt, die unbewiesen sind.
Was hat es mit der Langzeitverwendung von DDT und den übrigen Pestiziden auf sich? Für die menschliche Gesundheit besteht hier kaum Grund zur Besorgnis. Der Beratende DDT-Ausschuß in den Vereinigten Staaten ist der Ansicht, es dauere noch einige Jahre, bis die Pestizidkonzentration im Boden so weit abgesunken sei, daß sich die Pestizidmengen in Nahrungsmitteln deutlich verringerten. Im selben Versuch ist allerdings ermittelt worden, daß schon mäßige Verwendung diese Konzentration erheblich steigert. Natürlich könnte man diesen Rechnungen mehr vertrauen, wenn man wüßte, wie sich DDT und ähnliche Pestizide verbreiten. Die Entdeckung, daß Pinguine und andere Vögel in der Antarktis ganz geringe DDT-Konzentrationen im Körperfett aufweisen – etwa ein Hundertstel der Konzentration bei Seevögeln in der Nähe der nordamerikanischen Küste –, ist gelegentlich als Indiz dafür betrachtet worden, daß sich DDT mittlerweile in der ganzen Umwelt verbreitet hat. Man kann das

Argument aber auch umkehren und damit beweisen, wie langsam Pestizide von den Stellen, an denen sie besonders reichlich verwendet werden, hauptsächlich Nordamerika, in entfernte Gegenden der Welt gelangen. Wenn nach 20 Jahren intensiver Anwendung Pestizide wie das DDT die Umwelt der antarktischen Vögel nur etwa ein Prozent so stark kontaminiert haben wie die Gegend um die amerikanischen Küsten, können sie sich doch nicht so schnell ausbreiten, wie gern behauptet wird.

Wie schwer sich der Verbleib von Pestiziden im Meer beurteilen läßt, geht sehr deutlich aus dem Bericht einer Kommission unter der Leitung von Edward D. Goldberg hervor, der im Juli 1971 von der amerikanischen Nationalen Akademie der Wissenschaften veröffentlicht wurde. Hier heißt es: »Die Weltmeere bilden das letzte Sammelbecken der beständigen Chlorkohlenwasserstoffe. Bis zu 25 Prozent der bisher erzeugten DDT-Verbindungen sind wahrscheinlich im Meer gelandet.«

Leider stützt sich diese Annahme auf eine sehr unsichere Grundlage, denn sie beruht hauptsächlich auf Messungen des DDT-Gehalts von Regenwasser, die von August 1966 bis Juli 1967 in England durchgeführt wurden. Im Durchschnitt enthielten diese Regenwasserproben 80 Teile DDT pro Billion Teile Wasser. Goldbergs Ausschuß schloß daraus, daß genau dieselbe DDT-Konzentration in dem Regen festzustellen sein müsse, der Jahr für Jahr auf alle Weltmeere fällt, also in insgesamt 300 Billionen Kubikmeter Regen. Durch einfache Hochrechnungen gelangte man so zu dem Schluß, das Regenwasser spüle jedes Jahr 24000 Tonnen DDT in die Weltmeere. Diese Schlußfolgerung übersieht, daß sich die DDT-Konzentration im Regenwasser je nach dem Ort grundlegend ändern kann. Messungen in Florida haben so hohe Konzentrationen ergeben, daß bei Benutzung dieser Ergebnisse als Grundlage für dieselbe Rechnung daraus zu schließen wäre, die insgesamt auf diesem Weg in die Weltmeere gelangte DDT-Menge übersteige die jährliche Produktion – sicherlich ein unsinniges Ergebnis. Auf keinen Fall kann die DDT-Menge in dem auf die Weltmeere niedergehenden Regenwasser durch Messungen über dem Land genau erfaßt werden, denn durch Niederschläge werden auf dem Land zwangsläufig Pestizide aus der Atmosphäre ausgespült, die selbst schon mit Bodenpartikeln oder sogar Insekten kontaminiert ist. Der Schluß, ein Viertel der bisher erzeugten DDT-Menge ruhe jetzt in den Weltmeeren, ist also sinnlos.

Die Grundlage zu dieser merkwürdigen Rechnung wurde bereits im August 1970 in einem Bericht widerlegt, der bewies, daß DDT und die davon abgeleiteten Pestizide auf jeden Fall im Meerwasser unbeständig sind. Ein Forscherteam im Gulf Breeze Laboratory des amerikanischen Innenministeriums konnte nachweisen, daß DDT ziemlich schnell (in knapp drei Wochen) in sein Abbauprodukt DDE umgewandelt und daß dann DDE noch weiter abgebaut wird, so daß nach weiteren 20 Tagen nur noch fünf Prozent davon vorhanden sind. Auf die Pestizide insgesamt umgerechnet, bleiben so nach 40 Tagen nur sieben Prozent erhalten. Daraus darf man wohl schließen, daß die Pestizide, selbst wenn sie schließlich in den Weltmeeren enden, dort sehr bald in unschädliche Chemikalien verwandelt werden.

Seltsamerweise zeigen diese Berechnungen besonders eindrucksvoll, wie wenig man heute weiß, was mit den Pestiziden in der Umwelt geschieht. Der Goldberg-Ausschuß hat in seinem Bericht 1971 zu Recht systematischere DDT-Messungen im Meer angeregt, damit eine sicherere Grundlage für Berechnungen gegeben ist, wie sie der Ausschuß angestellt hat. Bis dahin ist es jedoch noch ein weiter Weg. Zur Zeit steht außer Zweifel, daß DDT und ähnliche Pestizide auf Lebewesen besonders nachhaltig in der Umgebung der Orte einwirken, an denen sie in großem Umfang verwendet werden, also in den Vereinigten Staaten, aber auch Westeuropa. Zwangsläufig leiden bestimmte Meerestiere am stärksten unter der Verwendung von Pestiziden; das gilt aber auch für Seevögel, die sich von Fischen ernähren, und Raubvögel, die von kleinen Landtieren leben. Wollte man zwischen den Vorteilen und Nachteilen der weiteren Anwendung von Pestiziden abwägen, dann wäre das Wohlergehen dieser Geschöpfe die einzige stichhaltige Überlegung, die für eine Einstellung spräche.

Diese Tiere sind gefährdet, weil sie das in ihrer Nahrung enthaltene DDT konzentrieren. Das gilt besonders für Seevögel, denn Fisch, der ihre Nahrung bildet, enthält viel Fett, das wie beim Menschen als Lösungsmittel für das DDT wirkt.

In Laborversuchen ist nachgewiesen worden, daß bestimmte Garnelen- und Krabbenarten eingehen können, wenn man sie in Wasser aussetzt, das weniger als ein Teil pro Milliarde Teile DDT enthält. Einige amerikanische Flüsse, die im Golf von Mexiko münden, sind schon so stark vergiftet. Deshalb wird der sinkende Ertrag der Garnelenfischerei im Golf von Mexiko in den letzten Jahren oft auf DDT zurückgeführt, obwohl auch andere Belastungen daran schuld sein können. Das mag auch für Austern gelten. Allerdings ist ein direkter Einfluß der Pestizide auf die Austernfischerei bisher nicht nachgewiesen. Daß die unvermittelte Abnahme der Seeforellenfischerei in der Madre-Lagune vor der Küste von Texas auf Pestizide zurückgeht, ist schon eher anzunehmen. Im Labor entwickelten sich mitunter Forelleneier, die einige ppm DDT enthielten, nicht zu Ende. In weniger stark belasteten Flußmündungen etwa 150 Kilometer weiter weg existieren ganz normale Bestände an Seeforellen. Man muß also die Anwendung von Pestiziden genau überwachen, damit einzelne Flußmündungen oder Lagunen nicht zu stark mit Schadstoffen belastet werden.

Bei Vögeln zeigt sich die Verseuchung mit DDT vor allen Dingen daran,

daß die Eier anomal dünne Schalen haben. Welche Schäden hieraus erwachsen können, war 1969 an der Küste von Südkalifornien sehr genau zu beobachten, als die Brutperiode der braunen Pelikane praktisch ausfiel. Mittlerweile dürften gerade diese Brutstätten sehr stark gefährdet sein. Die Verdünnung der Eierschale war auch bei verschiedenen Raubvogelarten zu beobachten, bei den Kormoranen und Adlern, aber in keinem Fall ist eine Brutkolonie so sehr in Mitleidenschaft gezogen worden wie die der braunen kalifornischen Pelikane. Die Pestizideinwirkung auf die Schalendicke läßt zwar weniger Vögel ausschlüpfen, aber je weniger Jungvögel es gibt, um so größer ist der Anteil derer, die aufwachsen. Soweit es sich bisher überblicken läßt, konzentriert sich der Einfluß der Pestizide bei den empfindlicheren Arten wahrscheinlich doch auf die Gegenden, in denen DDT zu reichlich gespritzt wurde. Der Bestand bestimmter Arten ist sicher noch nicht gefährdet, obwohl die Pestizide unstreitig die Existenz einiger Vogelarten bedroht haben.
Wie soll man zwischen den Vorteilen und Nachteilen der Pestizide abwägen? Soweit die unmäßige Anwendung dieser Wirkstoffe in den Vereinigten Staaten und in Schweden den Tierbestand, der von kommerziellem wie ästhetischem Wert ist, geschädigt oder gefährdet hat, besteht Grund zur Mäßigung. Aber selbst in den Vereinigten Staaten dürfte die ordnungsgemäß überwachte und gelenkte vorsichtige Anwendung von Pestiziden die Ertragskraft der Landwirtschaft noch steigern, ohne wichtige Arten wildlebender Tiere zu gefährden. In anderen Teilen der Welt, in denen Traktoren und sonstige die Leistung der Landwirtschaft verbessernde Hilfsgeräte noch nicht in großem Umfang eingesetzt werden, können Pestizide ganz erheblich zur Nahrungsmittelerzeugung beitragen, und es ist sehr zu hoffen, daß DDT noch stärker verwendet wird.
Norman E. Borlaug, dem 1970 der Friedensnobelpreis für seine Arbeiten über die Entwicklung von Weizensorten verliehen wurde, die zur Grünen Revolution führten, plädierte im Oktober 1971 vor einem Kongreßausschuß in den Vereinigten Staaten sehr beredt für dasselbe Ziel. »Die Umweltschützer«, so führte er aus, »suchen eine Patentlösung für viele sehr komplizierte Fragen. Die Verschmutzung der Umwelt ist das Ergebnis menschlichen Tuns ebenso wie einiger Launen der Natur. Es wäre ein tragischer Fehler, wenn man die in der Landwirtschaft verwendeten Chemikalien für eine der Hauptursachen der Verschlechterung unserer Umwelt hielte. Das pauschale Verbot von Pestiziden wie DDT ist ein Hasardspiel, das wir noch bedauern werden . . . Ich konzentriere meine ganze Kraft darauf, bessere Möglichkeiten zur Ernährung der hungernden Weltbevölkerung zu finden. Ohne DDT und andere wichtige landwirtschaftliche Chemikalien sind unsere Ziele einfach nicht zu erreichen. DDT hat vielleicht mehr als alles andere auf der Welt dazu beigetragen, menschliche Not zu lindern.«

Natürlich kann man gegenüber DDT und den in der Landwirtschaft verwendeten Chemikalien oder anderen chemischen Wirkstoffen, die in der Praxis vielleicht nützliche Aufgaben erfüllen, keinen so simplen und einheitlichen Standpunkt einnehmen, wie ihn Rachel Carson und der extreme Flügel der Umweltschützer, der ihr anhängt, proklamieren. Der drohende ökologische Zusammenbruch ist hypothetisch und liegt auf jeden Fall in weiter Ferne. Der praktische Nutzen ist real und entsteht augenblicklich. Die Entscheidung fällt nicht zwischen der uneingeschränkten Nutzung eines neuen technologischen Hilfsmittels und absolutem Verzicht. Man muß vielmehr Mittel und Wege finden, den Nutzen mit einem Aufwand zu erzielen, der für alle Betroffenen akzeptabel ist. Es wird nicht einfach sein, die Vorteile, die der Landwirtschaft aus der hemmungslosen Verwendung von Pestiziden erwachsen, gegenüber den Nachteilen abzuwägen, die der Fischereiindustrie von verschmutzten Flußmündungen entstehen. Dabei ist noch gar nicht berücksichtigt, was die Gesundheit von Tieren wie den weißköpfigen Adlern dem amerikanischen Bürger wert ist. Gibt man sich mit der Feststellung zufrieden, DDT und andere Pestizide seien von Natur aus schlecht und möglicherweise unheilbringend, so begeht man nicht nur ein Verbrechen wider die Vernunft, sondern auch einen Akt geistiger Feigheit.

Beklemmend ist die Vorstellung, das Klima auf der Erde könne sich durch menschliche Einflüsse vielleicht bleibend verändern, der Staub aus Fabriken in der Stratosphäre anlagern und dort einen großen Teil der Sonnenenergie von der Erdoberfläche fernhalten, so daß die Temperatur sinken würde. Eine andere Kette von Ereignissen hätte genau den gegenteiligen Effekt: Das beim Verfeuern von Brennstoff entstehende Kohlendioxid könnte in die Atmosphäre gelangen und dadurch verhindern, daß Wärme von der Erdoberfläche abgestrahlt wird. Dadurch würde die Temperatur steigen, und es käme zum sogenannten Treibhauseffekt. Es gibt auch noch andere Hypothesen dieser Art; eine der neuesten (und dürftigsten) besagt, daß die in den oberen Schichten der Atmosphäre fliegenden Überschallflugzeuge Stickstoffoxide ausstoßen, die ihrerseits mit dem Ozon reagieren, das normalerweise in der Stratosphäre als Abschirmung wirkt und das ultraviolette Licht von der Erdoberfläche fernhält. Nach dieser Theorie würde mehr ultraviolettes Licht die Erdoberfläche erreichen, so daß mehr Menschen Hautkrebs bekämen, sobald größere Flotten von Überschallflugzeugen in Dienst gestellt werden.

Über die Wahrscheinlichkeit solcher Entwicklungen lassen sich nur sehr schwer fundierte Schätzungen anstellen. Zum einen weiß man nichts über die Reaktion der oberen Schichten unserer Atmosphäre mit dem Sonnenlicht oder über das Vorhandensein von Fremdstoffen. Auch der Einfluß der oberen Atmosphäre auf das Klima auf der Erdoberfläche ist kaum bekannt. Das liegt natürlich daran, daß erst in den letzten Jahren mit der

Entwicklung von Instrumenten, die mit Raketen, Ballons oder in großer Höhe fliegenden Flugzeugen transportiert werden können, die Vorgänge in der Stratosphäre besser erforscht werden konnten. Auch die Theoretiker haben große Schwierigkeiten, wie sich sehr deutlich daran zeigt, daß bisher niemand weiß, warum Eiszeiten kommen und gehen. Man darf nicht vergessen, daß das Eis erst vor 10000 Jahren zum letztenmal aus mittleren Breiten zurückgewichen ist und sich das Klima heute wahrscheinlich nicht von dem unterscheidet, das in den drei oder vier Zwischeneiszeiten vor Millionen Jahren auf der Erdoberfläche geherrscht hat. Unsere Gegenwart ist vielleicht wirklich nur eine Zwischeneiszeit. Die klimatischen Folgen der Verschmutzung, wie sie auch aussehen, sollte man unter diesem Gesichtspunkt betrachten.

Bei der Kontamination der oberen Schichten der Atmosphäre durch Staubteilchen muß man die Auswirkungen von künstlichem Staub mit den Auswirkungen des bei Vulkanausbrüchen ausgeschleuderten Staubes vergleichen. In den letzten Jahren hat der in der Stratosphäre, 9000 Meter oder mehr über der Erdoberfläche, angelagerte Staub Chemikalien enthalten, die nur aus der Verunreinigung der Atmosphäre an der Erdoberfläche herrühren können. Die Verschmutzung hat sich also doch ausgewirkt. Man weiß aber auch, daß beim Ausbruch eines einzigen großen Vulkans auf einen Schlag viel größere Staubmengen in die Stratosphäre geschleudert werden können. Eine solche Explosion ereignete sich 1883, und der Ausbruch des Vulkans Krakatau hat die Temperatur auf der Erdoberfläche in den darauffolgenden zehn Jahren ganz geringfügig absinken lassen. Aus neuerer Zeit, aus dem Jahr 1963, weiß man, daß der Ausbruch des Agung (auf der Insel Bali) mehr Staub in die obere atmosphärische Schicht gebracht hat, als vorher dort vorhanden war. Außerdem erhöhte sich die Temperatur in der oberen Atmosphäre prompt um sechs bis acht Grad Celsius. Das beweist, daß zusätzliche Sonnenenergie in der Atmosphäre absorbiert wurde und infolgedessen weniger Energie auf die Erdoberfläche dringen konnte. Die Auswirkungen des Agung-Ausbruchs waren noch Ende der sechziger Jahre zu bemerken, als die Temperaturen in der oberen Atmosphäre immer noch weit über dem Durchschnitt lagen. Bisher ist es jedoch nicht möglich gewesen, den Einfluß dieses Ausbruchs auf das Klima in der Nähe der Erdoberfläche von allen anderen Ursachen der Klimaveränderungen zu trennen.

Unter diesen Umständen läßt sich nur schwer beurteilen, welche Bedeutung den Messungen zukommt, die zeigen, daß seit den dreißiger Jahren die Menge des die Erdoberfläche erreichenden Sonnenlichtes um etwa vier Prozent abgenommen hat. Hat die künstliche Verschmutzung schlimmere Folgen gehabt als der Vulkanstaub? Hat es vielleicht auch Schwankungen in der Abstrahlung der Sonnenenergie gegeben? Und wie kann man die geringere Sonnenenergie, die prozentual schon sehr niedrig ist, zu den vermuteten Klimaveränderungen in Beziehung setzen? Die Meteorologen wissen längst nicht so viel über die hier ablaufenden physikalischen Prozesse, daß sie das Ergebnis vorausschätzen könnten. Deshalb sind straffer organisierte Programme der Erforschung des atmosphärischen Staubes nötig. Daß ein einziger natürlicher Vulkan so viel Staub in die Atmosphäre schleudern kann wie alle Fabriken zusammengenommen in vielen Jahren, sollte uns die Furcht vor der Katastrophe nehmen.

Ob die Kohlendioxidanreicherung in der oberen Atmosphäre klimatische Folgen haben kann, ist ebenfalls ungeklärt. Unstreitig ist der Kohlendioxidanteil der Atmosphäre in den letzten Jahrzehnten ständig gestiegen. Das kann sehr wohl von der Verbrennung fossiler Brennstoffe herrühren. Ein solcher Zusammenhang wurde zum erstenmal Ende des 19. Jahrhunderts vermutet, aber die Befürchtung, diese Schwankungen könnten das Klima beeinflussen, ist vor allem neueren Datums und besonders nach der Entnahme von Proben aus der Stratosphäre geäußert worden.

Der durchschnittliche Kohlendioxidgehalt der Atmosphäre liegt bei etwa drei Teilen pro 10000 Teile; dieser Anteil wächst jährlich um ein fünftel Prozent. Außerdem schwankt die Kohlendioxidkonzentration in der unteren Atmosphäre in Abhängigkeit von den Jahreszeiten sehr stark; sie kann im Frühling und Frühsommer zwei Prozent über den Werten im Herbst und im frühen Winter liegen. Kohlendioxid sammelt sich etwa in dem Maß, vielleicht etwas langsamer, in dem es durch Verbrennung erzeugt wird. Rund die Hälfte des so gebildeten Kohlendioxids scheint in der Atmosphäre zu bleiben. Der Rest wird in den Weltmeeren absorbiert. Diese Gasansammlung ist also nicht irreversibel.

Und doch könnte diese Tendenz bis Ende des Jahrhunderts zu einer beträchtlichen Änderung der Kohlendioxidkonzentration führen. Nach einer Schätzung werden bis zum Jahr 2000 dreimal soviel fossile Brennstoffe verfeuert wie 1970. Von 1970 bis 2000 werden etwa 831 Milliarden Tonnen Kohlendioxid aus Industrieanlagen in die Stratosphäre eingeleitet. Nimmt man an, daß die Hälfte dieser zusätzlichen Menge in der Atmosphäre bleibt, dann erhöht sich dadurch der Kohlendioxidanteil um fast 15 Prozent. Nach dieser Rechnung wird die Temperatur auf der Erdoberfläche um etwa einen halben Grad Celsius steigen. Wenn man in Betracht zieht, daß die jährlichen Temperaturschwankungen im allgemeinen höchstens ein zehntel Grad Celsius betragen, könnte eine derartige Änderung offensichtlich Folgen haben.

Wie groß ist diese Wahrscheinlichkeit? Die bisher angestellten Berechnungen beziehen sich naturgemäß auf die schlimmsten Fälle. Der Verbrauch an fossilen Brennstoffen muß durchaus nicht so schnell zunehmen, wie in den Berechnungen angenommen wird, vor allen Dingen, weil die Kernenergie in der Brennstoffwirtschaft aller Länder von den achtziger Jahren an eine schnell wachsende Bedeutung erlangt, aber vielleicht auch deshalb, weil der Energiebedarf weniger rasch wächst, als man bisher allgemein vermutet hat. Es gibt auch natürliche Mechanismen, die Kohlendioxid aus der Atmosphäre auswaschen.

In einer Welt ohne Industrie würde Kohlendioxid aufgrund der Vulkantätigkeit und der Verwitterung des Oberflächengesteins in die Atmosphäre gelangen und vom Meer und den Pflanzen wieder aus der Atmosphäre entfernt werden. Wenn die Konzentration dieses Gases erheblich über den heutigen Wert ansteigt, wird sich wahrscheinlich ein höherer Prozentsatz im Meer lösen und dort schließlich entweder in die Schalen von Seetieren umgewandelt, die später versteinern oder zu Kalk werden, oder unmittelbar in Ablagerungen auf dem Meeresboden eingehen. Befindet sich jedoch mehr Kohlendioxid in der Atmosphäre, so wird es auch in größeren Mengen im Gewebe lebender Pflanzen gespeichert. Nach heutigen Schätzungen verbraucht das Wachstum der Grünpflanzen jedes Jahr von Frühling bis Herbst in der nördlichen Hemisphäre etwa 70 Milliarden Tonnen Kohlendioxid. Durch eine Temperaturerhöhung würde das pflanzliche Leben wahrscheinlich so angeregt werden, daß es das Klima mit gegen die zusätzlichen Kohlendioxidmengen puffern könnte. Das würde sogar zur Entstehung von Plankton im Meer und damit zur Erzeugung von Nahrungsmitteln aus dem Ozean beitragen.

Die beobachteten Änderungen sind aber nur geringfügig und keinesfalls irreversibel. Außerdem hat sich bei Naturereignissen wie Vulkanausbrüchen ganz deutlich gezeigt, daß die Klimaänderungen, die derartige Phänomene hervorrufen können, begrenzt sind. Sollte unsere Industrie tatsächlich ein solches Ausmaß erreichen, daß die Konzentration von Kohlendioxid das Klima zu verändern drohte, ließe sich die Konzentration dieses Gases nach demselben System regeln. Ein derartiger Eingriff erforderte natürlich teure und einschneidende Änderungen in der gewohnten Arbeitsweise unserer Industrie, aber die Katastrophe ließe sich damit aufhalten. Bevor solche drastischen Eingriffe erwogen werden, sollte man allerdings die Erforschung der Atmosphäre intensivieren.

Die Ansicht, Überschallflugzeuge könnten Hautkrebs auslösen, ist geradezu ein klassisches Beispiel dafür, wie eine ganz abseitige und unwahrscheinliche Hypothese als unmittelbare Bedrohung empfunden werden kann. Daß Überschallflugzeuge das Klima der Welt beeinflussen könnten, wurde zum erstenmal geäußert, als das erste Überschallflugzeug in Höhen über 9000 Meter vorstieß. Die ursprüngliche Befürchtung, Überschallflugzeuge würden Zirruswolken oder sogar Rußteilchen wie einen Schweif hinter sich herziehen, ist mittlerweile als bloße Bangemacherei entlarvt worden. Daß aber auch noch weniger leicht zu erkennende Effekte eine Rolle spielen, wurde im März 1971 von James D. McDonald von der Universität Arizona in Tucson behauptet. McDonald meinte, der durch die Überschallflugzeuge erzeugte Wasserdampf würde chemisch mit dem

Ozon in der Stratosphäre so reagieren, daß dadurch die Ozonmenge verringert und die Menge an ultraviolettem Licht vergrößert werden würde, das auf die Erdoberfläche dringt. Dadurch entsteht nach seiner Meinung so etwas wie eine zusätzliche Bestrahlungsdosis durch die potentiell schädlichen ultravioletten Strahlen der Sonne, die ja bei besonders hartnäckigen Sonnenanbetern schon zu Hautkrebs geführt haben sollen.

Diese Rechnung enthält einige Unbekannte. McDonald mußte davon ausgehen, daß eine Flotte von 500 Überschallflugzeugen in Betrieb ist, von denen jedes vier lange Flüge pro Tag durchführt. Seine weiteren Annahmen bezogen sich auf den Wirkungsgrad, mit dem die Abgase das natürliche Ozon neutralisieren, auf die Geschwindigkeit, mit der Ozon durch das Sonnenlicht auf natürliche Weise neu gebildet wird, und den Umfang, in dem eine Verringerung des in der Stratosphäre enthaltenen Ozons den Anteil des durchdringenden ultravioletten Lichts erhöht. Schließlich stellte er ohne sonderlich zahlreiche Beweise Hypothesen darüber auf, in welchem Ausmaß ultravioletes Licht Hautkrebs hervorrufen kann. Nach seiner Rechnung sind es im Jahr allein in den Vereinigten Staaten zwischen 7000 und 40000 zusätzliche Fälle von Hautkrebs.

McDonalds Schlußfolgerungen wurden in zweierlei Hinsicht schnell widerlegt: Wasserdampf wirkt auf Ozon viel weniger zerstörend, als McDonald angenommen hatte, und die Beziehung zwischen ultraviolettem Licht und Krebs ist viel weniger ausgeprägt, als er vermutete. Es wird viel mehr Wasserdampf durch normale Wettervorgänge in die Stratosphäre befördert, als Überschallflugzeuge dort je hinterlassen könnten. Seine weit hergeholte Theorie, die er bei einer öffentlichen Anhörung vor dem Bewilligungsausschuß des amerikanischen Repräsentantenhauses im März 1971 darlegte, wurde mit dem Hinweis abgetan, die vorhergesagten schlimmen Auswirkungen seien schon zu vermeiden, wenn jeder Mensch nur einen Tag im Leben einen Hut oder einen Sonnenschirm trüge.

Im August 1971 äußerte sich Harold Johnston von der Universität von Kalifornien in Berkeley folgendermaßen: »Selbst wenn man den Einfluß von Wasserdampf auf die Stratosphäre außer acht läßt, könnten die von Überschallflugzeugen zurückgelassenen gasförmigen Stickstoffoxide die Ozonschichten beeinflussen.« Über die komplizierten Abläufe chemischer Vorgänge, die zuerst die Ozonschicht erzeugen und schließlich auch bestimmen, in welcher Weise Fremdstoffe störend in diese Schicht eingreifen können, weiß man bekanntlich noch nicht genug.

Glücklicherweise sind in den letzten Jahren Hilfsmittel zur weiteren Untersuchung der oberen Atmosphäre geschaffen worden. Es gibt jetzt nicht nur Ballons und Raketen, die Instrumente vom Boden bis in die oberen atmosphärischen Schichten tragen können, sondern man kennt mittlerweile auch die Chemie der oberen Atmosphäre, was die dort ablaufenden Prozesse betrifft, so weit, daß man sie genau beschreiben kann. Für die

Praxis heißt das: Falls weitere Untersuchungen tatsächlich zeigen sollten, daß Überschallflugzeuge das Klima an der Erdoberfläche nachhaltig beeinflussen, könnte man einfach den Einsatz von Überschallflugzeugen einschränken. Die Ozonschicht wird ja bekanntlich durch die Sonnenstrahlung ständig neu gebildet. Da die Fluggesellschaften aus eigenem Antrieb ohnehin nicht auf Überschallflugzeuge umstellen, würden sie diese Einschränkung ihrer Freiheit kaum als großes wirtschaftliches Risiko betrachten. Die möglichen Gefahrenquellen, die McDonald und Johnston beschrieben haben, wären noch vor wenigen Jahren nicht einmal zu vermuten gewesen, wenn man nicht die von der wissenschaftlichen Forschung ermittelten Tatsachen über die oberen atmosphärischen Schichten zur Verfügung gehabt hätte.

Angesichts dieser Realitäten überrascht es, daß die Umweltschützer offenbar nur ungern zugeben, daß der Einfluß menschlicher Tätigkeit auf die Stratosphäre eindeutig im Ermessen des Menschen selbst liegt. Commoner meint in seinem Buch *The Closing Circle* zum Einfluß von Überschallflugzeugen auf die Stratosphäre: »Das Weiterbestehen irdischen Lebens hängt von der Ozonschicht in der Stratosphäre ab, einer Schutzeinrichtung, die selbst vom Leben erzeugt wird. Sollte das Ozon in der Stratosphäre abgebaut werden, so geriete das irdische Leben durch ultraviolette Strahlen von der Sonne ernstlich in Gefahr. Leider entsteht diese Bedrohung durch Einwirkung des Menschen. Ein Beispiel hierfür ist das Überschallflugzeug.« Er vergißt dabei allerdings den Hinweis, daß die Realität dieser Bedrohung schon durch verhältnismäßig einfache Beobachtungen zu ermitteln ist. Eine vergleichsweise unkomplizierte Beschränkung des Verkehrs mit Überschallflugzeugen reichte dann aus, die Gefahr wieder zu bannen.

Auf lange Sicht muß natürlich die Industrie auf der Erde in ihrem Umfang eingeschränkt werden, weil sie zuviel Abwärme erzeugt. In den letzten Jahrzehnten ist der Energieverbrauch in allen Ländern der Welt schnell angestiegen. Die Stromerzeugung scheint sich in den meisten Industrieländern etwa alle zehn Jahre zu verdoppeln. Mit dem Energieverbrauch ist jedoch zwangsläufig auch eine Energieverschwendung verbunden: Verbrennungsmotoren laufen heiß, Kraftwerke erzeugen fast doppelt soviel Abwärme wie Energie, die sie als elektrischen Strom abgeben. Man rechnet damit, daß sich die insgesamt erzeugte Abwärme von 1970 bis 2000 etwa verfünffacht. Wenn der Energieverbrauch im nächsten Jahrhundert weiter so zunimmt, beträgt die Abwärme etwa zehn Prozent der von der Sonne empfangenen Energie. Schon lange vorher wird es jedoch in stark industrialisierten Gebieten große Schwierigkeiten geben. Großstädte wie New York und London erzeugen bereits so viel Abwärme, daß das örtliche Klima davon beeinflußt wird; die Durchschnittstemperatur ist über Manhattan zwei Grad Celsius höher als in der Umgebung. Allerdings braucht man daraus noch keine regionale oder globale Katastrophe abzuleiten oder eine unerträgliche Einschränkung der Industrieentwicklung zu befürchten. Eine wirtschaftlichere Nutzung der Energiequellen der Erde wird jedoch unumgänglich sein.

Obwohl die letzten Jahre besonders von der Angst vor einer weltweiten Katastrophe geprägt waren, hat sich die Öffentlichkeit sehr bald mit Lokalproblemen befaßt, die auch viel eher im Entscheidungsbereich der Regierung liegen: Verschmutzung, etwa Wasserverschmutzung oder Verseuchung mit Quecksilber. Wie wir noch sehen werden, heißt das nicht, daß praktische Fragen zur Umweltverschmutzung vernünftig beantwortet worden sind, aber in vielen Fällen sind hartnäckige Probleme so zum erstenmal angesprochen worden.

Quecksilber in der Umwelt machte Schlagzeilen, nicht weil es ein neues Problem war, sondern weil die potentiellen Gefahren erst vor kurzem erkannt wurden. Quecksilber findet sich in sehr geringen Mengen im Gestein der Erdrinde; es kommt mit einer Häufigkeit von rund zehn Pfund bis zehn Tonnen pro Million Tonnen Gestein vor. Weil die meisten quecksilberhaltigen Chemikalien unbeständig sind und Quecksilber selbst verhältnismäßig leicht verdampfen kann, verteilt es sich in kleinen Spuren sehr weit. In der Atmosphäre ist es in großen Mengen vorhanden; in der Nähe der meisten Vorkommen, vor allem bei Erzvorkommen, aus denen Quecksilber abgebaut wird, kann sich in einer Kubikmeile Luft bis zu einem Pfund Quecksilberdampf befinden. An anderen Stellen, besonders in einiger Entfernung von diesen Vorkommen, beträgt die Quecksilbermenge in der Luft vielleicht nur ein Tausendstel davon. Ein Kubikmeter Quellwasser kann bis zu einem zehntausendstel Gramm Quecksilber enthalten, bei verseuchten Wasserversorgungsanlagen viel mehr. Daß Quecksilber eigentlich überall zu finden ist, weiß man erst, seit es neue Methoden der chemischen Analyse gibt, mit denen selbst kleinste Mengen festzustellen sind. Quecksilber kann schon in geringen Mengen für den Menschen schädlich sein, besonders wenn es als flüchtige chemische Verbindung vorliegt, etwa Quecksilbermethyl. Nun kommen Bakterien, die quecksilberhaltige Chemikalien in eine der flüchtigen Formen umwandeln, im Fleisch verfaulender Fische vor, und Quecksilber scheint sich in Fischfleisch besonders leicht zu konzentrieren. Schon ein Milligramm Quecksilber in der täglichen Nahrung, das entspricht im Durchschnitt höchstens 30 Gramm Quecksilber pro Lebenszeit, kann das menschliche Nervensystem nachhaltig schädigen. Deshalb zeigten die Unglücklichen, die im 19. Jahrhundert mit Quecksilberverbindungen bei der Herstellung von Filzhüten zu tun hatten, oft Symptome einer Nervenkrankheit.

Es ist also nicht überraschend, daß die Quecksilberverseuchung in den letzten Jahren Besorgnis erregt hat. Seit dem Zweiten Weltkrieg sind im Nahen Osten häufig Krankheiten ausgebrochen, weil mit Quecksilberverbindungen behandeltes Saatgut entweder direkt als menschliche Nahrung oder als Futter für Tiere diente, die dann später ebenfalls vom Menschen verzehrt wurden. 1969 erblindeten drei Kinder einer Familie in New Mexico und zeigten auch alle übrigen Symptome einer Quecksilbervergiftung, nachdem ihr Vater seine Schweine mit dem Kehricht vom Boden eines Getreidespeichers gefüttert hatte und das Fleisch eines der Schweine von der Familie gegessen worden war. Der bekannteste schwere Unfall mit Quecksilber ereignete sich in den fünfziger Jahren; damals starben 41 Menschen in der Gegend des Minamataflusses in Japan; man hatte die Abwässer einer chemischen Fabrik in den Fluß geleitet. In diesem Fall war das Quecksilber über Fische in den menschlichen Körper gelangt.

Warum sind wir nicht alle gefährdet, wenn Quecksilber schon in so geringen Mengen schädlich wirken kann? Seit es möglich ist, Quecksilber mit einiger Genauigkeit zu messen, kann man auch feststellen, wieviel Quecksilber im allgemeinen in der menschlichen Nahrung enthalten ist. In England enthielt 1971 die Nahrung im Durchschnitt weniger als ein zehnmillionstel Gramm Quecksilber, also knapp ein Prozent der Menge, die wahrscheinlich schädlich wirkt, und weniger als ein Zehntel der üblicherweise geltenden Sicherheitsgrenze. In Schweden, wo seit 50 Jahren Getreidesaat mit Quecksilberverbindungen gegen Schädlingsbefall behandelt wird, erkennt man jetzt, daß dadurch ständig Quecksilber in der Umwelt angereichert wurde. Das ist besonders deutlich an der Quecksilberkonzentration im Gefieder von Hühnerhabichten (einige davon stammten aus Museen) zu erkennen, die sich zwischen 1915 und 1965 verzehnfacht hat. Die chemische Analyse zeigt jetzt, daß die Nahrung der skandinavischen Bevölkerung, die ja hauptsächlich aus Fisch besteht, die Hälfte der als ungefährlich geltenden Quecksilbermenge und ein Zwanzigstel der Menge enthalten kann, von der man weiß, daß sie nachhaltig schädigt. Die Verwendung von Quecksilber zur Behandlung von Saatgut ist natürlich inzwischen eingestellt worden.

Hieraus ergibt sich zwingend, daß die Verwendung derart gefährlicher Chemikalien sorgfältig überwacht werden muß. Soweit es sich übersehen läßt, dürfte durch die kleinen Quecksilbermengen, die wahrscheinlich in der gesamten Umwelt vorhanden sind, bisher kein Schaden angerichtet worden sein. Aber wie kann man sichergehen? Das natürliche Vorkommen von Quecksilber in der Atmosphäre und den Weltmeeren bedeutet, daß der Mensch heute und auch früher immer einer gewissen Menge dieser Substanz ausgesetzt gewesen ist. Folglich muß er Quecksilber in kleinen Mengen vertragen. Damit wird die Quecksilberbelastung zu einem speziellen Problem der öffentlichen Gesundheit oder sogar der Berufsgesundheit.

Es ist wirklich bestürzend, wie unbedenklich Quecksilber bis vor kurzem in der Industrie, etwa bei der Chlorherstellung, verwendet worden ist. Die für die öffentliche Gesundheit zuständigen Behörden müssen deshalb ihre Überwachungsmaßnahmen erheblich verfeinern. Sie haben heute Verfahren zur Verfügung, mit denen sie diese verschärften Grenzen leicht einhalten können. Deshalb wird es wohl in Zukunft in der Arbeitswelt des Menschen weniger Quecksilber geben als früher.

Leider hat man in den letzten Jahren diese bescheidene Lektion nicht immer begriffen. Weil er offenbar entschlossen war, die Umwelt für im Kern vergiftet zu halten, scheint E. J. Sternglass von der Universität Pittsburgh Ende der sechziger Jahre mit seiner Behauptung Gehör gefunden zu haben, aufgrund von Kernwaffenversuchen seien in den Vereinigten Staaten etwa 400000 Kinder im Säuglingsalter gestorben. Es dauerte zwei Jahre, bis die zweifelhafte Grundlage der Sternglassschen Statistik in ihrer vollen Bedeutung erkannt war: als fast bewußte Unterschlagung des wichtigen Unterschieds zwischen kleinen Mengen von Umweltgiften, deren schädliche Wirkung man kennt, und den noch kleineren Mengen, von deren Existenz in der Umwelt man weiß.

1970 erklärten Gofman und Tamplin, daß die als radioaktives Jod und radioaktives Cäsium aus nichtmilitärischen Kernkraftwerken freigesetzten geringen Radioaktivitätsmengen die öffentliche Gesundheit gefährden. Niemand wird bestreiten, daß Strahlung schädlich wirken kann und selbst in geringem Umfang in einer Bevölkerung von entsprechender Größe einigen Schaden hervorrufen kann. Der durch die Mengen, mit denen die Herren Gofman und Tamplin hier operieren, wahrscheinlich hervorgerufene Schaden ist jedoch vernachlässigbar gering im Vergleich zu Schäden aus natürlichen Ursachen, die so gut wie nie aufgedeckt werden.

In den Vereinigten Staaten hat die Öffentlichkeit in den letzten Jahren fast hysterisch auf einige angebliche Schadstoffe reagiert. So entschied 1969 der damalige Minister für Gesundheit, Erziehung und Wohlfahrt, Robert W. Finch, daß die Cyclamate, künstliche Süßstoffe, aufgrund erster Berichte aus dem Bionetics Laboratory Inc. als Lebensmittelzusätze sofort aus dem Handel zu ziehen seien. Das untersuchende Labor war übrigens dieselbe Firma, die seinerzeit die möglicherweise krebserregende Wirkung von DDT erforscht hatte. Da das *Delaney Amendment*, eine Novelle zur amerikanischen Verfassung, derzufolge in den Vereinigten Staaten keine Lebensmittelzusätze verwendet werden dürfen, die nach Verabreichung an Menschen oder Tiere nachweislich Krebs erzeugt haben, Gesetzeskraft hat, blieb der amerikanischen Regierung grundsätzlich kein anderer Ausweg. Aber offenbar waren die Meinungen so geteilt, daß sich der Leiter der amerikanischen Nahrungs- und Arzneimittelprüfstelle, der Food and Drug Administration, Herbert J. Ley, sehr schnell zu der Erklärung durchrang, Cyclamate dürften als Süßstoffe verwendet werden, solange sie als nicht rezeptpflichtige Arzneimittel verkauft würden. Erst als Ley Ende 1969 aus der Food and Drug Administration ausschied, verschwanden die

Cyclamate endgültig aus dem amerikanischen Einzelhandel. Ein Jahr später wurde Charles F. Edwards, der neue Leiter der Prüfstelle, von einem Kongreßausschuß in die Zange genommen und gebeten zu erklären, ob Cyclamate Krebs erzeugen können oder nicht. Wahrscheinlich sind sehr viele immer noch auf dem Markt befindliche Lebensmittel viel gefährlicher als die zur Zeit verbotenen Cyclamate.
1970 kam es in den Vereinigten Staaten zu einer weiteren übereilten Reaktion: Die Verwendung eines 2,4,5-T genannten Herbizids wurde verboten. Man vermutete, das Mittel könnte Mißgeburten verursachen. Diese Beschränkungen wurden durch eine Versuchsreihe ausgelöst, in der man befruchtete Hühnereier mit dem chemischen Mittel behandelt hatte; die ausgeschlüpften Küken wiesen Mißbildungen auf. Dasselbe Herbizid ist übrigens Anfang der sechziger Jahre in weitem Umfang in Vietnam als Entlaubungsmittel verwendet worden, so daß man mit Recht befürchten muß, daß bei dieser Verwendung 2,4,5-T das natürliche Gleichgewicht empfindlich gestört hat.
Nun sind die Versuche, mit denen die Food and Drug Administration nachgewiesen haben will, daß 2,4,5-T Mißbildungen hervorrufen kann, bestenfalls als primitiv zu bezeichnen. Zum einen besteht nur eine sehr vage Analogie zwischen der Art und Weise, in der Chemikalien ausschlüpfende Küken schädigen können, und dem Mechanismus, nach dem dieselben Stoffe zu Mißbildungen bei Neugeborenen führen können. Außerdem überstiegen die in den ersten Versuchen verwendeten Mengen alles, was wohl je auf den Menschen einwirken wird, ausgenommen akute Vergiftungen. Trotz der umfangreichen Vorkehrungen, die kein Geringerer als der wissenschaftliche Berater des Präsidenten, Lee DuBridge, im Oktober 1969 traf, um die Verwendung dieses Herbizids einzuschränken, unterrichtete ein beratender Sonderausschuß unter Leitung von James G. Wilson die Umweltschutzbehörde im August 1971 davon, das Pflanzenschutzmittel »stelle für die menschliche Fortpflanzung keine Gefahr dar«. Solche häßlichen Vorfälle lassen vor allen Dingen die Naturwissenschaft in einem schlechten Licht erscheinen.
Ein besonders niederschmetterndes Beispiel, das die amerikanische Regierung zur Änderung ihrer Ansicht zwang, ist die Entwicklung bei den Detergenzien. Ende der sechziger Jahre gerieten die in den vorhergegangenen beiden Jahrzehnten besonders häufig benutzten synthetischen Waschmittel vor allem deshalb in Verruf, weil sie in Flüssen und Kläranlagen sehr dauerhafte Schaumberge bildeten. Später entwickelten sie sich jedoch wegen ihres Phosphatgehalts zu einer ständigen Quelle des Ärgers. Phosphate sind Pflanzennährstoffe; deshalb tragen sie dazu bei, daß sich Algen in verschmutzten Seen überaus gut verbreiten. Jahrelang standen die Phosphate an erster Stelle auf der Abschußliste der Umweltschützer, und Mitte 1970 lagen in einigen Bundesstaaten Nordamerikas bereits Pläne in

der Schublade, den Verkauf von phosphathaltigen Waschmitteln zu verbieten.

Ein erster Rückschlag war die Entdeckung, daß Nitrilotriessigsäure, die man Anfang 1970 als möglichen Ersatz gepriesen hatte, gesundheitsgefährdend wirkte. Diese Tatsache stand fest, noch ehe das Jahr vergangen war. Aber es wurde noch schlimmer; denn Ende 1971 wußte man, daß die anderen Bestandteile der Ersatzwaschmittel selbst entweder giftig oder schädlich waren. Mittlerweile scheint man schnell und ganz verstohlen zu den Waschmitteln zurückzukehren, die in den sechziger Jahren so lange im Haushalt verwendet worden waren.

In manchen Situationen kann eine Schadstoffbelastung Gesundheit oder Wohlstand so unmittelbar gefährden, daß sie um jeden Preis verhindert werden muß. So sollte etwa gesetzlich verboten werden, Quecksilber in Flüsse und andere begrenzte Gewässer einzuleiten. Im übrigen kommt es trotz aller Aufregung, die es früher und heute wegen der Umweltverschmutzung gegeben hat, für die öffentliche Verwaltung darauf an, wieviel Geld der Steuerzahler für ein gewisses Maß an Umweltverbesserung ausgeben will. Die Vereinigten Staaten scheinen auch deshalb im Zentrum des Umweltwirbels zu stehen, weil früher der amerikanische Steuerzahler so unwillig wie sonst niemand war, wenn es darum ging, Mittel zur Verbesserung der Umwelt zur Verfügung zu stellen. Die amerikanischen Politiker sind vorsichtig, wenn sie beweisen sollen, daß man für die Qualität des Lebens auch bezahlen muß. In den Vereinigten Staaten wird in manchen Kreisen behauptet, die notwendige Verbindung zwischen Nutzen und den dafür aufzuwendenden Kosten sei nur dann herzustellen, wenn die Steuerzahler und ihre gewählten Vertreter für die stetige Verbesserung der Umweltbeschaffenheit einträten und sie nicht nur als Richtlinie für die öffentliche Verwaltung vorschlügen. Das bringt natürlich die Gefahr mit sich, daß dann viele Entscheidungen Fehlentscheidungen sein können.

Die Wasserverschmutzung und die Schädigung des Eriesees sind Beispiele dafür. Inzwischen ist diesem See unverhältnismäßig viel Aufmerksamkeit gewidmet worden. Üblicherweise heißt es, der Eriesee sei tot, aber das ist nicht wahr. Obwohl seit den dreißiger Jahren der jährliche Ertrag an Fischen wie Weißfisch, Hechtbarsch und Starauge ständig gesunken ist, haben sich die häufiger vorkommenden Fischarten wie Flußbarsch, Stint und Karpfen so vermehrt, daß jährlich viele tausend Tonnen aus dem See gefischt werden. Im Eriesee, dem flachsten unter den fünf Großen Seen, ist lediglich der natürliche Alterungsprozeß beschleunigt abgelaufen, in dem jeder Süßwassersee eine Folge genau definierter Stadien durchläuft, bis er als Sumpf endet. Mitunter wird der Eindruck erweckt, als habe irgendein künstlicher Eingriff das empfindliche natürliche Gleichgewicht des Sees so durcheinandergebracht, daß Süßwasser zu verschmutztem Wasser wurde; in Wirklichkeit ist es jedoch genau umgekehrt. Es ist eigentlich erstaunlich, daß ein verhältnismäßig kleines Gewässer wie der Eriesee in der Lage ist, die Abwässer, zum größten Teil ungeklärte Abwässer, einer Bevölkerung von fast 13 Millionen Menschen aufzunehmen und dabei immer noch ein bißchen wie ein offener See zu wirken.

Der Eriesee ist der städtische Müllplatz für Detroit, Cleveland und Toledo. Als 1968 das amerikanische Innenministerium den Fall untersuchte, hätte man insgesamt etwa 200000 Tonnen Sauerstoff gebraucht, um die dem See jedes Jahr zugeführten organischen Abfälle in unschädliche anorganische Stoffe umzuwandeln. Wie auch anderswo auf der Welt, etwa in der Themse, zerstört vor allen Dingen ein derartiger chemischer Angriff auf ein Süßwasserreservoir den Sauerstoff dort, wo er, besonders im Sommer, am nötigsten gebraucht wird.

Im Eriesee enthalten die unteren Wasserschichten in mehr als zwei Dritteln des ganzen Gewässers den Sommer über oft überhaupt keinen Sauerstoff. Dieser Sauerstoffmangel ist jedoch weniger auf die organischen Abfälle, hauptsächlich ungeklärte Abwässer, die in den See eingeleitet werden, zurückzuführen, sondern rührt von den riesigen Algenkolonien her, die wachsen und dann zerfallen. Woher kommen diese Algen? Wenn sie wachsen sollen, brauchen sie Phosphate und Nitrate, und 1968 müssen etwa 60 Tonnen Phosphor in Phosphatform, vorwiegend als Abwässer, täglich in den See gekippt worden sein (in diesem Zusammenhang sind geklärte Abwässer mitunter genauso schädlich wie ungeklärte). Wegen dieser ständigen Zufuhr an Nährstoffen ist der Eriesee nicht ein Trichter, durch den alle möglichen Abfälle ins Meer geleitet werden können, sondern viel eher eine Falle für Substanzen wie Phosphate, die sich Jahr für Jahr dort ansammeln und die Schwierigkeiten dadurch vergrößern.

Es kommt vor allen Dingen darauf an, die Einleitung ungeklärter Abwässer und anderer sauerstoffverbrauchender Stoffe in den See einzuschränken. Gleichzeitig muß etwas geschehen, um die dem See zugeführten Phosphatmengen zu verringern oder sicherzustellen, daß diese Substanzen schneller in den Ontariosee und von dort ins Meer fließen. Keine dieser Alternativen ist undurchführbar; sie liegen durchaus im Rahmen der heutigen technischen Möglichkeiten. Die Frage ist lediglich, wieviel Mittel die Bundesregierung und die Bundesstaatenregierungen für einen See aufbringen wollen, damit er fischreicher wird und in den Sommermonaten nicht stinkt. 1968 schätzte das amerikanische Innenministerium die Gesamtkosten für die Errichtung der erforderlichen Abwasserkläranlagen auf über eine Milliarde Dollar; weitere 300 Millionen Dollar wären erforderlich, um die Industrieabwässer zu klären. Bisher sind Mittel in dieser Größenordnung für den Eriesee auch nicht entfernt aufgewandt worden – vielleicht ein Zeichen für die Sorglosigkeit, mit der die Steuerzahler dem Problem der Reinigung dieses Gewässers gegenüberstehen.

Es wäre falsch, wenn man den Eriesee als das wichtigste Beispiel für Umweltverschmutzung ansähe. In fast jedem Land gibt es Ähnliches. In England war die Themse mehr als zwei Jahrhunderte lang unbeschreiblich verwahrlost. In den siebziger Jahren des letzten Jahrhunderts pflegte man nasse Säcke über die Flußterrasse zu hängen, um das Unterhaus vor dem Gestank des Wassers zu schützen. Noch 1960 wies ein kleiner Nebenfluß der Themse, der Wandle, vor der Mündung in den Hauptstrom eine höhere Schadstoffbelastung auf, als selbst für Fabrikabwässer zulässig war. In den letzten Jahren ist der Zustand des Wassers anhand des Flußlaufes bestimmt worden, in dem im Spätsommer fast kein Sauerstoff mehr enthalten war. Durch genauere Überwachung der in die Themse eingeleiteten Abwässer hat sich diese Länge von über 30 Kilometer auf heute knapp 15 Kilometer reduziert. Der Trent in einem anderen Teil Englands ist bis vor kurzem so stark verschmutzt gewesen, daß sich praktisch keine Fische mehr in ihm halten konnten. Den Rhein hat man als internationale Kloake bezeichnet, aber wohl mit einiger Übertreibung, denn im Gegensatz zum Mündungsbereich der Themse leben im Rhein immer noch Fische. Die Ostsee, in vielem dem Eriesee ähnlich, wird mit zu großen Abwassermengen beschickt. Mit dem Baikalsee in der Sowjetunion sieht es nicht viel besser aus.

Diese Probleme lassen sich nur anhand von Wirtschaftlichkeitsberechnungen lösen. In den Vereinigten Staaten ist mit der Gründung des Rates für Umweltbeschaffenheit 1969 und der Umweltschutzbehörde ein Jahr darauf versucht worden, diese Erkenntnis in die Tat umzusetzen. Ende 1970 waren etwa 70 Prozent der amerikanischen Bevölkerung an irgendein Abwassersystem angeschlossen; also wurden die Abfälle von drei von zehn Leuten auf primitivere Art und Weise beseitigt. In den Vereinigten Staaten muß die Kanalisation in den meisten Städten sowohl häusliche als auch die Straßenabwässer aufnehmen, so daß man bei starken Regenfällen Vorkehrungen zur Umgehung der Kläranlagen treffen muß.

Die Beseitigung dieser Fehlkonstruktion würde aber nach Schätzungen mindestens 48 Milliarden Dollar kosten. Weitere Mittel wären erforderlich, um die jetzigen Kläranlagen auf den neuesten Stand zu bringen. Würden alle diese Verbesserungen durchgeführt, so betrügen die Kosten jährlich 20 bis 22 Dollar pro Person, das sind fast zwei Drittel der amerikanischen Ausgaben für das Bildungswesen. Es ist schon merkwürdig, daß sich die Bevölkerung der Vereinigten Staaten, die in den zwanziger Jahren gerade wegen ihrer hervorragenden sanitären Einrichtungen berühmt war, mit einer derartig primitiven Beseitigung der städtischen Abfälle zufriedengibt. Die hohen Kosten, die die Modernisierung des heutigen Systems erfordert, entstehen natürlich auch deshalb, weil das Land so groß ist. In anderen Ländern wären diese Kosten niedriger.

Auch bei der Luftverschmutzung muß man den Nutzen gegen die Kosten abwägen, allerdings mit einer zusätzlichen Komplikation: Man weiß, daß

Luftverschmutzung für die Gesundheit und das Leben des Menschen schädlich ist. Ein Vergleich der Sterbeziffern in amerikanischen Städten 1960 hat gezeigt, daß eine zehnprozentige Verringerung der Verschmutzung durch Aerosole die Sterbeziffer um über ein halbes Prozent senkt. Auch die Verringerung des Schwefelgehalts in der Luft wirkt sich ähnlich aus. Nach dieser Schätzung würde eine fünfprozentige Senkung der Luftverschmutzung die Lebenserwartung Neugeborener in den Vereinigten Staaten um drei bis fünf Jahre erhöhen. Zweifellos enthalten diese Berechnungen Unsicherheiten, aber es steht außer Zweifel, daß die Luftverschmutzung großen Schaden anrichtet und ungeheure Kosten verursacht. Bei der Entscheidung darüber, wieviel sie für reinere Luft aufwenden wollen, dürfen die Gemeinden deshalb hoffen, daß ihre Aufwendungen auch einen wirtschaftlichen Nutzen mit sich bringen.

Wieviel darf man also für reinere Luft zahlen? Die Industrieabgase, aber auch ganz besonders die Abgase von Kraftfahrzeugen, sind ins Ungeheure angewachsen. 1965 haben die Kraftfahrzeuge in den Vereinigten Staaten 66 Millionen Tonnen Kohlenmonoxid und 16 Millionen Tonnen verschiedener unverbrannter Kohlenwasserstoffe erzeugt. Im selben Jahr haben die Kraftwerke in den Vereinigten Staaten 13 Millionen Tonnen Schwefeldioxid produziert, das ist über die Hälfte des 1965 insgesamt in die Luft über den Vereinigten Staaten abgegebenen Schwefeldioxids. Durch hohe Schornsteine lassen sich Rauch und andere Industrieabgase verteilen, so daß ihre schädlichen Folgen auf ein Mindestmaß beschränkt bleiben und schlimmstenfalls breiter gestreut werden.

Die Abgase aus Verbrennungsmotoren sind besonders in den Großstädten schwieriger in den Griff zu bekommen. Deshalb werden in den Vereinigten Staaten immer schärfere Beschränkungen der Schadstoffemissionen von Kraftwagen festgesetzt. Als 1968 die ersten Bestimmungen erlassen wurden, durften die unverbrannten Kohlenwasserstoffe in den Abgasen neuer Wagen höchstens 275 ppm betragen; das entspricht rund drei Gramm pro Kilometer Fahrstrecke. Bis 1975 muß dieser Wert auf 0,3 Gramm pro Kilometer Fahrstrecke verringert werden. Im selben Zeitraum wird der zulässige Kohlenmonoxidgehalt in den Abgasen eines Kraftfahrzeugs von 31,3 Gramm auf 7,3 Gramm pro Kilometer gesenkt. Der Staat Kalifornien hat sich bei der Einschränkung dieser Schadstoffmengen in den Abgasen von Kraftfahrzeugen besonders hervorgetan, aber es ist noch keineswegs sicher, ob die für 1975 vorgesehenen Vorschriften zu erfüllen sind. Wahrscheinlich muß man der Automobilindustrie noch eine längere Frist zubilligen, in der sie die aufgestellten Normen erreichen kann. Auf jeden Fall dürften dadurch die Autos um etwa 250 Dollar, also über zehn Prozent teurer werden.

Niemand beklagt sich darüber, daß die Regierungen bei der Eindämmung der Luftverschmutzung den Nutzen gegen die höheren Kosten, hauptsächlich für den Verbraucher und den Steuerzahler, abwägen müssen. In den Vereinigten Staaten ist das jetzt in Angriff genommene Programm sehr weit gesteckt; es sieht vor, daß bis 1975 die Rauchemission um etwa 86 Prozent, die Schwefeldioxidemission um 69 Prozent und die Freisetzung von Kohlenmonoxid in die Atmosphäre um 94 Prozent verringert werden. Das klingt wesentlich spektakulärer als die Senkung des Rauchanteils in der Luft aus der Verbrennung von Kohle in England, womit Autoabgase und Schwefeldioxid aus der Industrie zwar nicht beseitigt worden sind, aber doch der Londoner Smog aufgelöst wurde.

In den Vereinigten Staaten wird die vollständige Durchführung dieses Überwachungsprogramms für die Luftbeschaffenheit alle Preise um etwa 0,1 Prozent erhöhen; das entspricht jährlichen Kosten von 300 Millionen Dollar. Einwände, die man mehr berücksichtigen sollte als bisher, besagen, daß beim Abwägen zwischen den Kosten und den potentiellen Vorteilen reinerer Luft bis jetzt wenig getan wurde, um im Auftrag des Staates natürliche Möglichkeiten zu untersuchen, so etwa die Fähigkeit der Atmosphäre, Luftverschmutzung selbst abzubauen. Sollen Kraftwagen auf dem Land genauso strengen Vorschriften unterworfen werden wie Großstadtfahrzeuge? Profitiert der Steuerzahler gleichermaßen von den Mitteln, die jetzt gegen die Luftverschmutzung durch Kraftfahrzeuge und durch Kraftwerke aufgewandt werden?

Bei einer derartigen Analyse liegt die Schwierigkeit weniger darin, daß die Berechnungen zwangsläufig ungenau sind, sondern darin, daß sich das Interesse der gesamten Öffentlichkeit nicht leicht zahlenmäßig erfassen läßt. Das merkt man überall. Bei der Verwendung von Pestiziden ist den Landwirten stärker daran gelegen, ihre Ernten mit mehr DDT zu spritzen, als im öffentlichen Interesse liegt. Ebenso kann man aber sagen, daß der Staat DDT nicht rundweg abschaffen sollte. Das Interesse des ganzen Volkes unterscheidet sich zwar von dem des Landwirts, ist aber nicht unbedingt anders gelagert. Hier wie bei der Regelung der Wasser- und Luftverschmutzung muß die Regierung versuchen, in wirtschaftlichen Begriffen zu definieren, was unter Gemeinwohl zu verstehen ist.

Sicher ist dem Interesse aller nicht dann am besten gedient, wenn dem einzelnen völlig freisteht, was er tun will, und das zu einer unerträglichen Luftverschmutzung führt. Die Umweltschützer gehen bei ihren Wünschen im Hinblick auf die Beseitigung der Verschmutzung fälschlich davon aus, daß das öffentliche Interesse die Summe der Interessen aller Einzelpersonen darstellt. Auf dieser Ebene sind jedoch die durch die neuen Formen der Verschmutzung entstandenen Schwierigkeiten im Prinzip identisch mit denen, die früher aus anderen Quellen gesellschaftlicher Belästigung hervorgingen: dem Interessenkonflikt zwischen den viktorianischen Fabrikbesitzern, die auch noch das letzte bißchen Gewinn herausholen wollten, und ihren Arbeitern, die auf ein Leben ohne Berufskrankheiten hofften.

Die Umweltverschmutzung ist weniger eine Bedrohung der globalen Umwelt und der Existenz des Menschen als vielmehr die Demonstration der Notwendigkeit, Instrumente der Gesellschaftspolitik, also Gesetze und Steuern, nachhaltiger anzuwenden, die so alt sind wie die Gesellschaft selbst.

Ökologie als Geisteshaltung

Der Begriff Ökologie ist in letzter Zeit zum Schlachtruf der Umweltbewegung geworden. Unter den Titeln *Ecology* und *The Ecologist* sind Zeitschriften erschienen, in denen die verschiedensten Fragen angeschnitten werden, von der Überwachung der Abgase aus Kraftwagen bis zum Haus- und Städtebau. 1971 kam es in den Vereinigten Staaten fast zum Skandal, als sich ein hübsch verpacktes Waschpulver, *Ecolo-G*, das mit der Behauptung auf den Markt gebracht worden war, es werde die Wasserverschmutzung verringern helfen, weil es keinen Phosphor enthalte, schließlich nicht nur als Schadstoff eigener Art, sondern auch als völlig unwirksames Waschmittel erwies. In solchen Fällen müssen die Umweltschützer mit Bedauern feststellen, was alles unter ihrer Flagge segelt, obwohl sie eigentlich selbst daran schuld sind. Heute hält man gern jeden für einen Ökologen, der die Faust drohend gegen eine Neuerung erhebt, sei es nun ein neuer Flugplatz oder eine Hafenerweiterung. 1970 erklärte ein berufsmäßiger Ökologe vor einem Kongreßausschuß, Ökologie sei keine wissenschaftliche Disziplin mehr, sondern eine Geisteshaltung.

Was versteht man unter Ökologie, und warum spielt sie eine Rolle? Zunächst einmal hat sie die Naturgeschichte für die Wissenschaft salonfähig gemacht. Ökologie ist mehr als die reine Katalogisierung oder Beschreibung von Tier- und Pflanzenarten; sie erklärt, wie diese verschiedenen Arten nebeneinander bestehen können.

So werden die Ökologen etwa zuerst darauf hinweisen, daß Hasen in lichtem Waldland nur dann leben können, wenn sie genügend Möglichkeiten zum Grasen haben. Weil die Tiere ja das ganze Jahr über Futter brauchen, muß also auch unterschiedliche Vegetation vorhanden sein. Am besten sind junge Baumschößlinge, von denen sich die Hasen im Frühjahr ernähren können, Gräser und, zum Leidwesen der Bauern, reifes Getreide kurz vor der Ernte. Aber die Hasen selbst sind auch wieder Nahrung für andere Geschöpfe, etwa für Füchse oder für Raubvögel wie Falken und Adler. Natürlich enden nicht alle Hasen in den Fängen eines Räubers. Viele entrinnen diesem Schicksal und gehen später an Hunger, Krankheit oder vielleicht sogar Altersschwäche ein. Und doch hätten die größeren

Fleischfresser nichts, wovon sie sich ernähren könnten, und würden auch bald verschwinden, wenn es keine Hasen und ähnliche Säugetiere gäbe. Vermindert man also planmäßig bestimmte pflanzliche Nahrungsmittel, die einen Hauptbestandteil des Hasenfutters darstellen, so können damit auch Füchse und fleischfressende Tiere aussterben. Die Untersuchung dieser Abhängigkeit, die erst knapp ein halbes Jahrhundert alt ist, stellt einen der wichtigsten Zweige der modernen Biologie dar.

Kern der Ökologie ist die Erkenntnis, daß die verschiedensten Lebewesen voneinander abhängig sind. Im allgemeinen werden Tier- oder Pflanzenpopulationen, die an einem Ort nebeneinander existieren, ihre widerstreitenden Interessen in ihrer Umgebung ausgleichen. Aber ist nicht der Mensch auch ein Tier? Hängt die Existenz der Menschheit somit nicht davon ab, daß zwischen Menschen, Tieren und Pflanzen, die in einer gemeinsamen Umwelt leben, ein natürliches Gleichgewicht besteht? Und müssen nicht alle Lebewesen irgendwie zu einem Gleichgewicht mit der physikalischen Umwelt, den Meeren und der Atmosphäre, finden?

Hiermit begründen die Umweltschützer gern ihre Überzeugung, die Menschheit werde durch die bevorstehende ökologische Katastrophe gefährdet: Verschmutzung, Aufzehrung der natürlichen Rohstoffe und die Vernichtung anderer Arten würden das natürliche Gleichgewicht umzustoßen und die Menschheit selbst zum Untergang zu führen drohen. Wie Ehrlich sagt: »Das Raumschiff Erde ist jetzt vollbeladen oder überladen, und die Nahrungsmittel werden knapp. Und doch zerstören die Reisenden in der ersten Klasse mutwillig die bereits überlasteten Lebenserhaltungssysteme des Schiffes. Man sabotiert den Mechanismus der Nahrungserzeugung. Man schaltet die Geräte ab, die die Atmosphäre aufrechterhalten. Die Temperaturregelung wird beliebig verstellt. Wasserstoffbomben, Giftgase und Superbakterien sind von den Menschen in den wenigen Abteilen erster Klasse hergestellt und gelagert worden, weil man sie vielleicht gegen andere Passagiere in der ersten Klasse beim Kampf um die schwindenden Rohstoffquellen oder vielleicht sogar gegen die schwächeren Massen der Zwischendeckpassagiere einsetzen will. Aber viele Reisende merken gar nicht, daß die Kommandobrücke des Schiffes leer ist. Sie ignorieren das Chaos oder betrachten es mit fröhlichem Optimismus und sind überzeugt, daß schon alles recht werden wird.«

Man muß die Verkünder derartiger ökologischer Katastrophen fragen, ob ihre Beurteilung der Tatsachen stimmt. Niemand wird vorgeben, eine ökologische Katastrophe sei durch einen heftigen Angriff auf die natürliche Umwelt nicht auszulösen. Für uns kommt es jedoch darauf an, ob die heutige Lebensweise ein so schreckliches Ende herbeiführen wird. Die Schreckgespenster, die die Umweltschützer bisher heraufbeschworen haben, reichen nicht aus, die Vorstellung vom nahen Ende der Menschheit zu erhärten.

Erstaunlicherweise hat Darwin, der Begründer der Ökologie, zu diesem Thema nur einige Beiträge verfaßt, obwohl der Begriff »Lebensnetz« auf ihn zurückgeht. Bei dem Versuch, die Bedeutung der Ökologie für das Weiterbestehen der Menschheit abzuschätzen, stößt man auf Schwierigkeiten, wenn man zwei scheinbar widersprüchliche Begriffe miteinander vereinbaren will: den Begriff der Evolution im Sinne Darwins und den Begriff des natürlichen Gleichgewichts zwischen nebeneinanderlebenden Arten. Evolution bedeutet Änderung, aber Ökologie bedeutet Gleichgewicht. Trotz vieler Ungenauigkeiten hat Herbert Spencer, Darwins ungebetener und ungeliebter Interpret, als einer der ersten (ohne genau dieselben Begriffe zu verwenden) gezeigt, wie der ökologische Druck auf eine Gemeinschaft, der zu einem Gleichgewicht zwischen konkurrierenden Organismen führen kann, jederzeit auch als Triebfeder zu wirken vermag, die die Evolution in Gang hält. Das Gleichgewicht der Arten, das natürliche Gleichgewicht, ist zwangsläufig dynamisch. Der Hasen- und Fuchsbestand in einem Wald kann zu einem gewissen Gleichgewicht gelangt sein. Aber er schwankt zahlenmäßig von Jahr zu Jahr, so wie sich das Klima ändert oder die eine oder andere Art durch Krankheit, etwa Myxomatose, dezimiert wird. Auf lange Sicht kann die eine oder andere Art sogar ohne nachteilige Folgen verschwinden; wenn Füchse von wilden Vögeln leben könnten, ginge es auch ohne Hasen.
Spencer hat mit seiner Aussage, die Ökologie gelte nicht nur für Arten wie Hasen und Füchse, sondern auch für den Menschen, einige der heutigen Streitfragen vorweggenommen. In der optimistischen zweiten Hälfte des 19. Jahrhunderts war seine Ansicht, die Menschheit werde, wie alle anderen Arten, zwangsläufig ein Gleichgewicht mit ihrer Umwelt erreichen, nur natürlich. Diese zuversichtliche Auffassung schließt allerdings die Möglichkeit nicht aus, daß für die Menschheit Gleichgewicht gleichbedeutend mit Aussterben sein könnte, und auf diese Deutung scheint es heute vielen Leuten besonders anzukommen. Statt der viktorianischen Meinung, das »Lebensnetz« sei eine recht dauerhafte Konstruktion, in der die meisten Arten Platz haben, stellt man jetzt viel stärker die Zerbrechlichkeit des ganzen Systems heraus. So führte 1970 Leo Marx aus: »Die philosophische Wurzel der Ökologie ist die profane Vorstellung, der Mensch (einschließlich seiner Werke, der künstlichen Umwelt) sei völlig und unlöslich in den Zusammenhang natürlicher Vorgänge eingebettet. Die Verbindungen sind empfindlich, unendlich kompliziert und unlösbar. Wenn diese organische (oder holistische) Naturauffassung niemals populär geworden ist, dann liegt es teilweise daran, daß sie zu viele Gegebenheiten unserer Kultur in Frage stellt.«
Die Wechselwirkungen zwischen den Lebensvorgängen haben in der Landwirtschaft und der Nutzung der natürlichen Rohstoffvorkommen praktische Bedeutung erlangt. Die Ökologen haben sich sehr um den

Nachweis bemüht, daß scheinbar einfache Versuche, die natürliche Umwelt für menschliche Zwecke nutzbar zu machen, zu unerwarteten Komplikationen führen können. So ist es heute klar, daß der gigantische Plan der britischen Regierung, mit einem Kostenaufwand von 35 Millionen Pfund Teile von Tanganjika für den Erdnußanbau zu nutzen, von Anfang an zum Scheitern verurteilt war, weil man dabei außer acht gelassen hatte, daß diese Pflanzen regelmäßig und reichlich Regen brauchen, außerdem leicht von Insekten befallen werden und dadurch einen Nährboden für Krankheiten bilden. Chruschtschows gescheiterter Versuch, Ende der fünfziger Jahre Weizen auf unkultiviertem Boden in der Sowjetunion anzubauen, ist ein weiteres Beispiel. Daraus sollte man nun nicht die Nutzanwendung ziehen, daß sich grundlegende Änderungen nie durchführen lassen, sondern vielmehr erkennen, daß man die Umwelt, in der man leben will, zuerst einmal verstehen muß.

Die jüngste Vergangenheit bietet zahlreiche deutliche, wenn auch weniger bekanntgewordene Beispiele für diesen Grundsatz. So stellen Rattenfänger oft enttäuscht fest, daß trotz der immer erfolgreicheren Vertilgung ausgewachsener Ratten in den Kanalisationsanlagen Jungratten meist um so schneller nachwachsen und an die Stelle der ausgerotteten Exemplare treten. Das liegt daran, daß in vielen Kanalisationsanlagen die Rattenpopulation fast nur durch die vorhandene Nahrung bestimmt wird. Je mehr Ratten vergiftet werden, um so weniger sterben an Hunger und dessen Folgen. Diese Erkenntnis heißt noch nicht, daß gegen die Rattenplage kein Kraut gewachsen ist; sie soll lediglich besagen, daß erfolgreiche Rattenfänger zuerst die Umwelt begreifen müssen, die sie beeinflussen wollen.

Auch für die normale Landwirtschaft ist die Ökologie von großer Bedeutung. Wie L. C. Carpenter, Vizepräsident eines amerikanischen Bauernverbandes, vor dem Senatsunterausschuß für Luft- und Wasserverschmutzung im April 1971 ausführte, war »der amerikanische Landwirt schon Ökologe, ehe dieser Begriff überhaupt Mode wurde . . . Allerdings ist der Landwirt ein praktizierender Ökologe, im Gegensatz zu der wachsenden Zahl von Sonntagsrednern, die von ihren kleinen Theorie- und Meinungskanzeln herabpredigen . . . Er lernt seine Ökologie aus erster Hand, er lebt mit und von der natürlichen Wechselwirkung zwischen den Elementen.« Carpenter hätte noch hinzufügen können, daß die Bauern ihre Ökologie wohl auf die schwierigste Weise erfahren haben: Sie haben aus einem Fehlschlag gelernt, wie sie den nächsten vermeiden konnten. Die Prärien im Südwesten der Vereinigten Staaten sind heute viel weniger ertragreich als früher, weil die Weidewirtschaft zu intensiv betrieben wurde. Die Sandstürme der dreißiger Jahre sind Ereignisse, wie es sie nie vorher gegeben hatte. Zum Glück scheint man jetzt bewußter zu versuchen, die ökologischen Folgen der neuerlichen Intensivierung der Viehzucht vorauszuse-

hen, besonders in den Vereinigten Staaten, aber genau wird man sie auch erst kennen, wenn einige Zeit verstrichen ist.
Obwohl die Ökologie wahrscheinlich auf der Naturgeschichte basiert, ähneln die Methoden dieser Wissenschaft doch oft denen der exakten oder nahezu exakten Naturwissenschaften. Weil innerhalb einer Generation schon Druck auf eine Tier- oder Pflanzengemeinschaft entstehen kann, können scheinbar unbedeutende Änderungen der Umwelt für die darin lebenden Arten weitreichende Folgen haben. Deshalb mußten die Ökologen Verfahren zur Ermittlung der Folgen geringfügiger Umweltveränderungen schaffen, unter denen Tiere oder Pflanzen leben müssen; so ist die Ökologie mittlerweile zu einem der wenigen Gebiete der Biologie geworden, auf denen man nicht nur hin und wieder mit Zahlen arbeitet.
Daß die Struktur unseres Lebens so kompliziert ist, bedeutet auch, daß niemand dessen Funktion mit simplen Theorien erklären kann. Wenn aus kleinen Veränderungen der Umwelt manchmal eine komplizierte Kette von Folgen entsteht, kann man von der Ökologie nicht erwarten, daß sie diese genau vorhersagt. Außerdem müssen unter Umständen so viele verschiedene Möglichkeiten in Betracht gezogen werden, daß die Vorhersage auf einem winzigen Teilgebiet des Lebens etwa der Voraussage der Folgen entspricht, die eine Änderung der Einkommenssteuer auf eine Volkswirtschaft hätte. Tatsächlich entsprechen die Modelle, mit denen die Volkswirtschaftler ihre Voraussagen veranschaulichen (Auswirkungen einer Änderung der Körperschaftssteuersätze auf die Investitionstätigkeit der Industrie), im Grunde genommen den Modellen, mit deren Hilfe die Ökologen versuchen könnten, für die Füchse, die zu einem nicht unbeträchtlichen Teil von Hasen leben, die Folgen einer Myxomatose unter den Hasen zu ermitteln.
Deshalb ist die Ökologie im Grunde der Systemanalyse in den exakten Naturwissenschaften sehr ähnlich. Es ist sehr lehrreich, wenn man Elektronenrechner künstlich darstellen läßt, was im wirklichen Leben passiert. Trotz der Zuversicht, mit der die Ökologen heute von einem öffentlichen Forum zum nächsten ziehen, sind sie leider zur Erreichung der Ziele, die sie sich selbst gesteckt haben, viel schlechter gerüstet, als man es von Wissenschaftlern erwarten dürfte. In zu vielen Ökologen bricht der Naturhistoriker immer wieder durch.
Wenn Ökologie der Beweis ist, daß sich die Umwelt im allgemeinen nur schwer verändern läßt, kann man einfache Faustregeln aus der Physik und sogar aus der Soziologie dazu ableiten. In komplizierten Systemen machen die Veränderungen ihre eigenen Zwecke häufig wieder zunichte.
Theoretisch mag es vernünftig sein, die Geschwindigkeit eines Fahrrads dadurch zu erhöhen, daß man größere Räder einbaut. Theoretisch müßte ein solches Vehikel auch verhältnismäßig gut funktionieren, aber in der Praxis wäre eine so große Anstrengung erforderlich, um dieses Fahrrad

auf die höhere Geschwindigkeit zu beschleunigen, daß es die meiste Zeit langsamer führe als mit kleineren Rädern. Mit anderen Worten: Die zur Zurücklegung einer bestimmten Strecke erforderliche Zeit wäre längst nicht so viel kürzer, wie durch theoretische Rechnungen ermittelt wurde; unter vielen Bedingungen könnten größere Räder die Fahrt sogar verlangsamen. Noch ein Beispiel: Über ein Jahrhundert haben die Chemiker mit einer Faustregel, dem sogenannten Le Chatelierschen Prinzip, gearbeitet: Wenn eine der veränderlichen Eigenschaften eines chemischen Systems, dessen verschiedene Bestandteile in einer mehr oder weniger stabilen Beziehung zueinander stehen, verändert wird, führen die Nebenwirkungen dieser Änderungen dazu, daß es gar nicht zu der beabsichtigten Veränderung kommt. Dieselbe Tendenz zeigt sich viel ausgeprägter beim Bau neuer Straßen, durch die Verkehrsengpässe beseitigt werden sollen. Mittlerweile weiß man, daß jede neue Straße auch zu einem zusätzlichen Verkehrsaufkommen führt, so daß sie nur zum Teil ihren ursprünglichen Zweck erfüllen kann, eine höhere Reisegeschwindigkeit zu ermöglichen. Im übrigen muß sie ein höheres Verkehrsaufkommen aus Fahrzeugen aufnehmen, die sonst auf einer noch langsameren Strecke oder überhaupt nicht gefahren wären. Allerdings werden in keinem dieser Fälle die Veränderungen durch die Nebenwirkungen völlig zunichte gemacht.

Was sagt uns nun die exakte Ökologie über die Wechselbeziehungen zwischen der Bevölkerung und der Umwelt, die sie zu manipulieren versucht. Schon hier beginnt die Streitfrage, denn Ökologen neigen leider dazu, mit den komplizierten Verästelungen ihres Themas auch die Antworten auf diese Fragen zu befrachten. In seinem Buch *The Closing Circle* geht Commoner so weit, vier Gesetze der Ökologie aufzustellen, deren erstes heißt: »Alles ist mit allem anderen verbunden.« Auf den ersten Blick bedeutet das, daß selbst die scheinbar harmlosesten Veränderungen, die durch den Menschen herbeigeführt werden, sein Weiterbestehen gefährden können.

Die Struktur des Lebens kann zwar kompliziert sein, aber so kompliziert ist sie denn doch nicht. Wenn etwa die heute noch vorhandenen Blauwale im Südatlantik ausgerottet werden würden, gefährdete dies das Weiterbestehen der Menschheit durchaus nicht. Verschwänden die wenigen Exemplare des Davidshirsches, die es heute noch gibt, so würde auch dadurch das Weiterbestehen der Menschheit nicht in Gefahr geraten. Seit der letzten Eiszeit vor 10000 Jahren sind viele hundert Tierarten aus den jetzt gemäßigten Zonen verschwunden, und man weiß heute noch nicht, ob das Mammut vom Menschen oder aus anderen, vielleicht klimatischen Ursachen ausgerottet worden ist. Es besteht kein Grund zu der Annahme, daß die Menschheit heute für das Überleben ebenso einschneidender Umwälzungen in der Zusammensetzung der natürlichen Umwelt weniger gut gerüstet ist. Im Gegenteil: Sie ist heute besser denn je in der Lage, Nahrung und andere Rohstoffe aus den verschiedenartigsten Quellen zu beziehen.

Das soll natürlich nicht heißen, daß der Mensch keinen Finger rühren sollte, um die von Ausrottung bedrohten Arten zu schützen; es gibt im Gegenteil gute Gründe dafür. In der Ökologie läßt jedoch kein Befund den Schluß zu, das Weiterbestehen des Menschen sei unlösbar etwa mit der Existenz des Blauwals gekoppelt.

In ihrem manchmal berechtigten Streben nach Komplexität weichen die Ökologen allerdings häufig von der sauberen wissenschaftlichen Praxis ab. Commoner entschuldigt in *The Closing Circle* die Unfähigkeit der Ökologen, die komplizierte Struktur des Lebens in allen ihren Verzweigungen zu analysieren: »Nur wenige Wissenschaftler vermögen mit derart komplexen Vorgängen fertig zu werden. Die moderne Wissenschaft hat uns gelehrt, über Ereignisse nachzudenken, die sehr viel einfacher sind, etwa wie ein Teilchen von einem anderen abprallt oder wie Molekül A mit Molekül B reagiert. Wir bemühen uns, eine so komplizierte Struktur wie die Umwelt und ihre zahlreichen Bewohner in Gedanken auf eine Reihe unabhängiger, einfacher Ereignisse zurückzuführen, und hoffen dann, daß die Summe das ganze Bild wiedergibt. Daß diese Hoffnung trügt, sollten wir jedoch daran erkennen, daß es überhaupt eine Umweltkrise gibt. Die Biologen untersuchen schon lange einzelne Tiere und Pflanzen; die Biochemiker studieren in Reagenzgläsern isolierte Moleküle, und daraus ist die umfassende detaillierte Literatur der modernen biologischen Wissenschaften entstanden. Und doch haben diese einzelnen Angaben nicht zu Ergebnissen geführt, die etwa die Ökologie eines Sees und ihre Verletzlichkeit erklären können.«

Der Schluß, die Untersuchung einzelner Tiere oder Pflanzen sei ökologisch irrelevant, läßt sich nicht aufrechterhalten. Warum sollte für die Biologie nicht gelten, was man an wissenschaftlichem Instrumentarium in der Vergangenheit zur Analyse und Beschreibung des Verhaltens so komplizierter Systeme wie der Galaxien verwendet hat, die Milliarden und aber Milliarden Sterne enthalten, oder der chemischen Moleküle, die sich aus Tausenden einzelner Bestandteile zusammensetzen, und der Flüssigkeiten mit all ihren komplizierten und verwickelten inneren Wechselwirkungen? Die besondere Stärke der modernen Wissenschaft liegt ja gerade in der Leichtigkeit, mit der komplizierte Systeme in einfachen Begriffen oder an einfachen Modellen beschrieben werden können. Vor allem weiß sie, wann einfache Modelle ein gutes Hilfsmittel zum Verständnis darstellen und wann sie unbrauchbar sind. Wenn die Ökologen weiterhin darauf bestehen, daß nur komplizierte Probleme einer Lösung wert sind, werden sie es sich selbst unmöglich machen, diesen wissenschaftlichen Ansatz zu verwenden. Commoners erstes Gesetz der Ökologie ist wohl ein Schritt auf diesem Wege.

Commoners drittes Gesetz der Ökologie ist noch unsinniger: »Die Natur weiß es am besten.« Damit will er sagen, die natürliche Welt sei eine so sinnreiche Zusammenstellung von Tierarten und Naturphänomenen, daß »jede größere von Menschenhand vorgenommene Änderung in einem natürlichen System für dieses System wahrscheinlich von Nachteil ist«. Man weiß nun nicht recht, wieweit dieser Grundsatz gelten soll. Hat die Erfindung der Kleidung durch den primitiven Menschen irgendeinen Nachteil mit sich gebracht? Ohne Kleidung hätte der Mensch wohl kaum die ganze Erdoberfläche besiedeln können; also wäre sein Einfluß heute schwächer, und das halten sicher manche Menschen schon für einen Vorteil. Wenn der primitive Mensch vor 500000 Jahren in einer so schmalen ökologischen Nische gelebt hätte, hätte er jedoch auch sehr leicht durch einen Unfall oder Zufall ausgelöscht werden können. Soll dieser Grundsatz wirklich besagen, daß solche »von Menschenhand vorgenommenen Änderungen in einem natürlichen System« wie die Entdeckung der Bakterien und die Schaffung von Mitteln zur Verhütung von Infektionskrankheiten als »für das System schädlich« zu betrachten sind? Wenn ja, welcher Teil des Systems wird dann nachteilig beeinflußt? Natürlich bleibt den Bakterien dadurch nur eine kleinere Einflußsphäre, der Mensch wird freier. Aber das Weiterbestehen aller Lebewesen, besonders des Menschen, wird durch die Entwicklung von Antibiotika und anderen Schutzmitteln gegen Infektionen wohl kaum gefährdet.
Entweder ist Commoners drittes Gesetz der Ökologie nur eine verkürzte Aussage darüber, daß alle, die die natürliche Umwelt ausbeuten wollen, das besser mit Verstand tun (siehe Erdnußplan), oder es hat überhaupt keinen Sinn.
Commoner zieht aus seinem dritten Gesetz der Ökologie den Schluß: »Nach diesen Überlegungen wäre es, glaube ich, sinnvoll, jede vom Menschen hergestellte organische Substanz, die nicht in der Natur vorkommt und die auf irgendeinen Organismus nachhaltig einwirkt, als für andere Lebensformen potentiell gefährlich zu betrachten. In der Praxis müßten wir mit allen synthetisch hergestellten organischen Verbindungen, die überhaupt biologisch aktiv sind, so umgehen, wie wir mit Arzneimitteln umgehen oder umgehen sollten: mit Umsicht und Vorsicht. Eine derartige Vorsicht oder Umsicht ist natürlich unmöglich, wenn diese Substanzen tonnenweise hergestellt und überall in der Umwelt verbreitet werden, so daß sie zahlreiche Organismen, die wir nicht beobachten, erreichen und beeinflussen. Genau das haben wir aber mit Detergenzien, Insektiziden und Herbiziden getan. Die oft katastrophalen Folgen unterstreichen nachdrücklich die Ansicht, daß es die Natur am besten weiß.«
Es ist sehr fraglich, ob man für diesen Gedankengang wirklich eine so feierliche Formel braucht. Eigentlich müßte doch jede technische Neuerung, ob synthetische Herstellung organischer Chemikalien oder landwirt-

schaftliche Verfahren wie Pflügen (das zur Bodenerosion führen kann) oder Rodung von Gelände (die den Waldbestand verringert), sorgfältig so geplant werden, daß sich die Folgen mindesfens abschätzen, wenn schon nicht genau vorhersehen lassen. Überlegt man, wie die Menschheit in den letzten 500000 Jahren die natürliche Umwelt beeinflußt hat, so erkennt man, daß die in den letzten paar Jahrzehnten hergestellten organischen Chemikalien dieser Sonderstellung kaum wert sind. Und wenn sich vor allen Dingen Commoner um das Weiterbestehen der Menschheit sorgt, müßte doch die wichtigste Frage lauten, ob die Neuerung für den Menschen, nicht für das ganze ökologische System schädlich ist. Leider ist in dem populären Umtrieb, den man heute als Ökologie bezeichnet, der Standort der Beteiligten oft schwer auszumachen. Man weiß nicht, ob sie mehr für den Menschen oder mehr für die Füchse sind.
Die Ansicht, der Mensch stehe aus ökologischen Gründen am Rand der Katastrophe, klingt auch in der Erklärung von Commoner vor der 13. Nationalen Konferenz der amerikanischen UNESCO-Kommission 1969 an. Damals führte er aus: »Ökologisch betrachtet, sieht unser Leben bedenklich aus. Das Weiterbestehen jeglichen Lebens, das des Menschen eingeschlossen, hängt davon ab, daß das komplexe Gebilde biologischer Prozesse, die das Ökosystem der Erde ausmachen, nicht beschädigt wird. Was der Mensch heute auf der Erde tut, verletzt jedoch diese Grundforderung der menschlichen Existenz. Die moderne Technik wirkt auf das Ökosystem, das uns am Leben erhält, in einer Art und Weise ein, die dessen Stabilität beeinträchtigt; in tragischer Verirrung haben wir einen großen Teil unserer Produktionswirtschaft gerade mit *der* Technik verbunden, die die Ökologie zerstört.«
Was will Commoner damit sagen? Wie hat der Mensch die Zukunft der Menschheit durch Gleichgültigkeit gegenüber den Prinzipien der Ökologie gefährdet? Die Umweltschützer erheben eine Reihe ganz spezieller Vorwürfe. Der erste und vielleicht einfachste: Durch Veränderung der Umwelt, besonders die Einleitung von Schadstoffen in die Atmosphäre und das Meer sowie von chemischen Substanzen in die Nahrungskette, von der der Mensch abhängt, hat der Mensch die normalerweise als für das Leben geeignet geltenden Bedingungen so drastisch geändert, daß er dadurch seine eigene Zukunft gefährdet. Commoner erklärt: »In den letzten Jahrzehnten hat die Technologie Auswirkungen auf das Ökosystem gehabt, die nahezu die Größenordnung natürlicher Vorgänge erreicht haben.« Weiterhin werde die Verwendung von Bakterien zur Umwandlung von Abwässern in anorganische und theoretisch gut zu beseitigende Abfallprodukte oft dadurch teilweise vereitelt, daß die betreffenden Stoffe, vor allen Dingen Phosphor, zu Nährstoffen würden, die das Algenwachstum in den Flüssen und Seen förderten, in die sie eingeleitet werden. Bei der intensiveren Bewirtschaftung des amerikanischen Mittelwestens

für die Rinderzucht habe vor allen Dingen das Land mit stickstoffhaltigem Kunstdünger versorgt werden müssen. Gleichzeitig habe man aber die stickstoffhaltigen Ausscheidungen der Tiere auf unschädliche Art und Weise beseitigen müssen. Nach Commoner ist die Verwendung von Waschmitteln, die nicht leicht natürlich abzubauen sind, jedoch zum Algenwachstum beitragen, ebenso problematisch wie der Gebrauch von bestimmten Insektiziden: Oft werden dabei nicht die stärksten Schädlinge, sondern vielmehr die Raubinsekten abgetötet, die die Schädlingspopulation auf natürliche Weise selbst in gewissen Grenzen halten.
Etwas anders, jedoch im selben Geist, argumentiert Ehrlich: »Die Landwirtschaft auf der Welt ist heute ökologisches Notstandsgebiet. Wir züchten die natürlichen chemischen Abwehrmechanismen umsichtig aus Pflanzen heraus. Normalerweise schmecken uns Gifte nicht, obschon einige unserer Gewürze, die wir in geringen Mengen verwenden, von Pflanzen als Insektizide erzeugt werden. Wir legen unsere Pflanzungen als dichte, einfache Monokulturen an, die zum Schädlingsbefall geradezu auffordern; darauf reagieren wir dann mit künstlichen Pestiziden und töten oft Insektenpopulationen, die gar nicht beseitigt werden sollten, anstelle der eigentlichen Schädlinge. Es gibt einige vielversprechende Ansätze dafür, daß ökologisch gesunde landwirtschaftliche Verfahrensweisen irgendwann einmal wieder angewandt werden, aber bisher geht die allgemeine Tendenz eher in eine andere Richtung.«
Die Befürchtungen der Ökologen reichen noch weiter. In einer bemerkenswerten Erklärung auf einem Symposium im Brookhaven National Laboratory stellte 1969 Garrett Hardin die ökologische Theorie zur Debatte, Versuche, das Ökosystem zu ändern, hätten nicht nur unmittelbare Auswirkungen, sondern auch Nebenwirkungen mit einer Reihe unerklärlicher Begleitumstände. Zur Grünen Revolution in Indien meinte er: »Wir können auf lange Sicht die Hungersnot nicht mit Nahrung besiegen ... Die natürliche Fortpflanzungsrate ist innerhalb realistischer Grenzen den Nahrungsmittelreserven direkt proportional.« Er behauptet auch, die indischen Agronomen seien nicht in der Lage, die ihnen heute zur Verfügung stehenden speziellen Weizensorten vor spezifischen Pflanzenkrankheiten zu schützen.
»Wir meinen es gut mit Indien, aber wir verschlimmern die Lage nur. Was haben wir erreicht, wenn die gegenwärtige Runde wohlgemeinter Anstrengungen abgeschlossen ist? Wir haben mit unseren verbesserten Getreidesorten einen Aufschub von ein paar Jahren erwirkt und damit die notleidende Bevölkerung Indiens nur weiter vergrößert und die endgültige Katastrophe verschlimmert. Leider haben die verbesserten Getreidearten all denen eine neue Ausrede geliefert, die in verbrecherischer Absicht die Wahrheit nicht zugeben: Wir können Bevölkerungsprobleme nicht mit technischen Hilfsmitteln lösen.«

Wie realistisch sind diese Befürchtungen? Obwohl mittlerweile sehr viele Versuche, die natürliche Umwelt zu verändern oder auszubeuten, wegen mangelnder Kenntnis der Ökologie gescheitert sind, bedrohen doch gerade diese Eingriffe in die natürliche Umwelt das Weiterbestehen der Menschheit nicht. Selbst wenn die Verschmutzung des Eriesees nicht aufhört (trotz guter Gründe, aus denen man damit Schluß machen sollte), ist noch nicht gesagt, daß es zu einer ökologischen Katastrophe kommt oder das Weiterbestehen der Menschheit in Gefahr ist. Das dritte Gesetz der Ökologie besagt nur, daß die um den See herum wohnenden 13 Millionen Menschen klüger wären und auch billiger leben könnten, wenn sie ihre Gewohnheiten in dieser Hinsicht änderten. Und wenn die neuen Getreidesorten gegenüber Pflanzenkrankheiten empfindlicher sind als die weniger hochgezüchteten, früher verwendeten Sorten, bedeutet das doch mindestens vorläufig nicht, daß das Weiterbestehen der Menschheit bedroht ist, sondern daß die Pflanzenzüchter aufpassen müssen.

Die Verschmutzung von Süßwasserseen und Flußmündungen steht mit an oberster Stelle unter den Gründen für eine ökologische Katastrophe. Die ungewöhnlichen Verheerungen der natürlichen Umwelt, wie sie bei der Verschmutzung des Eriesees im letzten halben Jahrhundert zutage getreten sind, können nur noch durch grundlegende gesetzliche Maßnahmen, nicht mit Hilfe der Ökologie, beseitigt werden. Sicherlich gibt es aber auch kompliziertere Probleme, bei denen sich eine genaue Untersuchung lohnte. Wurde die ungeheure Verbreitung der Algen letztes Jahr in diesem See wirklich von Phosphaten hervorgerufen, oder spielte ein anderer Nährstoff hier eine noch größere Rolle? Vor der Atlantikküste der Vereinigten Staaten sind die Nitrate nachweislich wichtiger, aber Spurenmetalle können noch kritischer sein. Welchen Vorteil böte es, wenn man die phosphat- und nährstoffreichen Sedimente auf dem Boden des Sees ausbaggerte, die zur Zeit den Algen als Nährstoffreservoir dienen, aber auch als Düngemittel verwendet werden könnten? Gibt es Möglichkeiten, das Wasser des Sees schneller über den Niagara zu bringen, möglichst ohne die Höhe der Niagarafälle zu verringern? Welche Aussichten hat die Einführung von wertvolleren Fischen in den Eriesee als den heute dort im Umfang von 25000 Tonnen jährlich gefangenen Arten? Mittlerweile hat man erkannt, daß die Schaffung des Wellandkanals als Umleitung um den Niagara vor einem Jahrhundert einigen der wertvollsten Fische im Huronsee und im Michigansee die Lebensmöglichkeiten genommen hat, weil so ein Weg für die Neunaugen, eine Art Fischparasiten, geschaffen wurde. Ähnliche Einflüsse haben vielleicht die Zusammensetzung des Fischbestandes im Eriesee verändert (wo sich die Neunaugen bisher allerdings noch nicht eingenistet haben). Während die mutwillige Verschmutzung des Sees durch geeignete Maßnahmen verhindert wird, sollten sich die Ökologen mit derartigen Fragen beschäftigen.

Die Bucht von San Franzisko ist ein Beispiel für die Wirksamkeit rechtzeitig ergriffener Abhilfemaßnahmen. Dieses Gewässer, das durch das enge Goldene Tor mit dem Meer verbunden ist, reagiert empfindlicher als der Eriesee. Das Wasser ist seicht – etwa zwei Drittel der Bucht (über 1800 Quadratkilometer) sind nicht einmal sechs Meter tief. Die Bevölkerungsdichte in der Umgebung ist hoch und wächst schnell. In der Bucht befinden sich ein großer Marinehafen und mehrere Handelshäfen; daneben gibt es noch eine Reihe von Industrieansiedlungen. Und doch hat sich die Qualität des Wassers in der Bucht von San Franzisko in den letzten 20 Jahren so verbessert, daß die Garnelen wiederkommen und die Fischerei stark zugenommen hat. Nur in den Sommermonaten gibt es noch Anzeichen eines Sauerstoffmangels, hauptsächlich in der Gegend der abwasserführenden Zuflüsse, und an diesen Stellen sind auch hin und wieder Algenkolonien zu beobachten.
Diese Verbesserungen sind vorwiegend den Maßnahmen der städtischen Behörden zu danken, mit denen die Einleitung ungeklärter Abwässer in die Bucht unterbunden wurde. Und doch ist die Reinhaltung der Bucht von San Franzisko so schwierig geworden, daß auf einem öffentlichen Hearing im August 1969, das ein Ausschuß des amerikanischen Repräsentantenhauses zu Regierungsmaßnahmen in San Franzisko durchführte, zahlreiche Stimmen dafür plädierten, die in die Bucht mündenden Flüsse nicht zu Bewässerungszwecken irgendwo in Kalifornien umzuleiten, weil sonst die natürliche Trübe des Wassers abnehmen könnte. Dadurch, so wurde weiter argumentiert, könnte das Sonnenlicht tiefer unter die Wasseroberfläche eindringen, das Algenwachstum fördern, und es gäbe weniger feste Teilchen, von denen Phosphate und andere Stoffe absorbiert würden.
Damals versprach man den Landschaftsschützern nicht, daß die Flüsse weiterhin so fließen würden wie immer, sondern daß man den Prozeß der Landgewinnung streng unterbinden wolle, der die Bucht am stärksten bedroht hatte. Die Jahr für Jahr in die Bucht eingeschleppten Sedimente machen im Durchschnitt auf der ganzen Buchtfläche etwa vier Millimeter aus. In den nächsten 100 Jahren werden also einige Teile der Bucht sowieso auf ganz natürliche Weise verschwinden.
Am Beispiel der Bucht von San Franzisko zeigt sich sehr gut der Interessenkonflikt, der bei der Verwaltung der natürlichen Umwelt unvermeidlich ist. 1969 forderten besonders die Flughafen- und die Hafenbehörden zusätzliches Gelände innerhalb der Bucht; aber auch die Industrie interessiert sich immer für kleine Grundstücke innerhalb der Bucht oder auf den Marschen in ihrer Umgebung (die zum Teil sowieso zur Salzherstellung durch Verdampfung mittels Sonnenstrahlung genutzt werden).
Wie lassen sich derartige Interessenkonflikte lösen? Den potentiellen Wert der Buchtfläche erkennt man, wenn man annimmt, daß etwa die Hälfte

der Bucht ohne großen Aufwand aufgefüllt und das dadurch gewonnene Gelände mit einem Gewinn von schätzungsweise 2500 Dollar pro Hektar verkauft werden könnte. Mit anderen Worten: Der potentielle wirtschaftliche Wert der Buchtfläche liegt bei rund 200 Millionen Dollar. Wenn die Behörden beschließen, diese Landgewinnung nicht zuzulassen, spricht das dafür, daß die zu erwartenden Gewinne die dabei entstehenden Verluste nicht aufwiegen.

Und wie liegen die Interessen auf der anderen Seite? Anläßlich des öffentlichen Hearings 1969 wurde besonders die Möglichkeit herausgestellt, eine Schalentierindustrie zu gründen, die einen jährlichen Ertrag in der Größenordnung von zehn Millionen Dollar erwirtschaften könnte. Außerdem sind die Bucht und die dort mündenden Flüsse Laichgründe für Lachse, die sich später über die ganze Pazifikküste der Vereinigten Staaten ausbreiten. Die klimatischen Auswirkungen eines so großen Gewässers auf die nahe Großstadt sind noch nicht genau erforscht, aber es wird behauptet, die Bucht liefere einen wichtigen Beitrag zum kalifornischen Klima. Das sind jedoch verhältnismäßig geringfügige und nicht greifbare Vorteile.

Der wirkliche Grund, weshalb die Bucht von San Franzisko wenigstens vorläufig in ihrem jetzigen Zustand belassen werden soll, ist wohl eher darin zu sehen, daß die Anwohner sie so mögen, wie sie ist. Ob die Entscheidung genauso ausfiele, wenn das gewonnene Land einen wirtschaftlichen Wert vom Hundertfachen des heutigen Wertes hätte und dieser wirtschaftliche Nutzen der Gemeinschaft zugute käme, ist die Frage. Allerdings wurde darüber gar nicht gesprochen. Außer einem physikalischen Modell, an dem die Folgen einer Veränderung des Wasserzuflusses in die Bucht verfolgt und manchmal auch vorhergesagt werden können, sollte man deshalb auch ein wirtschaftliches Modell entwickeln, denn damit könnte man ermitteln, wie die Bucht am wirksamsten zu nutzen ist. Die Naturschützer brauchen keine Angst zu haben, denn nach der heutigen Lage der Dinge ist es am klügsten, die Bucht so zu belassen, wie sie ist.

In einer vorwiegend von Vernunfterwägungen beherrschten Welt würde die Entscheidung zwischen Konservierung und Ausbeutung im seltsamen Fall der Pipeline durch Alaska wohl anders aussehen. Seit Anfang der sechziger Jahre weiß man, daß die Nordküste Alaskas wahrscheinlich eines der reichsten Ölvorkommen der Welt enthält. Seit 1968 untersuchen die Erdölgesellschaften Gebiete, die ihnen von der Regierung der Vereinigten Staaten, die über die Schürfrechte vor der Küste verfügt, gegen erhebliche Beträge zur Verfügung gestellt wurden. Seit Anfang 1969 ist ein Konsortium von Erdölgesellschaften bestrebt, die Arbeiten an einer Pipeline aufzunehmen, die das Erdöl zur Südküste von Alaska transportieren soll und dabei einige hundert Kilometer buchstäblich über den gefrorenen

Norden führt. Dieses Gebiet ist eigentlich Tundra und erscheint nur deshalb fest, weil die Oberflächenschichten bis zum Muttergestein mit Wasser gesättigt sind, das gefroren ist und nur ganz selten auftaut. Die Vegetation ist spärlich und kommt nur in dieser Gegend vor. Das wichtigste Tier ist das Karibu. Das Pipelineprojekt könnte die Ost-West-Wanderungen der Karibus durch einen breiten Bodenstreifen behindern, der vielleicht eisfrei wäre.

Seit Anfang 1969 hat sich der jeweilige Innenminister der Vereinigten Staaten mit dem Projekt der Alaska-Pipeline herumschlagen müssen. Der erste Vorschlag, sie unterirdisch zu verlegen, hätte den gefrorenen Boden in der Umgebung immer stärker, manchmal bis zu einer Tiefe von 30 Metern oder mehr, aufgetaut, so daß unter Umständen größere Schlammbewegungen entstanden wären. Aber selbst die geänderten Baupläne, nach denen die Pipeline den größten Teil der Strecke oberirdisch geführt werden sollte, haben die Angst vor einer nachhaltigen Beschädigung der Tundra nicht beseitigen können, denn schon durch den Straßenbau auf diesem gefrorenen Boden kann man das Land bleibend in Mitleidenschaft ziehen.

Mit dem Agrument, ein nicht rückgängig zu machender Schaden sollte in diesem ewig gefrorenen Land nicht zugelassen werden, ist die Errichtung der Pipeline bisher verhindert worden. Das bedeutet aber, daß ein großer Teil Alaskas auf ewig unberührt und unerforscht bleiben muß. Man weiß jedoch noch nicht genug über das heikle klimatische Gleichgewicht im äußersten Norden, um sicher zu sein, daß die Tundra überhaupt bestehenbleibt, wenn man sie in ihrem ursprünglichen Zustand beläßt. Schließlich ist diese ganze Naturerscheinung ein Überbleibsel der Eiszeit, von deren Einflüssen die Erde an verschiedenen Stellen immer noch geprägt ist. Vielleicht ist der ewige Frost in Alaska gar nicht so dauerhaft, wie es den Anschein hat? Unter diesen Umständen wäre es vielleicht für alle Betroffenen, die Ausbeuter, die Ausgebeuteten und die amerikanische Regierung, am besten, einen Weg von Nord- bis Südalaska – nicht unbedingt den kürzesten Weg – zu planen, der in den nächsten Jahren zur Ölgewinnung verwendet und später zu einem Kanal ausgebaut werden könnte, auf den sich die zukünftige Erschließung Alaskas beschränkt.

Gemessen an diesen ungeheuren Projekten, sind die meisten öffentlichen Fragen, an denen sich ökologische Streitigkeiten entzünden, verhältnismäßig unbedeutend. Als in den späten fünfziger Jahren die ersten Kernkraftwerke in England gebaut wurden, versuchte man ganz genau vorherzusagen, welchen Einfluß die großen Kühlwassermengen dieser Kernkraftwerke auf Lebewesen haben könnten. Das zweite Kernkraftwerk, Bradwell am Blackwater in Essex, stand damals im Verdacht, die Austernfischerei weiter flußabwärts in der Mündung zu stören. Aus diesem Grund wurde auch gegen die Errichtung Einspruch eingelegt. Später zeigte sich dann allerdings, daß die Austern im Fluß offenbar vom Kraftwerk nicht beeinträchtigt wurden; leider konnte sie selbst das warme Wasser im Blackwater in dem strengen Winter 1962/63 nicht vor dem Erfrieren schützen.

In der modernen Welt sind derartige Konflikte zwischen Behörden und privaten Entwicklungsvorhaben einerseits und den Kommunalverwaltungen andererseits nicht zu umgehen, und man sollte sie auch in aller Breite austragen. In Wirklichkeit ist jedoch die Ökologie im allgemeinen weitaus weniger wichtig als andere Gesichtspunkte – etwa die von der geplanten Entwicklung gefährdeten Einrichtungen oder ganz einfach die Meinungen und Vorurteile der Kommunalverwaltungen.

Die Rollbahnen des Internationalen Flughafens New York wurden nicht bis in die Jamaikabucht hinaus verlängert, weil man der Bevölkerung den zusätzlichen Lärm nicht zumuten wollte. Der Ausschuß der amerikanischen Nationalen Akademie der Wissenschaften, der 1970 diese Empfehlung ausgesprochen hatte, konnte sehr viel über die Ökologie des verarmten Pflanzen- und Tierreiches sagen, das irgendwie die Zustände in der Jamaikabucht überstanden hatte. Er trat auch für die Schaffung künstlicher Badestrände in der Umgebung ein, ein Vorschlag, den die New Yorker Stadtverwaltung wohl kaum ernst nehmen wird. Aber dennoch wären selbst Ökologen nicht bereit gewesen, sich für das Weiterbestehen irgendwelcher Randformen des Lebens, die in diesem Brackwasser existieren konnten, ans Kreuz schlagen zu lassen. Mit anderen Worten: Der Fall Jamaikabucht ist weniger eine Studie des Konflikts zwischen Ausbeutung und Erhaltung der natürlichen Umwelt als vielmehr ein deutliches Beispiel versäumter Stadtplanung. Warum baut man einen großen internationalen Flughafen und läßt dann Wohnsiedlungen so dicht in seiner Nähe zu, daß der Flughafen nicht erweitert werden kann?

Commoners Behauptung, »moderne Technologien wirken so auf das uns erhaltende Ökosystem ein, daß seine Stabilität davon bedroht wird«, entbehrt also jeglicher Grundlage, wenn wir die lange Reihe von Fällen betrachten, in denen die Umweltveränderer mit Recht zu den Umweltbewahrern in Widerspruch geraten. Die Schwierigkeit besteht auch hier darin, einen Ausgleich zwischen den vielfältigen Interessen herbeizuführen, und die wirtschaftliche Seite der gemeinsamen Entscheidung spielt, wie immer, eine entscheidende Rolle. Das läßt sich übrigens fast ebenso für die anderen potentiellen Ursachen einer ökologischen Katastrophe sagen, die in den letzten Jahren so große Diskussionen verursacht haben.

Die Befürchtung von Ehrlich und Hardin, hochgezüchtete Nutzpflanzenarten könnten leichter zur Katastrophe führen, weil sie unter Umständen Krankheiten gegenüber anfälliger sind, läßt sich nur dann aufrechterhalten, wenn man sie isoliert betrachtet. In den Vereinigten Staaten sind in den letzten Jahrzehnten gelegentlich Weizenfelder vom Brand und Maisfelder von der Maisfäule befallen worden. Diese Pflanzenkrankheiten konnten nur deshalb Boden gewinnen, weil sie genetisch gleiche Pflanzen angriffen. Sobald eine Maispflanze von einem bestimmten Pilz befallen wurde, bestand für die benachbarten Pflanzen Ansteckungsgefahr. Die Ökologen haben also recht, wenn sie sagen, daß genetisch verschiedenartige Kulturen gegenüber Pflanzenkrankheiten weniger empfindlich sind. Allerdings ist ein Gemisch von genetisch verschiedenartigen Typen weniger ertragreich.

Wenn man also dieselbe Weizen- oder Maismenge ernten will, deren Widerstandsfähigkeit gegen Krankheit auf der genetischen Vielfalt beruht, so braucht man mehr Boden und muß höhere Erntekosten in Kauf nehmen. Besonders in Nordamerika, wo der Anteil des bebauten Ackerlandes Jahr für Jahr abnimmt, ließe sich so die Uhr zurückdrehen, indem man von den hochgezüchteten Getreidearten wieder abgeht. Daß man es nicht tut, wird damit begründet, daß die Anbaukosten dann sehr stark steigen müßten. Obwohl Pflanzenkrankheiten ganze Ernten sehr stark schädigen können, ist die Befürchtung, daß sie nicht einzudämmen sind, ebenso unbegründet wie die Angst, Infektionskrankheiten wie die mittelalterlichen Seuchen, die damals die Völker heimsuchten, könnten das Weiterbestehen der Menschheit erneut gefährden. Die Frage lautet also nicht, ob stark selektierte Arten ein höheres Krankheitsrisiko mit sich bringen, sondern wie man die Kosten eines gelegentlichen Schädlingsbefalls gegenüber den zusätzlichen Kosten beim Anbau weniger intensiv selektierter Pflanzen abwägen kann.

Wie die Ökologie lehrt, sind zur Zeit kaum irgendwelche Bedrohungen für den Weiterbestand der Menschheit zu erkennen. Die Fragen, mit denen die Ökologie zu tun hat, sind viel praktischerer Natur und von unmittelbarem Einfluß darauf, wie die Menschheit ihre natürliche Umwelt am besten verwalten kann. Dazu gehört auch, daß man weiß, wann man aufhören muß; diese Untätigkeit ist allerdings viel seltener die richtige Lösung, als allgemein angenommen wird. Eine der größten Gefahren, abgesehen von der langen Reihe ökologischer Irrtümer, ist immer noch die Sorge um die Ökologie, die den Menschen daran hindert, durch sinnvolle Maßnahmen die Zukunft seiner eigenen Rasse zu sichern.

Wie äußert sich die Ökologie zu den Maßnahmen, die der Mensch treffen sollte, um andere Arten zu erhalten? Diese Frage ist aus verschiedenen praktischen Gründen, aber auch deshalb wichtig, weil sie mit entscheidet, welche Beziehung zwischen der Menschheit und ihrer natürlichen Umwelt herrschen soll.

Für den englischen Naturschutz ist Afrika immer der Tummelplatz gewesen, so, als ließe sich die Kollektivschuld wegen der Behandlung der Afrikaner zur Zeit des britischen Weltreichs durch diese späte Sorge um eine Tierwelt abtragen, die es nur dort gibt. In den letzten Jahren haben viele

große Organisationen, darunter vor allen Dingen der *World Wildlife Fund,* höchst eindringlich auf das Schicksal einiger großer Säugetiere in Afrika hingewiesen. Einige Arten, besonders die Antilopen, sind zahlenmäßig stark zurückgegangen. Andere, wie die Elefanten, sind zu einer Landplage geworden, weil sie nicht in den ihnen von den örtlichen Verwaltungen zugewiesenen Reservaten bleiben. Bisher hat man daraus vor allem gelernt, daß Naturschutz keineswegs gleichbedeutend mit dem Versuch ist, das Leben einzelner Tiere zu erhalten. Vielmehr sollte er dafür sorgen, daß sich die vor Jägern und anderen Räubern geschützten Bestände an wildlebenden Tieren nicht so schnell vermehren, daß sich zu viele Lebewesen in die vorhandenen Nahrungsvorräte teilen müssen.
In England, wo die ursprüngliche Fauna natürlich längst verschwunden ist, verbindet sich mit Naturschutz im allgemeinen die Vorstellung von Vogelfreunden, die darauf achten, daß irgendein abgelegenes Fischadlernest nicht von Eiersammlern ausgenommen wird. Aber das ist wohl weniger eine Aufgabe für Ökologen als für starke Männer. Außerdem kann man unmöglich alle kleinen Säugetiere wie Wiesel und Dachse vor den Schäden bewahren, die ihnen weniger von Raubtieren oder Wilddieben als vielmehr von den Autos auf den Landstraßen zugefügt werden. Sicherlich gibt es auch in England Landstriche, in denen zu viele Tiere vorhanden sind; so ist Rotwild zur Überraschung der Forstkommission, in deren Gebieten es sein Unwesen treibt, in Schottland zur Plage geworden. Dieselbe Forstkommission wurde durch das Auftauchen von Grauhörnchen in ihren Wäldern so erschreckt, daß sie Prämien für die Schwänze zahlte, die die Jäger abliefern konnten.
In den Vereinigten Staaten entwickelte sich der Naturschutz gegen Ende des 19. Jahrhunderts, angeregt durch die Begeisterung für eine ursprüngliche amerikanische Lebensweise, die der damalige Präsident Theodore Roosevelt in seiner ersten Amtszeit entfachte. Damals erkannte man, daß selbst der reiche und vielfältige Wildbestand Nordamerikas den Jägern nicht lange standhalten würde, die die großen Bisonherden in den Prärien abknallten (zum Teil bei dem Versuch, die Indianer auszuhungern) und auch die riesigen Wandertaubenschwärme in den letzten Jahrzehnten des 19. Jahrhunderts dezimierten. In neuerer Zeit haben Organisationen wie die *Audubon Society* und der *Sierra Club* wahre Wunder vollbracht, wenn es darum ging, die amerikanische Regierung davon zu überzeugen, daß man mehr tun müsse, als nur die großen Nationalparks zu schaffen, wie etwa in den ersten Jahrzehnten dieses Jahrhunderts. Mehr oder weniger im Urzustand belassene Wildnis wurde auf ihre Anregung in Reservaten von beträchtlicher Ausdehnung erhalten. In keinem Land Westeuropas gibt es Ähnliches.
In den letzten Jahren ist es den Naturschützern gelungen, Tiere zu retten, die schon fast ausgerottet zu sein schienen. Der Davidshirsch scheint jetzt

in seinem Bestand wieder ebenso gesichert zu sein wie die kaukasischen Urpferde, die es noch in Osteuropa gibt. In Nordamerika ist eine größere Bisonherde am Leben geblieben. Dringende, bisher jedoch nicht besonders wirksame Versuche werden zur Zeit unternommen, um die Manatiherden zu retten, die vor der Küste von Guayana leben. Diese Anstrengungen sind vor kurzem besonders intensiviert worden, weil diese genügsamen und friedlichen Tiere unter Umständen die Wasserhyazinthen, ein wucherndes Unkraut in tropischen Kanälen und Wasserstraßen, beseitigen können. Obwohl leider sehr viele Tierarten vom Aussterben bedroht sind, scheint es nach den Erfolgen in den letzten Jahren doch so auszusehen, als könnte man diese gefährdeten Arten mehr oder weniger in ihrer natürlichen Umgebung am Leben erhalten.

Aber warum sollten die Staaten und ihre Steuerzahler alle diese Mühe auf sich nehmen, um Herden wilder Tiere und ursprüngliche Pflanzenbestände vor Schaden zu bewahren? Sinn und Zweck des Naturschutzes liegen auf der Hand, werden jedoch oft durch ein Übermaß an Gefühlsduselei verfälscht. Unter vielen Bedingungen kann Naturschutz von unmittelbarem Vorteil sein. In den letzten Jahren scheinen viele Nutzfischgründe auf der nördlichen Erdhälfte zu intensiv befischt worden zu sein; hier müssen die Ökologen einen wichtigen Beitrag zur Sicherung einer dringend benötigten Nahrungsquelle für den Menschen leisten.

Der Weiterbestand einer möglichst großen Vielfalt an tierischem und pflanzlichem Leben ist auch wichtig, wenn man Lebewesen richtig verstehen will. Noch weiß niemand sicher, ob nicht die Anpassung von Wüstentieren oder -pflanzen an ihre Umgebung für die Behandlung von zahmen Tieren oder Kulturpflanzen in der modernen Landwirtschaft wichtige Aufschlüsse gibt. Mit den heutigen Möglichkeiten der Tier- und Pflanzenzucht kann man den Nutztieren und -pflanzen die Eigenschaften verleihen, die es den wild vorkommenden Arten ermöglicht haben, unter Umständen weiterzubestehen, unter denen Nutztiere und Nutzpflanzen nicht existieren können. Viele Tierzüchter versuchen, ein Nutztier für Zentralafrika zu züchten, das den Ertrag des Rindes aus gemäßigten Zonen mit der Widerstandsfähigkeit gegenüber der Tsetsefliegenkrankheit, der Trypanosomiasis, verbindet, gegen die viele wilde Tiere in Afrika immun sind.

Diese Argumente reichen an sich schon aus, umfangreiche und phantasievolle Programme für den Tier- und Pflanzenschutz zu rechtfertigen. Mittel, die für derartige Zwecke aufgewandt werden, sind genauso wichtig wie der Kapitalaufwand, den die meisten Länder heute bereitwillig für Anlagen der modernen Wissenschaft treiben, etwa für Raketen und Teilchenbeschleuniger.

Und doch muß man zugeben, daß manche Arten für die Wirtschaft keine Rolle spielen. Normalerweise haben sie mit dem Menschen gemein, daß sie an der Spitze irgendeiner Nahrungskette stehen. Sie verbrauchen Nahrungsmittel, die sie von einfacheren Arten bekommen, stellen jedoch selbst keine wichtige Quelle dar, von der andere Arten leben. Ein besonders bemerkenswertes Beispiel hierfür sind die Wale in den südlichen Weltmeeren; trotzdem ist es ein Skandal, daß die Internationale Walfangkommission, die angeblich für die Erhaltung der Walbestände zuständig ist, seit den dreißiger Jahren ihre Aufgabe so miserabel erfüllt, daß viele Walarten jetzt fast ausgestorben sind.

Den Blauwal hat man dezimiert. Nach intensiven Fangkampagnen Ende der dreißiger Jahre, als jährlich viele tausend Blauwale getötet wurden, scheint sich der Blauwalbestand nach dem Zweiten Weltkrieg in bescheidenem Maß erholt zu haben, aber Mitte der sechziger Jahre gab es nur noch wenige hundert Exemplare. Die Finnwale, auf die die Walfänger neuerdings ihre Aufmerksamkeit richten und von denen sie in den fünfziger und sechziger Jahren jährlich etwa 30000 Exemplare umgebracht haben, laufen heute ebenfalls Gefahr, ausgerottet zu werden. Die kleineren Tiere, der Seiwal und der Pottwal, werden als nächste an der Reihe sein. Theoretisch versucht die Internationale Walfangkommission, die Anzahl der für den Abschuß durch die Mitgliedsländer jährlich freigegebenen Tiere zu beschränken, aber einmal läßt sich diese Abmachung nicht durchsetzen, und zum anderen werden die Grenzen immer höher angesetzt, als für den Weiterbestand der Arten richtig wäre.

Aus diesem Grund war es eine hochherzige, wenn auch sinnlose Geste der Vereinigten Staaten, 1971 zu erklären, amerikanische Schiffe dürften nicht mehr auf Walfang gehen. Eine derartige Einschränkung trägt nur dann zum Weiterbestand einiger Walarten bei, wenn eine internationale Übereinkunft über ein Moratorium besteht. Solange ein solches Abkommen nicht existiert, gibt es für das Überleben einiger der letzten Walarten nur eine Chance: daß ihre sich immer mehr verringernden Bestände die Kosten des Walfangs so in die Höhe treiben, daß die Waljagd nicht mehr rentabel wird. Daß in den letzten Jahren die Walbestände nicht geschont wurden, hat also eine Fischereiindustrie zum Erliegen gebracht und gleichzeitig ein paar einmalige Tierarten ausgerottet.

Auf der anderen Seite gibt es Arten, die fast allgemein als Schädlinge betrachtet werden, wie die Ratten. Vielleicht beseitigen sie einige organische Abfallstoffe, etwa Lebensmittel, die sonst Nährböden für Bakterien bilden könnten. Gegen sie sprechen jedoch ihr ungeheurer Appetit auf landwirtschaftliche Erzeugnisse, der Schaden, den sie Holz zufügen, und selbst die Tatsache, daß die Beulenpest wahrscheinlich von einer Rattenart wieder über die Erde verbreitet werden kann. Stechmücken, Tsetsefliegen und Heuschrecken sind einige andere Lebewesen, über die sich kaum etwas Gutes sagen läßt. Wenngleich diese Arten wohl kaum ausgerottet werden, wären solche Tiere doch am besten in einem Zoo aufgehoben. In den Vereinigten Staaten beklagt man heute die Ausrottung der Wandertaube. Dabei muß das Auftauchen dieser großen Schwärme seinerzeit etwa so wie die Heuschreckenplage gewirkt haben; es ist unvorstellbar, daß man diese Vögel heute noch ertragen würde.

Obwohl sich in den letzten Jahren (zumindest in Kreisen der Naturschützer) die begrüßenswerte Tendenz durchgesetzt hat, den Naturschutz als Mittel zur harmonischen Nutzung der natürlichen Umwelt durch den Menschen zu betrachten, ist diese Ansicht doch nicht immer mit dem notwendigen Nachdruck verfochten worden. Ende der sechziger Jahre erregten sich viele britische Botaniker über den Plan, einen Stausee an einer Stelle zu errichten, an der noch vereinzelt Alpenblumen vorkamen, die in diesem abgelegenen Winkel von Northumberland wahrscheinlich aus der Periode vor dem Ende der letzten Eiszeit erhalten geblieben waren. Zufällig gibt es dieselben Alpenpflanzen in viel größerer Zahl in der Schweiz. Gegen die Errichtung des Staudammes sprachen gewiß gute Gründe, etwa, daß er den Erholungswert der Landschaft beeinträchtigte. Zweifellos ist auch die Frage interessant, ob die in Cow Green gefundenen Alpenblumen in einem wichtigen Zusammenhang mit dem Verschwinden des Eises aus England stehen. Hingegen wird die Überflutung des Tals kaum dazu führen, daß kein Mensch weiß, weshalb Alpenpflanzen an solchen Stellen existieren können. Die entscheidende Frage ist also nicht die Rettung von Cow Green, sondern die Gewißheit, daß eine repräsentative, große Menge dieser Pflanzen unter Umständen erhalten bleibt, die ihrer ursprünglichen gewohnten Umgebung wahrscheinlich viel ähnlicher sind. Und für ein solches Reservat bieten sich nun einmal die Schweizer Alpen an.

Eine weitere Schwierigkeit ergibt sich aus der zunehmenden Verknüpfung von Naturschutz mit einer Entwicklung, die wir als Freizeitindustrie bezeichnen. In den Vereinigten Staaten wurde in letzter Zeit befürchtet, die Landwirtschaft könne sich bis zu den Gletscherseen so nördlich gelegener Staaten wie Wisconsin ausdehnen. Die Frage ist deshalb wichtig, weil diese Seen für einen großen Teil der amerikanischen Wasservögel das Sommerrevier darstellen. Jetzt, da man die ökologische Bedeutung dieser Seen erkannt hat, scheint man einhellig zu meinen, daß die meisten erhalten bleiben sollten. Aber das bedeutet nicht zwangsläufig, daß der Wasservogelbestand ebenfalls erhalten bleibt, denn die Jagd erfreut sich in den Vereinigten Staaten wachsender Beliebtheit. Man weiß nicht genau, wie viele Vögel jedes Jahr in den Vereinigten Staaten von Jägern abgeschossen werden; aber es werden jährlich über eine Million Waffenscheine ausgegeben. Hin und wieder ist sogar berichtet worden, bestimmte Wasservögel stürben an Bleivergiftung, weil sie Bleischrot aus den Wasserläufen in den Nordstaaten aufgepickt hätten. Unter diesen Umständen sollten eigentlich die Ökologen und die Fachleute vom Naturschutz einen Teil ihrer Auf-

merksamkeit auf die Überlegung verwenden, um wieviel leichter man die wichtigen Wildbestände schützen könnte, wenn man das Jagen verböte.
Auf lange Sicht muß man die Grenzen erkennen, die die Ökologie der Freiheit des Menschen auferlegt, seine natürliche Umwelt auszubeuten. Der altmodische Begriff der »Herrschaft über die Natur« ist vielleicht ein Anachronismus, aber der Mensch ist gewiß nicht so sehr Sklave seiner Umwelt, wie es aus den Worten von Dubos hervorgeht: »Jeder Versuch, die Welt zu gestalten und die menschliche Persönlichkeit zu verändern, um eine selbstgewählte Struktur des Lebens zu schaffen, schließt viele unbekannte Folgen ein. Das Geschick des Menschen bleibt ein Glücksspiel, denn irgendwann und irgendwie schlägt die Natur zurück.«
Wo hört für die moderne Gesellschaft die sichere Ausbeutung auf und fängt die mögliche Gefährdung an? Hier ist zunächst einmal darauf hinzuweisen, daß die Ökologen zur Klärung dieser Frage viel mehr beitragen könnten. Flache Seen und Brackwässer, in denen Fische und Seetiere einen großen Teil ihres Lebens verbringen, werden immer kleiner. Sie sind zum Teil der Landgewinnung zum Opfer gefallen oder Marschland geworden. Flußläufe sind reguliert und kanalisiert worden, so daß ihre Mündungen heute schmäler sind. In Hafennähe ist die natürliche Schlickablagerung durch Ausbaggern verhindert worden. Warum sollte man also an geeigneten Küstenstellen nicht für Laichgründe sorgen können? Warum soll man nicht künstlich eine Umwelt schaffen, in der Fische aufwachsen können? Das wäre eine Aufgabe für die Ökologen.
Der Ansturm auf die Meeresstrände wirft auch die Frage auf, warum man keine Badestrände anlegt, an denen die Menschen in der Sonne liegen und schwimmen können. Die Durchführbarkeit derartiger Projekte hängt natürlich nur von den Kosten ab, aber es gibt einige Stellen auf der Welt, die immer stärker versanden. Hier könnte durch phantasievolle Anlagen mit wenig Aufwand mehr Raum für Badefreuden gewonnen werden.
Ebenso sollte man die Versuche nicht einstellen, verschmutzte Seen abzulassen, den Ertrag aus einigen Teilen der Meere durch Kunstdünger oder durch Umleitung von Meeresströmen zu erhöhen und, was vielleicht schwieriger ist, das Klima an manchen Orten durch Baumpflanzungen an entscheidender Stelle zu verbessern (wie es ohne viel Erfolg in Israel und in der Sowjetunion versucht worden ist).
Solche Pläne sind lediglich das moderne Gegenstück zu den Bemühungen des Menschen und seiner primitiven Vorfahren in den letzten zwei Millionen Jahren, die Erdoberfläche zu verändern. Gerade diese Fähigkeit hat den Menschen von Anfang an von anderen Arten unterschieden. Gewiß haben auch die Biber früher einmal sehr viel dazu beigetragen, das Aussehen des Landes, besonders in Nordamerika, zu ändern, aber hier handelte es sich um Instinkt und um mechanische Handlungen. Sicherlich waren auch früher viele Eingriffe des Menschen in seine Umwelt schädlich. Oft

müssen die Versuche, Urwälder mit Feuer zu roden, nicht gerade produktiv gewesen sein. Und doch darf man sich nicht darüber beklagen, daß Staudämme wie der Assuandamm mit Schlick vollaufen und schließlich für die Energieerzeugung unbrauchbar werden; schließlich ist das bei den Biberdämmen in kleinerem Umfang auch passiert. Und wer in der Vereinigten Arabischen Republik wird sich über die Aussicht aufregen, in den nächsten 50 Jahren elektrischen Strom reichlich zur Verfügung zu haben und anschließend, wenn der Nassersee voll Schlick ist, eine riesige fruchtbare Ebene, auf der die verschiedensten Pflanzen wachsen? Könnte sich der Mensch in seinem Drang, die natürliche Umwelt zu manipulieren, nicht so weit von den anderen Teilen des Lebensnetzes entfernen, daß er einer noch unbekannten Bedrohung ausgesetzt wäre? Diese Befürchtung liegt sehr vielen Spekulationen über die ökologische Katastrophe zugrunde. Natürlich soll die Mechanik der modernen Gesellschaft, mindestens in Industrieländern, vor allem die Menschen von ökologischem Druck befreien. Wo es möglich ist, ergreift man Maßnahmen, damit Kinder nicht mehr im Säuglingsalter sterben. Die moderne Medizin dient hauptsächlich dem Zweck, den Menschen vor einem frühzeitigen Tod zu bewahren; das bedeutet, daß die natürlichen Ausleseprozesse im alten Darwinschen Sinn abgeschafft sind. Muß das aber heißen, daß die Menschheit mit Erbanlagen ausgestattet wird, die schließlich zur Katastrophe führen werden? Die Dinosaurier sind ja schließlich für immer verschwunden.

Die Uhr läßt sich nur zurückdrehen und die Menschheit ist nur dann enger an die ökologischen Gegebenheiten zu binden, wenn man eine Situation schafft, in der die Säuglingssterblichkeit höher ist und die natürlichen Krankheiten unter den Menschen wüten, denen auch die Tiere in der Wildnis ausgesetzt sind. Der Mensch ist diesen Verhältnissen nicht nur deshalb entronnen, weil er als Individuum möglichst lange leben wollte, sondern auch, weil die Belastung durch Krankheit in der menschlichen Gesellschaft schon aus wirtschaftlichen Gründen vermieden werden sollte. Der Mensch kann also nicht zu den primitiven Verhältnissen zurückkehren, unter denen seine weitere Entwicklung in jeder Hinsicht, gesellschaftlich wie genetisch, durch den Druck der natürlichen Umwelt und Einflüsse anderer Arten, von denen die meisten Konkurrenten sind, bestimmt wird.

Unter diesem Blickwinkel sind Behauptungen wie von Leo Marx, die menschliche Rasse sei »unausweichlich« Teil des »Zusammenhangs natürlicher Vorgänge«, allenfalls Übertreibungen. In Wirklichkeit haben es die Eigenschaften, die dem ersten Vorfahren des modernen Menschen Erfolge bescherten, nämlich die Fähigkeit, zu klettern und zu laufen, Werkzeuge zu benutzen und zu lernen, möglich und in gewisser Weise auch unabdinglich gemacht, daß sich der Mensch wenigstens in einem bestimmten Aus-

maß vom normalen ökologischen Druck befreite. Wenn das ein Kainszeichen ist, werden sich nicht viele Menschen darüber beklagen.
Was tritt für den Menschen an die Stelle des ökologischen Drucks, dem die anderen Arten ausgesetzt sind? Eugenische Maßnahmen sind weder notwendig noch bisher wünschenswert. Wenigstens vorläufig deutet nichts darauf hin, daß die Menschheit von ihrer relativen Absonderung von der übrigen natürlichen Welt nicht profitiert hätte. Soweit die Ökologen dies abstreiten und behaupten, der Mensch und, sagen wir, der Hase nähmen in der natürlichen Ordnung der Dinge denselben Platz ein, sind sie falsche Propheten. Schlimmstenfalls können sie dadurch die Fähigkeit des Menschen zunichte machen, das für sich zuwege zu bringen, was die natürliche Auslese und der ökologische Druck bei anderen Arten schaffen: planvolle Maßnahmen zu ergreifen, um das Weiterbestehen zu sichern.

Menschen aus der Retorte

Seit Aldous Huxley in *Schöne neue Welt* seine Vision von einer möglichen Zukunft beschrieb, hat die biologische Forschung immer als eine Art Büchse der Pandora gegolten. Das muß wohl so sein. Forschung, die sich unmittelbar mit den Vorgängen des Lebens, Weiterbestehens und Todes befaßt, ruft zwangsläufig alle möglichen emotionellen Reaktionen hervor, nicht nur bei Unbeteiligten, sondern auch bei den Forschern selbst. Im Viktorianischen Zeitalter waren die Menschen von der Entwicklung der Automaten gefesselt. Kann man wirklich Maschinen an die Stelle lebender Menschen setzen? Aber das ist eigentlich nur die volkstümliche Wiederholung eines früheren, ernsthaften und oft erbitterten Streites unter Gelehrten über die Frage, ob sich Lebendes inhärent von Unbelebtem unterscheidet. Die erste chemische Harnstoffsynthese (von Wöhler um 1820 durchgeführt) galt einer Substanz, die man bis dahin immer mit dem Leben verbunden hatte. Sie machte allerdings der Lehre der Vitalisten immer noch nicht den Garaus, daß lebende Dinge tatsächlich von einer ganz eigenen Beschaffenheit seien.
Erst neuerdings, besonders seit den frühen fünfziger Jahren, ist klargeworden, daß Lebewesen in Wirklichkeit nur einfache Aneinanderreihungen von chemischen Molekülen sind, die sich lediglich durch ihre Komplexität von den chemischen Molekülen unterscheiden, die wir in unbelebter Materie finden. Wenn schon die chemischen Bestandteile der Lebewesen inhärent kompliziert sind, dann gilt das erst recht für die Kombination dieser Chemikalien, die zu Zellen und den anderen Bausteinen lebender Gewebe führt. Kann man daraus nun schließen, daß das Leben selbst sich in Begriffen der Chemie und Physik ausdrücken läßt? Diese Frage ist mindestens zum Teil der Grund für die Angst vor den Folgen biologischer Forschung, die wir in den letzten Jahren erlebt haben. Die Angst ist unnötig, wie wir noch sehen werden, aber es ist doch seltsam, daß sie gerade jetzt einen Höhepunkt erreicht, da die biologische Forschung und ihre Anwendung in der Medizin so unermeßlich dazu beigetragen haben, den Menschen von dem unmenschlichsten aller Schrecken, dem sinnlosen Tod, zu befreien.

Der hartnäckigsten und schrecklichsten Spekulation zufolge könnte die biologische Forschung irgendwann einmal dazu beitragen, die menschliche Art zu verändern. Oft ist diese Überlegung optimistisch geäußert worden. Der inzwischen verstorbene hervorragende Genetiker H. J. Muller bekundete noch 1967 seinen Glauben an die Möglichkeit, genetisches Material zu entwickeln, das die menschlichen Anlagen vervollkommnen würde. Auch Jean Rostand schrieb in seinem Buch *Can Man be Modified?,* solche Änderungen des menschlichen Erbgutes hätten wahrscheinlich positive Auswirkungen.

Erst in den letzten Jahren haben diese Spekulationen einen düsteren Beiklang bekommen. Schon der Begriff *Genetic Engineering,* im Deutschen nur unzulänglich mit »Gentechnik« wiederzugeben, mit dem heute die Veränderung des Erbgutes beim Menschen und anderen Organismen beschrieben wird, zeigt die negativen Seiten dieser Aussicht. Manchmal hört man, die Gentechnik werde eindeutig zu sinistren Zwecken angewandt. Schon Versuche, mit dieser Technik die Lebensbedingungen für den Menschen zu verbessern, etwa durch die Beseitigung von Erbkrankheiten, hätten wahrscheinlich unvorhergesehene und abzulehnende Folgen.

Auch die Transplantationschirurgie hat Anlaß zur Unzufriedenheit gegeben, zum Teil wohl, weil die ersten Versuche zur Transplantation von Nieren und Herzen nicht richtig durchgeführt worden waren. Aber die Öffentlichkeit scheint unbewußt auch Angst vor einigen ethischen Fragen bekommen zu haben, die dieser ganze Komplex der Transplantationschirurgie aufgeworfen hat. Wann gilt ein Mensch als tot? Soll man einen schon kranken Patienten einer sehr riskanten Operation unterziehen, um dadurch einen Zustand zu bessern, der den Tod aus natürlichen Ursachen unter sehr viel geringeren Qualen herbeiführen würde, wenn man den Patienten sich selbst überließe? Welche Patienten sollen Transplantate erhalten, wenn der Bedarf nicht gedeckt werden kann?

Die künstliche Befruchtung ist ein noch heikleres Thema. Hier handelt es sich um die Verwirklichung der Huxleyschen Fabrik von Kindern aus der Retorte. Verschiedene Laboratorien sind mit derartigen Arbeiten befaßt, und das Gewissen aller Menschen, der Wissenschaftler wie der Nichtwissenschaftler, ist davon betroffen. Als natürlichste Entwicklungslinie bietet sich die künstliche Befruchtung an; darauf folgt die künstliche Ernährung des daraus entstehenden Embryos. Eine Variation dieses Themas ist die Entwicklung identischer Individuen aus einzelnen Zellen lebenden Gewebes, bisher immer noch ein Stück Science-fiction, soweit es sich um Menschen oder auch Nutztiere handelt. Offensichtlich schaudert es den Menschen vor der Aussicht, dieses *Cloning*-Verfahren, das sich bei Mohrrüben ausgezeichnet bewährt hat, auch zur Erzeugung eines Klons von Albert Einstein oder, was manche für wahrscheinlicher halten, eines Klons von

Arbeitern heranzuziehen, den menschlichen Gegenstücken zu den biologischen Sklaven in Insektenstaaten.
Besonders furchterregende, jedoch irreale Spekulationen haben sich an Forschungen geknüpft, die an der Universität Oxford begonnen wurden. Im Rahmen dieser Arbeiten wurden Zellen von ganz unterschiedlichen Arten verschmolzen und blieben dabei lebendig. Hybridzellen aus Menschen und Mäusen wurden hergestellt, und der Geist Frankensteins irrlichterte durch die Seiten der Boulevardblätter und der Illustrierten. Maulesel sind schon unnatürlich genug; die Verbindung so unähnlicher Arten wie Mäuse und Menschen würde noch ganz andere Probleme aufwerfen. Ob das Verfahren der Zellverschmelzung einmal dazu dienen wird, Lebewesen nach einem vorbestimmten Bauplan herzustellen? Im Vergleich mit den dunklen Aussichten, die diese Entwicklung heraufbeschwört, sind Verfahren zur Geschlechtsbestimmung bei einem normal befruchteten menschlichen Ei verhältnismäßig positiv zu bewerten. Wie wir noch sehen werden, sind das alles zum Glück keine ernstzunehmenden Befürchtungen.
Das gilt auch für die Besorgnisse, mit denen in den letzten Jahren Forschungsarbeiten verfolgt worden sind, die die Funktion des Nervensystems ergründen sollen. Wird die genauere Kenntnis der Chemikalien, die zur Übertragung von Reizen von einer zur nächsten Nervenzelle dienen oder manchmal diese Übertragung verhindern, dann nicht zur Entwicklung von Drogen benutzt werden, die das Verhalten oder die Stimmung ändern? Können Menschen durch Injektion einer chemischen Substanz oder durch Einpflanzung einer Elektrode das Verhalten anderer lenken? Das sind nur einige Fragen, wie sie in den letzten Jahren aufgeworfen wurden und denen die biologische Forschung ihren schlechten Ruf verdankt. Sie sind grundlegend falsch.
Man muß deshalb erst einmal zwei allgemeine Grundsätze klarstellen. Erstens: Die vielen Forschungsgebiete, die gewöhnlich Anlaß zu diesen Gedanken aus der Schreckenskammer geben, gehören zu den Wundern moderner Wissenschaft. Wenn überhaupt ein Körnchen Wahrheit in der Behauptung liegt, daß mit wachsender Erkenntnis auch das Verantwortungsbewußtsein zunimmt, dann dürfen diese Entwicklungen der biologischen Forschung nicht einfach außer acht gelassen werden. Das liegt auch im Rahmen der Tradition, daß die Medizin (und die biologische Forschung, aus der sie hervorgegangen ist) heilend und human wirken soll. Eine der stärksten Triebfedern, die den Menschen dazu bringt, solche Berufe zu ergreifen, ist die allerdings manchmal sehr unrealistische Ansicht, die Ausübung des Arztberufs sei eine gesellschaftliche Tugend. Wie könnte sich eine Gemeinschaft von Leuten, die Gutes tun wollen, als so böswillig erweisen, wie ihre Kritiker behaupten?
Über die Gentechnik und die damit zusammenhängenden Befürchtungen

läßt sich vor allen Dingen eines sagen: Im Grunde genommen besteht kein Unterschied zwischen dem Versuch, die Mängel zu beheben, mit denen ein Mensch auf die Welt kommt, und der Ausübung der Medizin in ihrer irdischen Form. Beide Male handelt es sich um Versuche, behebbare Schäden und unnötigen Tod zu vermeiden. Es behauptet auch niemand, daß einem Menschen, der mit einer Mißbildung auf die Welt kommt, etwa *Spina bifida,* nicht soweit wie möglich geholfen werden soll, damit er ein normales Leben führen kann. Wenn die Gentechniker heute in der Lage sind, die Symptome der erblichen Bluterkrankheit zu beseitigen, kann man sie doch deswegen nicht an den Pranger stellen.

In der Praxis hat es bereits mehrere Versuche gegeben, schlechtes Erbgut auszugleichen. Aus Schweinen, Kühen und Pferden gewonnenes Insulin dient zur Behandlung von Zuckerkranken. Wenn die menschliche Bauchspeicheldrüse nicht richtig funktioniert, wird dem Kranken das Produkt einer tierischen Bauchspeicheldrüse injiziert. Die Vererbung spielt bei der Neigung zur Zuckerkrankheit zweifellos eine große Rolle, obwohl immer noch nicht klar ist, in welchem Umfang diese Krankheit auch durch zu reichliche Nahrungsaufnahme hervorgerufen werden kann. Man kann also, um es kurz zu sagen, mit Hilfe von Insulin einen ererbten Mangel ausgleichen. Warum wird deshalb die Insulintherapie nicht Gentechnik genannt und in öffentlichen Diskussionen über die Zukunft der Biologie verurteilt?

Die Gentechnik im modernen Sinn ist auch von vielen Leistungen der Pflanzen- und Tierzucht nicht zu unterscheiden, die der modernen Landwirtschaft ertragreichere Arten zur Verfügung gestellt haben. Die Folgen waren weitreichend. Die Phönizier haben vielleicht deshalb mit Erfolg Kolonien gegründet, weil sie bessere Weizensorten mitbrachten. Jetzt bilden neue Weizensorten die Grundlage der Grünen Revolution. Das Rind in Westeuropa und Nordamerika ist durch genetische Manipulation entstanden, wenn man die starke künstliche Selektion und Züchtung in Betracht zieht. Das Pferd ist genetisch ebenfalls ein Produkt menschlichen Schöpfergeistes, aber man nennt Pferdezüchter nun einmal nicht Gentechniker und beschimpft sie auch nicht, weil sie angeblich das Erbgut verfälscht haben.

Was geschieht, wenn die individuellen Erbanlagen umgewandelt werden können? Befürchtungen dieser Art wurden durch die Entdeckungen der modernen Biochemie ausgelöst, also eines Zweiges, der seit 20 Jahren auch Molekularbiologie heißt. Das Material, das die genetische Information von einer Generation auf die nächste überträgt, also die Substanz, aus der die Chromosomen hauptsächlich bestehen, ist eine chemische Verbindung mit der Kurzbezeichnung DNS. Jedes Molekül aus diesem Stoff ist eine lange Kette kleinerer chemischer Einheiten. In den meisten Organismen besteht jede Einheit dieser Kette aus vier verhältnismäßig einfachen Chemikalien, und die Unterschiede dieser vier Komponenten bestimmen die Erbanlagen des Individuums, in dem sich dieses Molekül befindet. Eines der einfachsten Rezepte in der Gentechnik besteht darin, die chemische Zusammensetzung dieser DNS-Moleküle zu ändern oder sogar ganze Teile, die eine Reihe von Eigenschaften ausdrücken, durch andere zu ersetzen.

Ein derartiges Verfahren böte einige wichtige Anwendungsmöglichkeiten. Menschen, die an ererbten Krankheiten wie Bluterkrankheit oder auch Zuckerkrankheit leiden, unterscheiden sich von normalen Menschen in der chemischen Zusammensetzung eines bestimmten Teils ihrer DNS-Moleküle. Ersetzt man das fehlerhafte DNS-Stück durch ein normal strukturiertes, so läßt sich der ererbte Mangel ausgleichen. Eine weitere Möglichkeit besteht darin, natürliche Erbanlagen zu verbessern, vielleicht den Intelligenzquotienten um ein paar Punkte zu erhöhen.

Eine unmittelbare chemische Manipulation mit dem Genmaterial ist fast unvorstellbar. Die Gentechniker müssen etwas erfinderischer sein. Jede chemische Behandlung, die auf eine der vier Einheiten einwirkt, aus denen sich ein DNS-Molekül zusammensetzt, ohne die übrigen drei zu beeinflussen, würde zwangsläufig die Kette an verschiedenen Stellen angreifen, so daß eine gewünschte Änderung (oder Mutation) von verschiedenen unerwünschten Änderungen begleitet wäre. Die Möglichkeit, daß die unmittelbare chemische Manipulation der DNS sehr häufig mißglücken würde, ist sehr groß. Zusätzlich zu den geplanten Änderungen könnten also auch ungeplante und unvorhersehbare Änderungen eintreten, die zum Teil vielleicht unerwünscht wären. Einige Theorien über die Krebsentstehung gehen von der Annahme aus, die Ursache sei eine Änderung der Struktur des DNS-Moleküls. Es besteht also kaum die Aussicht, daß die Gentechnik je durchführbar sein wird.

Welche anderen Möglichkeiten gibt es, wenn schon die Chemie nie eine Basis der Gentechnik sein kann? Einiges läßt sich aus den Verfahren lernen, mit deren Hilfe man die genetischen Eigenschaften einfacherer Organismen als des Menschen oder der Säugetiere geformt hat. Viele davon sind bereits von großem praktischem Nutzen. Bei der Herstellung von Antibiotika durch Züchtung bestimmter Pilzzellen erweisen sich die nicht auf natürliche Weise entstandenen Pilzstämme oft als viel produktiver als die natürlichen Stämme. Die anomalen Stämme werden häufig dadurch isoliert, daß man wilde Zellen chemisch oder sogar mit ionisierender Strahlung behandelt. Dabei sterben viele der ursprünglichen Zellen ab. Die erwünschten Anomalien im Rest werden ausgelesen, indem man sie auf Kosten der weniger wünschenswerten, jedoch vielleicht normaleren Verwandten wachsen läßt. Wie bei der Züchtung von Rennpferden, so geht es auch hier um die unnatürliche Auslese. Das Ergebnis ist ein ganzer Bakterienstamm (das Äquivalent einer Rasse bei der menschlichen Bevöl-

kerung), der für eine bestimmte biochemische Aufgabe hervorragend geeignet ist.
In den letzten Jahren sind diese Verfahren in großem Umfang angewandt worden. Eine Möglichkeit liegt auf der Hand: die Verwendung künstlich ausgewählter Bakterienstämme und anderer Mikroorganismen, etwa Schimmelpilze, zur Herstellung so komplizierter Chemikalien wie des Vitamins B 12. Als komplizierter Zweig der chemischen Technik hat die Gentechnik sicherlich eine Zukunft. Es dürfte sehr bald möglich sein, durch richtige Ausnutzung geeigneter Bakterienstämme die vielfältigsten biologischen Substanzen für die Medizin oder Industrie herzustellen, etwa Enzyme zur Behandlung der Leukämie.
Die künstliche Selektion kann jedoch zwangsläufig nur von einer geringen Treffsicherheit sein; deshalb hat man sich in den letzten Jahren stärker für Verfahren interessiert, bei denen ganze Abschnitte des Genmaterials von einem Organismus auf einen anderen übertragen werden. Bei Bakterien funktioniert diese Methode jetzt schon sehr zuverlässig. Man weiß, daß Viren, die Bakterien befallen, Stücke von DNS-Molekülen von einer Bakterienzelle auf eine andere übertragen können. Sie sind also in der Lage, eine Bakterie mit genetischen Eigenschaften zu infizieren, die eigentlich einer anderen gehören. Manche dieser Wirkstoffe vermögen auch genetische Eigenschaften unter den Bakterien weiterzugeben. Das zeigt sich leider auch daran, daß Bakterien, die gegen ein Antibiotikum resistent geworden sind, die genetische Anlage für diese Widerstandsfähigkeit auf einen anderen Stamm übertragen.
Dank der einfachen Möglichkeit, Teilabschnitte des Genmaterials von einer Bakterie auf eine andere zu verschieben, ist die Gentechnik in der Lage, planmäßig einen genetischen Mangel auszugleichen, den eine Bakterie vielleicht aufweist. Mit Hilfe derselben Methoden ist vor kurzem eine einzelne Bakterie mit mehreren Exemplaren desselben Stücks Genmaterial versehen worden, so daß die anomalen Zellen auch anomal große Mengen der gewünschten chemischen Substanzen erzeugten. Die bereits heute gut bekannten Techniken der Bakteriengenetik erlauben also nicht nur die planmäßige Selektion genetischer Merkmale, sondern auch die Züchtung von Bakterienstämmen, die sich für bestimmte chemische Aufgaben ungewöhnlich gut eignen.
Wie sind die Aussichten für eine Anwendung dieser Verfahren auch auf höhere Organismen als Bakterien, etwa Menschen? Hier liegen ganz eindeutige Unterschiede vor, die die Verwendbarkeit der Gentechnik einschränken müssen. Obwohl Bakterienviren genetische Merkmale von einer Bakterienzelle auf eine andere übertragen können, scheint das beim Menschen nicht möglich zu sein. Wann ist je beim Menschen ein ererbter Mangel durch eine Virusinfektion beseitigt worden, die genetisches Material aus einer anderen Quelle beibrachte? Offenbar ist das genetische

Material menschlicher Zellen weniger leicht zu beeinflussen als das der Bakterien, obwohl es in irgendeinem Stadium sicherlich eine Rolle spielt, daß die Krebsneigung bestimmter menschlicher Zellen mit dem Vorhandensein von durch ein Virus übertragenem Genmaterial zusammenzuhängen scheint.

Unter diesen Umständen ist es um so erstaunlicher, daß vor kurzem Berichte über den Einbau genetischer Merkmale eines der bekannten Bakterienviren (mit der Schlüsselbezeichnung Lambda) in den genetischen Apparat von im Labor gezüchteten menschlichen Zellen veröffentlicht wurden. Im Oktober 1971 berichtete eine Wissenschaftlergruppe aus den *National Institutes of Health and of Mental Health* in Bethesda, Maryland, über ein bemerkenswertes Experiment mit Zellen, die Patienten mit Galaktosämie entnommen worden waren, einer Erbkrankheit, bei der eine bestimmte biologische Substanz, ein Enzym, fehlt. Es erwies sich dabei, daß das Bakterienvirus Lambda in der Lage ist, diese chemische Substanz herzustellen; auf den ersten Blick sieht es also so aus, als könne das Virus auch die menschlichen Galaktosämiezellen infizieren und dadurch die ererbte Mangelerscheinung rückgängig machen.

Den Urhebern dieser Versuche ist die potentielle Bedeutung ihrer Arbeit bekannt. Es ist aber noch keineswegs klar, ob sich für die Ergebnisse nicht auch eine andere Erklärung findet. Immerhin besteht doch die Möglichkeit, daß Gensubstanz in bestimmten Formen mit Hilfe der Viren von Bakterien auf den Menschen übertragen werden kann.

Auch ganze Chromosomenstücke, die bestimmte genetische Merkmale tragen, können von einer Rasse oder einer Art auf eine andere übertragen werden. Solche Übertragungen von Genmaterial sind in der Pflanzenzucht schon in großem Umfang durchgeführt worden, ganz besonders bei der Entwicklung neuer Weizensorten. Meist läßt sich am Chromosomensatz, der einer Art ihre ausgeprägten Merkmale verleiht, nicht viel ändern, ohne daß die Art unfruchtbar oder lebensunfähig wird; aber bei bestimmten Pflanzenarten scheint die Chromosomenanlage weniger streng bestimmt zu sein. Man muß erst noch abwarten, ob sich auch die genetische Anlage von Tieren ähnlich beeinflussen läßt; das könnte sich bei einem der Experimente herausstellen, in denen die Zellen so verschiedener Arten wie Mäuse und Menschen miteinander verschmolzen werden.

Wie wirkt sich das auf die Anwendung neuer Methoden der Gentechnik beim Menschen oder bei Säugetieren von ähnlich komplizierter Genetik aus? Die genetische Anlage eines Menschen muß am ehesten dann geändert werden, wenn er eine Erbkrankheit hat. Bei einer der bekanntesten, der Bluterkrankheit, fehlt ein biologischer Wirkstoff in der Blutbahn, der sonst für die natürliche Blutgerinnung sorgt. Eine andere Erbkrankheit ist die Zuckerkrankheit, die durch Insulinmangel hervorgerufen wird. Eine ganze Reihe von vererbbaren Krankheiten führt zu schweren Geistesstö-

rungen; die Phenylketonurie ist eine der bekanntesten. Weil man diese Erbkrankheiten bald oder schon heute chemisch zu erklären vermag, kann man auch daran denken, solche Schäden zu reparieren.
Theoretisch bieten sich hierfür einige Möglichkeiten an. Es könnte ein Virus entwickelt werden, das die fehlende genetische Substanz trägt. Ein solches Virus könnte etwa einige Zellen eines Bluters infizieren und dadurch die genetische Fähigkeit übertragen, den Blutgerinnungsfaktor herzustellen. Unter geeigneten Umständen wäre das Ergebnis eine Art künstliches Organ (die infizierten Zellen), das den Blutgerinnungsfaktor erzeugt. Bisher weiß man jedoch noch nicht, ob sich entsprechende Viren finden lassen oder ob man sie wirksam zur Infektion von Körperzellen mit fehlendem genetischem Material einsetzen kann. Bevor diese Fragen nicht geklärt sind, wirft die Anwendung der Gentechnik beim Menschen zu große Probleme auf.
Natürlich wäre es weitaus besser, Erbkrankheiten ein für allemal mit einer einzigen Injektion zu heilen, als die Patienten ihr Leben lang von der Verabreichung von Chemikalien abhängig zu machen. Aber selbst dann wären diese Lösungen nur Teillösungen. Ein Mensch könnte so zwar von den Symptomen einer Erbkrankheit befreit werden, aber er würde diese Krankheit nach wie vor kommenden Generationen vererben. Um das zu verhindern, brauchte man außer der Gentechnik auch Verfahren zur künstlichen Befruchtung.
Spezifische Änderungen der menschlichen Erbsubstanz sind zwangsläufig schwieriger, besonders auch deshalb, weil man kaum weiß, wie die meisten menschlichen Erbmerkmale bestimmt sind. Die körperliche Statur ist sicherlich ein Produkt verschiedener unabhängiger Teile im Genmaterial. So müssen Söhne und Töchter von Sportlern selbst nicht auch gute Sportler sein. Auch wenig greifbare Bestandteile der physischen Erbmasse wie die Anlage zum Altwerden lassen sich nur sehr schwer mit der Weitergabe genetischer Wirkstoffe von einer Generation auf die nächste in Zusammenhang bringen. Heute und in nächster Zukunft wird also der angehende Gentechniker eher wie ein Automechaniker arbeiten, der schadhafte Teile auswechseln kann, jedoch völlig außerstande ist, die Teile und Stücke zu konstruieren und zusammenzubauen, aus denen seine Maschine besteht.
Auch das Spiel mit den komplizierteren Attributen menschlicher Erbanlagen, etwa dem genetischen Teil der Intelligenz, überschreitet unsere gegenwärtigen und zukünftigen Möglichkeiten noch bei weitem.
Soweit die menschliche Intelligenz genetisch bestimmt ist, müssen hierbei mehrere Chromosomen in einer Weise mitwirken, die zur Zeit noch nicht bekannt ist. Wahrscheinlich kommt es auch darauf an, wie die Chromosomen die Anordnung der Nervenzellen bei der Gehirnentwicklung in den Monaten vor der Geburt bestimmen. Denselben Prozeß kann man jedoch

auch von außen beeinflussen, etwa über die Zusammensetzung der Nahrung der Mutter. Niemand weiß hierüber bisher Genaueres. Wer also den Versuch unternimmt, am Erbgut etwas zu verändern, auch im schlechten Sinn, braucht dazu ein viel profunderes Wissen über die Beschaffenheit der Intelligenz, als es bis heute vorhanden ist. Für die Vererbung der Intelligenz gilt diese Einschränkung noch viel stärker. Wenn es darum geht, das allgemeine Intelligenzniveau zu heben, bringt die Verbesserung der Lehrmethoden im Sinne einer umfassenden Theorie der Lernpsychologie weitaus mehr als jede genetische Manipulation. Ähnlich ließe sich Intelligenz, wenn dies beabsichtigt wäre, wahrscheinlich am einfachsten mit Hilfe der Methoden fehlsteuern, bei denen man den menschlichen Geist absichtlich verkümmern läßt. Diese Möglichkeiten sind ja leider nur allzu bekannt und werden auch angewandt.

Deshalb kann man von den heute vorhandenen Kenntnissen in der Humangenetik am besten Gebrauch machen, wenn man mehr und sinnvoller als bisher zu verhindern sucht, daß Kinder mit schlechten Erbanlagen überhaupt zur Welt kommen. Schon heute warnen die meisten Ärzte Eltern vor einer Empfängnis, wenn die Kinder sehr wahrscheinlich irgendeinen Erbschaden davontragen werden. Vorläufig ist dieser positive Ansatz zur sogenannten Eugenik wohl das Äußerste, was man erwarten darf. Je mehr wir über die Vererbbarkeit bestimmter Krankheiten wissen, um so besser werden auch die Möglichkeiten einer genetischen Beratung. Weil Ehepaare auch unter solchen Umständen wohl kaum auf Kinder verzichten werden, sollte die genetische Beratung durch bessere Möglichkeiten der künstlichen Befruchtung für den Menschen ergänzt werden. Es sollte auch systematischer bald nach der Empfängnis untersucht werden, ob ein heranwachsender Embryo einen erkennbaren genetischen Schaden aufweist, etwa das zusätzliche Chromosom, das bestimmte Arten von Mongolismus kennzeichnet. Das ließe sich heute schon zu einem regelrechten Bestandteil der medizinischen Eugenik ausbauen. Diese Verfahren sind sicherlich noch lange den zwangsläufig unsicheren und komplizierten Methoden der sogenannten Gentechnik vorzuziehen.

Wie steht es mit den Aussichten, das Geschlecht von Kindern vorherzubestimmen? In der Tierzucht ist diese Möglichkeit schon seit Jahren Ziel umfangreicher Forschungsarbeiten. Theoretisch müßte es möglich sein, Samen, der männliche, von Samen, der nach der Befruchtung des Eies weibliche Nachkommen erzeugt, zu trennen, denn das männliche Chromosom ist kleiner als das weibliche Chromosom. Dieses Verfahren wäre von großer wirtschaftlicher Tragweite; das Zuchtpotential von Milchvieh würde erheblich zunehmen, wenn man dafür sorgen könnte, daß weniger männliche Nachkommen geboren werden.

Beim Menschen böte es gewisse Vorteile, wenn sich Ehepaare, die schon viele Jungen oder viele Mädchen haben, dagegen sichern könnten, daß die

nächsten Nachkommen wieder von demselben Geschlecht sind. Wenn eine solche Möglichkeit der Geschlechtsbestimmung ohne große Schwierigkeiten anzuwenden wäre, würden Ehepaare wahrscheinlich auch das Geschlecht ihrer Kinder in bestimmter Folge planen, obwohl sich in der Gesamtbevölkerung das heutige Verhältnis von Jungen zu Mädchen vermutlich nicht grundlegend ändern würde.
Heute ist das Geschlecht praktisch eigentlich nur so zu bestimmen, daß man nach der Empfängnis in einem frühen Entwicklungsstadium einige Zellen aus dem Uterus entnimmt und eine Fehlgeburt auslöst, wenn der Embryo das falsche Geschlecht hat. Irgendwann einmal ist vielleicht die Verwendung von künstlichem Samen eine bequemere, schnellere und sicherere Alternative. Aber auch hier sind die heutigen Möglichkeiten so abstoßend, daß sie wahrscheinlich keine Verwendung finden werden. Bisher bietet sich auch noch keine einfachere Technik an, obwohl die Forschung auf diesem Gebiet sehr schnell zu Ergebnissen führen kann.
Was bedeutet das für die Zukunft der Gentechnik? Einmal bestehen gute Aussichten dafür, daß diese Methode, auf Bakterien und andere Mikroorganismen angewandt, die Leistungsfähigkeit der biochemischen Industrie verbessert. Hier sind bereits wichtige Arbeiten durchgeführt worden, aber noch viele Aufgaben sind ungelöst. Zweitens deuten sich zahlreiche Möglichkeiten zur Manipulation des Erbgutes bei verschiedenen Pflanzen an. Wie die Entwicklung neuer Weizensorten gezeigt hat, besteht die Schwierigkeit darin, daß einige Wachstumsperioden vergehen müssen, bis die Zwischenergebnisse dieser Versuche vorliegen. Die Entwicklung neuer Pflanzensorten auf diesem Weg ist also notgedrungen ein langsamer, aber erfolgversprechender Prozeß. Drittens besteht die Möglichkeit vorläufig noch nicht, daß eine der verschiedenen Techniken, die sich nachweislich zur Übertragung von Erbgut von einer Bakterie auf eine andere eignen, auch zur Behebung von Erbschäden und Erbkrankheiten beim Menschen und bei Säugetieren herangezogen werden kann. Ob die menschliche Erbsubstanz jemals stärker manipuliert werden kann, ist zur Zeit noch völlig ungewiß. Diese Frage läßt sich erst beantworten, wenn einige der komplizierteren Aspekte der Humangenetik gelöst sind. Die neueren Entwicklungen in der Molekularbiologie kann man wohl am besten dadurch nutzen, daß man die genetische Beratung wirksamer und phantasievoller gestaltet.
Das unterscheidet sich denn doch grundlegend von den Schrecknissen, die heute im Zusammenhang mit der Genetik nur zu oft heraufbeschworen werden.
Weshalb Organverpflanzungen so umstritten sind, ist schwer einzusehen. Schließlich korrigiert die Medizin schon seit über drei Jahrhunderten Fehlsichtigkeit mit Brillen. Es gibt künstliche Gebisse, und bei grauem Star wurde früher oft die Hornhaut vom Auge eines Toten übertragen.

Auch die Hautverpflanzung ist zu einem allgemein anerkannten Verfahren in der medizinischen Praxis geworden; Kunststoffstücke werden immer häufiger zur Reparatur von Knochen, Blutgefäßen und anderen Teilen des menschlichen Körpers verwendet, und Patienten mit einem Herzblock wird heute ein elektrischer Herzschrittmacher eingesetzt. Auch Bluttransfusionen für Säuglinge mit dem falschen Rhesusfaktor gehören zur Standardtherapie. Alle diese Maßnahmen gelten als wünschenswerte therapeutische Hilfsmittel. Um so erstaunlicher ist es, daß die Organverpflanzung so oft auf Bedenken stößt. Natürlich spielt die Organübertragung in der ärztlichen Praxis nur eine kleine, aber eine wichtige Rolle. Seit den ersten Transplantationen Ende der fünfziger Jahre ist die Nierenverpflanzung bei der Behandlung von Nierenerkrankungen zur Routine geworden. Diese Möglichkeit ist entschieden der Verwendung einer sogenannten künstlichen Niere vorzuziehen, die die Abfallstoffe aus der Blutbahn entfernt – zumindest, wenn der Patient die Operation übersteht und geeignete Nieren verfügbar sind. Obgleich die Nierentransplantation auch als Operation gefährlich sein kann, liegt die größte Gefahr darin, daß die eingepflanzte Niere nach einer Zeit von wenigen Tagen bis zu einigen Jahren nicht mehr funktioniert. Selbst in Ländern mit so hochentwickelter medizinischer Technik wie in England und den Vereinigten Staaten sterben jährlich sehr viele Patienten an Nierenversagen, ohne nach einem der beiden Verfahren behandelt worden zu sein. Es stehen einfach nicht genügend Maschinen oder Nieren zur Verfügung.

Die Transplantation von anderen Organen als der menschlichen Niere ist ein weniger sicheres Unterfangen. In einigen Krankenhäusern hat man schon Lebern verpflanzt, aber die Operation ist kompliziert und war nur gelegentlich erfolgreich. Versuche einer Übertragung der Bauchspeicheldrüse von einem Menschen auf den anderen sind vor kurzem erfolgt und bieten vielleicht einmal eine Möglichkeit zur Behandlung der Zuckerkrankheit. In Fällen von akuter Leukämie sind auch Knochenmarktransplantationen versucht worden, bisher allerdings ohne großen Erfolg. Das gilt leider auch für das spektakulärste aller Organverpflanzungsexperimente: die seit Mitte der sechziger Jahre durchgeführten Versuche, Herzen von einem Menschen auf den anderen zu übertragen. Wie die Ereignisse gezeigt haben, schlagen Herztransplantationen leider oft fehl. Wenn die eingepflanzten Herzen überhaupt funktionieren, halten sie sich im allgemeinen nur kurze Zeit im Körper des Empfängers und arbeiten auch dann nicht einmal einwandfrei.

Was macht die Organverpflanzung so umstritten? Die Chirurgen selbst haben hier das meiste Unheil angerichtet. Seit den ersten Nierenverpflanzungen mußte vor allen Dingen dafür gesorgt werden, daß die natürlichen Abwehrkräfte des Empfängerkörpers ein eingepflanztes Organ nicht abstoßen, wie normalerweise körperfremde Substanzen, etwa Bakterien, abgestoßen werden. Mit der Zeit hat die Entwicklung biologischer Stoffe, die diese Immunreaktion unterdrücken können, auch dazu beigetragen, Organtransplantationen möglich zu machen. Zu Anfang dieser Entwicklung mußte jedoch der Spender eines Organs, etwa einer Niere, ein enger Verwandter des Empfängers sein, wenn die Operation Erfolg haben sollte. Unter diesen Umständen wird die bei schweren Operationen ohnehin bestehende Spannung noch zusätzlich durch die Überlegung verstärkt, ob die Hergabe einer Niere durch einen Verwandten letzten Endes nicht doch vergebens gewesen ist. Mit den ersten Operationen haben viele Krankenhäuser und ihre Chirurgen der Sache der Organübertragung einen schlechten Dienst erwiesen, weil sie derartige Konfliktsituationen in der Öffentlichkeit zu stark herausstellten. Obwohl heute die zur Verpflanzung bestimmten Organe nicht mehr von einem nahen Verwandten oder einem noch lebenden Menschen stammen müssen, bleibt doch das Problem der Organvorräte. Am größten ist hier die Gefahr, daß Mediziner, die dringend Organe zur Verpflanzung suchen, ihre Maßstäbe, nach denen sie zwischen Leben und Tod unterscheiden, bewußt oder unbewußt verfälschen. Bei den ersten Versuchen einer Herztransplantation wurde der Spender oft die letzten Stunden künstlich am Leben erhalten, im allgemeinen mit einem mechanischen Atemgerät. Unter diesen Gegebenheiten war natürlich vor allen Dingen zu befürchten, Chirurgen könnten vielleicht das Atemgerät abschalten und den Totenschein unterzeichnen, wann es ihnen und nicht dem potentiellen Organspender paßte.

Die Publizität, die den Herztransplantationen mittlerweile zuteil geworden ist, und die Publizitätssucht der beteiligten Ärzte tragen verständlicherweise dazu bei, daß Herzverpflanzungen von der Öffentlichkeit nicht unbedingt gebilligt werden. Werden Herzchirurgen vielleicht durch die allgemeine Überzeugung beeinflußt, das Herz sei der Sitz des Lebens? Welche Erklärung man dafür auch sucht: Wie einige Herzverpflanzer, besonders Christian Barnard, für ihre Arbeit den Beifall der Öffentlichkeit gesucht haben, ist nicht zu entschuldigen.

Zuviel Publizität kann leicht die ohnedies komplizierte Beziehung zwischen medizinischen Neuerern und den Patienten belasten, die zwangsläufig ihre Versuchsobjekte darstellen. Vor allem muß es bedenklich stimmen, wenn neue Verfahren und Operationen am Menschen erprobt werden, ohne daß vorher ein eingehendes Versuchsprogramm mit Tieren durchgeführt worden ist. Leider waren in dieser Hinsicht viele Chirurgenteams, die sich 1969 und 1970 der Mode der Herztransplantationen anschlossen, schlecht vorbereitet. Außerdem müssen alle, an denen medizinische Neuerungen ausprobiert werden, auf einen gewissen Erfolg hoffen können.

Es wäre tragisch, wenn durch Unzulänglichkeiten die Entwicklung von Verfahren in Mißkredit geriete, die zur Verhinderung des verfrühten

Todes beitragen. Unter diesen Umständen ist es erfreulich, daß rasch eine ethische Grundlage und ein verwaltungstechnischer Rahmen für die Durchführung von Organverpflanzungen geschaffen werden. So ist in vielen Ländern vereinbart worden, daß dem Ärzteteam, das ein Organ zur Verpflanzung verwenden möchte, nicht der Arzt angehören darf, der entscheidet, ob der potentielle Spender als tot gelten kann. Die neuen, schwierigen Probleme der Organverpflanzung haben also ihren Platz in der normalen ärztlichen Praxis offenbar bereits gefunden. Sicherlich haben die Regierungen im allgemeinen längst nicht ihr möglichstes getan, um potentielle Spender bekanntzumachen. Es ist auch bedauerlich, daß sich die Behörden bisher noch nicht mit dem Stellenwert der Verpflanzung in der medizinischen Praxis in wirtschaftlicher Hinsicht auseinandergesetzt haben. Wie groß ist der Nutzen, wenn man eine teure, nicht bei jedem durchführbare Operation ausführt, um das Leben eines einzelnen ein paar Jahre zu verlängern? Diese Frage bezieht sich auf alle neuen medizinischen Techniken. Daß sie sich vorläufig für die Organverpflanzung noch nicht beantworten läßt, beweist, daß sich dieses Verfahren immer noch im Versuchsstadium befindet.

Unter all den Schrecknissen, die man spekulativ mit der biologischen Forschung in Verbindung bringt, erregt die Arbeit einiger Forschungsstätten, die im Laborversuch die Entwicklung der menschlichen Befruchtung verfolgen, besondere Aufmerksamkeit. Man fragt sich, ob Aldous Huxley nicht doch ein Prophet war und ob es nicht in wenigen Jahren das Retortenbaby geben wird. Wenn man sieht, was alles getan wird, um den Beginn des Lebens zu erkennen, dann überlegt man natürlich auch, ob nicht eines Tages völlig künstliche Lebensformen entstehen können.

Die künstliche Befruchtung ist eigentlich uralt. Forellenzüchter entnehmen schon lange dem Weibchen die Eier und lassen sie künstlich befruchten; aber der Fisch unterscheidet sich ja vom Säugetier darin, daß die Befruchtung außerhalb des Körpers erfolgt. Das gilt auch für die Amphibien, und deshalb regt sich kein Mensch über künstliche Manipulationen mit Froscheiern auf. In der Tierzucht hat sich mittlerweile die Praxis herausgebildet, den männlichen Samen zu speichern und zur künstlichen Besamung zu verwenden, obwohl es etwas sonderbar wirkt, daß Organisationen wie die Zentrale Milchabsatzstelle in England und der Landwirtschaftliche Forschungsdienst in den Vereinigten Staaten die künstliche Besamung von Rindern und Schafen fördern, während entsprechende Organisationen, die für die Überwachung des Stammbaums von Pferden, Hunden, Katzen und anderen zahmen Tieren zuständig sind, nicht laut genug gegen diese Praxis opponieren können.

Zur künstlichen Befruchtung im engeren Sinn gehört die Verschmelzung von Ei und Samen außerhalb des Körpers. Bei Säugetieren scheint L. E. A. Rowson mit dieser Methode Ende der vierziger Jahre erstmals Erfolg gehabt zu haben, als er in Cambridge Schafeier außerhalb des Körpers befruchten konnte, in den Uterus übertrug und sie sich dort normal entwickeln ließ. Es hat seitdem über zwei Jahrzehnte gedauert, bis man eindeutig bestimmen konnte, daß auch menschliche Eier künstlich befruchtet werden können. Bei gezähmten Tieren ist das Verfahren verhältnismäßig einfach, denn nichts spricht dagegen, ein Muttertier als Empfänger eines möglicherweise wachsenden Embryos auszuwählen. Beim Menschen müssen schwerwiegende ethische Probleme gelöst werden, ehe eine solche direkte Versuchsmöglichkeit in Betracht gezogen werden kann. Bei den bisher mit menschlichen Eiern durchgeführten Versuchen hat der Erfolg hauptsächlich darin bestanden, daß befruchtete Eier zur Teilung angeregt werden konnten. Ende der sechziger Jahre befaßten sich einige Laboratorien in den Vereinigten Staaten und in England eingehend mit der Erforschung der künstlichen Befruchtung menschlicher Eier und der Eier von verschiedenen Säugetierarten. Die bisher gewonnenen Erfahrungen zeigen klar, daß die vollständige künstliche Entwicklung eines menschlichen Embryos wahrscheinlich auf große Schwierigkeiten stößt.

Die Schwierigkeit beginnt schon damit, daß ein menschliches Ei im richtigen Stadium des Reifezyklus entnommen werden muß. 1968 war die Entwicklung menschlicher Eier unter dem Einfluß der sogenannten Gonadotropine, eines Geschlechtshormons, so weit möglich, daß R. G. Edwards und seine Mitarbeiter in Cambridge mit einer einfachen, jedoch nicht unbedenklichen Operation geeignete Eier aus den Eierstöcken von Frauen gewinnen konnten. In der Natur durchlaufen die Eier aller Säugetiere auf dem üblichen Weg zwischen Ovarien und Uterus einen Reifeprozeß, zu dem eine Flüssigkeit notwendig ist, die die essentiellen Hormone reichlich enthält. Die künstliche Entwicklung wurde vor allen Dingen dadurch gehemmt, daß ein Laborersatz für diesen natürlichen Stoff nicht leicht zu finden war. Eine weitere, noch nicht ganz aufgeklärte Schwierigkeit besteht darin, daß Samen reife Eier nur dann ohne weiteres befruchtet, wenn auch er einen Reifeprozeß durchgemacht hat. Deshalb mußte das richtige Medium gefunden werden, in dem die Eier zur Befruchtung aufbewahrt werden konnten.

1968 konnten Edwards und seine Mitarbeiter die Befruchtung von Eiern in Reagenzgläsern beschreiben. Bei diesem Versuch durchlief die durch die Verschmelzung von Ei und Samen gebildete Zelle drei aufeinanderfolgende Zellteilungen und erzeugte dabei acht Zellen, einen primitiven Embryo. 1971 konnten die befruchteten Eier schon bis zum Stadium des Keimbläschens, der sogenannten Blastozyste, entwickelt werden, in der in einer Hohlschale bis zu 100 verschiedene Zellen zu identifizieren waren, die den in der Natur vorkommenden Embryostrukturen anscheinend völlig ähnelten. Eine ähnliche Blastozyste von rund 100 Zellen wurde fast gleichzeitig von L. B. Shettles in New York gezüchtet.

Worin besteht der nächste Schritt? Das Leben eines Embryos scheint sich nur dadurch verlängern zu lassen, daß man ihn wieder in einen Uterus bringt. Edwards und seine Kollegen wollen mit ihrem Verfahren bestimmte Arten der Unfruchtbarkeit bei Frauen behandeln, besonders wenn die Eileiter, die normalerweise die Eier vom Eierstock zum Uterus befördern, aus irgendeinem Grund verklebt sind. Es müßte dafür gesorgt werden, daß der Uterus das befruchtete Ei aufnehmen kann; dazu gehört die entsprechende Vorbehandlung mit Hormonen. Das Verfahren ist bei Hasen, Schafen und anderen Säugetieren sehr einfach und dürfte eigentlich auch beim Menschen nicht versagen.

Eine Nachbildung des menschlichen Uterus wäre viel schwieriger. In erster Linie gibt es hier mechanische Hindernisse, und man weiß noch nicht, wie sehr die Entwicklung eines Säugetierembryos von der Übertragung von Nährstoffen durch die Nabelschnur abhängt und wieviel Nährstoff durch die Flüssigkeit zugeführt wird, in der sich der Embryo befindet. Daneben bestehen chemische Schwierigkeiten: Die Veränderungen in der chemischen Zusammensetzung des Mutterblutes bei der Entwicklung des Embryos sind noch nicht genau bekannt; man weiß nicht einmal, ob sie überhaupt wichtig sind. Beim heutigen Stand der Kenntnisse und noch auf lange Sicht wird die Arbeit mit einem Tier, das über den richtigen Selbstregelungsmechanismus verfügt, wohl immer einfacher sein als mit einem rein künstlichen System. Die künstliche Befruchtung, wobei Samen und Eier planmäßig von menschlichen Spendern bezogen werden, ist vielleicht praktisch möglich, aber ein künstlicher Uterus wird kaum mehr als ein Hilfsmittel akademischer Forschung werden.

Komplizierte chemische Abläufe sind bekanntlich in einem lebenden System oft wirtschaftlicher durchzuführen als ein Versuch, dieses System im Labor nachzubilden. Wenn die Zucht von Mikroorganismen, die bestimmte Antibiotika erzeugen, nicht nur bequemer, sondern auch billiger ist als die chemische Synthese, dann sind die zur Entwicklung eines Embryos erforderlichen Bestandteile im Tierversuch leichter zu bestimmen als durch chemische Forschung. Mit anderen Worten: Aus Gründen der Einfachheit und Wirtschaftlichkeit ist ein künstlicher Uterus wahrscheinlich eine sinnlose Entwicklung.

Welche Ziele verfolgt nun die Forschung auf dem Gebiet der künstlichen Befruchtung? Der praktische Nutzen könnte dabei eine Rolle spielen. Bei allen Tieren ließe sich durch bessere Kenntnisse der Befruchtungsvorgänge die Fruchtbarkeit regulieren. Die Menschen wollen vielleicht weniger Kinder haben. Landwirte möchten ihre Herden ertragreicher machen. Aber weder beim Menschen noch bei den Tieren wird die künstliche Befruchtung jemals billiger oder bequemer sein als die natürliche Befruchtung. Das Wissen, das aus dieser Forschung erwächst, könnte jedoch von großer wirtschaftlicher Tragweite sein. Nur unter ganz bestimmten Bedingungen wird die Befruchtung im Reagenzglas mehr sein als ein Hilfsmittel im Labor.

Die Befruchtung im Labor und die Verfolgung früher Entwicklungsstadien sind jedoch für die Erforschung angeborener Krankheiten sehr aufschlußreich, vor allem solcher, die sich aus Schäden in der Frühentwicklung ergeben. Besonders wenig wissen wir darüber, wie Embryos mit angeborenen Mißbildungen während der Entwicklung im Uterus abgestoßen werden. Warum kommt es dazu? Was bedeutet es für die Medizin?

In bestimmten Fällen kann es auch vorteilhaft sein, Keimgewebe zu speichern. In der Landwirtschaft ist es üblich, gefrorenen Bullensamen aufzubewahren. D. G. Whittingham von der Universität Cambridge konnte unlängst Mäuseeier künstlich befruchten und bei der Temperatur flüssiger Luft aufbewahren. Er hält es für möglich, daß dasselbe Verfahren auch bei anderen Arten Anwendung finden könnte. So ließen sich ganz bequem und unendlich lange bestimmte Tierarten, etwa Versuchstiere, halten, und bei Nutztieren könnte man leicht einen erwünschten Bestand aufbauen. Die Techniken der künstlichen Befruchtung und Einpflanzung sind dazu bereits angewandt worden; eines der sensationellsten Experimente in dieser Hinsicht war der Transport eines befruchteten Schafeis im Uterus eines Hasen von England nach Südafrika.

Der stärkste Grund, die Forschung auf dem Gebiet der künstlichen Befruchtung zu fördern, liegt aber wohl darin, daß wir so einen der wichtigsten Prozesse in der menschlichen Physiologie besser kennenlernen. Insoweit bleibt die künstliche Befruchtung Gegenstand akademischer Untersuchungen. Der potentielle Nutzen für die Landwirtschaft und die praktische Medizin entsteht wahrscheinlich indirekt, mindestens in den nächsten Jahren. Und das Retortenbaby im engeren Sinn ist, wenigstens vorläufig, absolut unmöglich. Ein künstlicher Uterus wird wohl nie entwikkelt werden, und wenn es ein Risiko genetischer Mißbildungen gäbe, wäre diese Möglichkeit überhaupt nicht zu verwirklichen. Unter den heutigen Umständen ist schwer vorstellbar, daß diese neuen Verfahren jemals beim Menschen eine breite Anwendung finden. Folglich liegen die Grundsatzfragen, die man den Forschern immer gestellt hat, mehr in der Ethik der Laborforschung als der Ethik ärztlicher Praxis. Die Behauptung, Versuche, in denen lebende Blastozysten geschaffen und am Ende wieder zerstört werden, seien eine Art Kindesmord, worauf James Watson von der Harvard-Universität 1971 hinwies, wird zur Zeit diskutiert. Ganz anders und viel schwieriger liegen die Dinge, wenn man die Grundsätze festlegen will, nach denen die Einpflanzung von Blastozysten in den Uterus vorgenommen werden soll, wenn es nicht darum geht, eine Unfruchtbarkeit zu beseitigen.

Die Angst vor einem Verfahren, das man als ungeschlechtliche Vermehrung oder *Cloning* bezeichnet, nimmt in der Katastrophenliteratur wohl

vor allem deshalb besonders großen Raum ein, weil es bei erfolgreicher Anwendung dieser Technik möglich wäre, aus einer einzigen Zelle, die aus einem unversehrten Organismus stammt, beliebig viele identische Individuen herzustellen. In der Landwirtschaft spielt diese ungeschlechtliche Vermehrung bereits eine wichtige Rolle. Es sind auch ein paar Versuche durchgeführt worden, in denen mit diesem Verfahren nahezu identische Exemplare eines Frosches erzeugt wurden. Obwohl bisher niemand diese Technik bei Säugetieren anwenden konnte, gibt es doch genügend Spekulationen über die Folgen. Würde man versuchen, die Welt mit identischen Exemplaren von Denkern wie Albert Einstein zu bevölkern? Oder liefen auf den Rennbahnen der Welt exakte Kopien bekannter Rennpferde? Diese Fragen berühren viele für die Gesellschaft wichtige Probleme. Zum Glück sind auch sie hypothetisch und werden es wahrscheinlich viele Jahrzehnte bleiben.
Der praktische Einsatz des *Cloning*-Verfahrens beschränkt sich zur Zeit auf einige Pflanzenarten. Die ersten erfolgreichen Versuche fanden Ende der fünfziger Jahre statt; damals wiesen F. C. Steward und seine Kollegen an der Cornell-Universität nach, daß sich Zellen aus der Spitze einer wachsenden Mohrrübe zuerst vermehrten und dann Schößlinge trieben, die nach einiger Zeit zu Wurzeln und Blättern vollkommen unversehrter Pflänzchen wurden, wenn man sie in Kokosmilch aufbewahrte. Diese bemerkenswerte Fortpflanzungsmethode ist möglich, weil jede Zelle so viel Genmaterial enthält, daß darin alle Teile des vollständigen Organismus vorgegeben sind. Unter normalen Bedingungen ist in den Zellen aus der Spitze einer wachsenden Mohrrübe oder eines anderen Pflanzenteils das für die jeweilige Funktion nicht relevante Genmaterial maskiert. In diesen Versuchen dient Kokosmilch als Quelle der pflanzlichen Hormone, die normalerweise in wachsenden Pflanzen erzeugt werden und heute auch schon in großen Mengen synthetisch hergestellt werden können.
Das Verfahren ist unstreitig von hohem wissenschaftlichem Wert, denn man kann damit die Einzelheiten der pflanzlichen Entwicklung verfolgen. Außerdem wird so eindrucksvoll gezeigt, daß das in jeder lebenden Zelle enthaltene Genmaterial einsatzbereit ist, auch wenn es zu einem bestimmten Zeitpunkt vielleicht zum größten Teil inaktiv ist, und unter geeigneten Bedingungen wieder voll wirksam werden kann. Bei Pflanzen bietet das Verfahren auch praktische Vorteile. Einerseits läßt sich pflanzliches Material leicht vervielfachen, andererseits kann man Genmaterial verschiedener Pflanzen mischen, so daß Kreuzungen entstehen, die durch orthodoxe Pflanzenzucht nie möglich gewesen wären.
Pflanzen sind von Säugetieren grundverschieden, und deshalb hat das *Cloning*-Verfahren, bei pflanzlichem Material heute schon eine Standardmethode, wohl auch wenig Argwohn erregt. Das gilt jedoch nicht für den 1967 durchgeführten Versuch, in dem J. B. Gurdon von der Universität

Oxford einen Zellkern aus den Eingeweiden eines Frosches auf ein unbefruchtetes Ei desselben Tieres übertrug. So wie das Genmaterial der Mohrrübenzelle durch Kokosmilch angeregt wird, eine ganze neue Mohrrübenpflanze zu erzeugen, scheint das Zytoplasma des unbefruchteten Eies den verpflanzten Kern zur Produktion einiger ganzer Frösche angeregt zu haben. Später wurden nach diesem Verfahren einige identische Geschöpfe aus demselben verpflanzten Kern gezüchtet. Natürlich glichen sie alle dem Frosch, dem der Kern entnommen worden war.

Warum sollte die *Cloning*-Technik beim Menschen nicht funktionieren, wenn sie beim Forsch möglich ist? Diese Frage ist sehr aktuell. Die Antwort hängt zum Teil mit dem Unterschied zwischen Froscheiern und Menscheneiern sowie den Eiern der meisten Säugetierarten zusammen. Ein Froschei ist verhältnismäßig groß und mit unbewaffnetem Auge zu sehen. Der Kern ist leicht zu erkennen und läßt sich mechanisch entfernen, ohne daß das Ei beschädigt wird. Bei Säugetierzellen ist das anders. Sie sind kleiner und gegen Beschädigungen von außen empfindlicher. Alle Versuche, Gurdons Experiment mit einer Säugetierart zu wiederholen, sind bisher erfolglos geblieben. Das liegt zum Teil daran, daß das Genmaterial in Säugetierzellen in einer komplizierteren Form maskiert ist als beim Frosch. Deshalb ist die Untersuchung der ungeschlechtlichen Vermehrung von Säugetierzellen erst möglich, wenn die Technik der künstlichen Befruchtung so weit verbessert worden ist, daß man sie zur Beschaffung von Genmaterial für das *Cloning*-Verfahren heranziehen kann.

Die Froschversuche zeigen bereits, daß starke Gründe dagegen sprechen, die ungeschlechtliche Vermehrung beim Menschen zu versuchen. Selbst bei den leicht manipulierbaren Froscheiern waren sehr viele Nachkommen mit starken Mißbildungen behaftet. Das Risiko der Mißbildung ist noch viel größer, wenn diese Technik je auf die empfindlicheren Säugetiereier angewandt werden sollte. Man wird es überhaupt erst in seinem ganzen Ausmaß erkennen, wenn man besser als bisher weiß, was mit den Nachkommen aus diesen ungeschlechtlich vermehrten Säugetierzellen passiert. Selbstverständlich müßte man vor einer Anwendung der *Cloning*-Technik in größerem Maßstab einen jungen Embryo in den Uterus einer Frau übertragen können, und außerdem müßten genügend Frauen zur Mitarbeit bereit sein.

Hier und in anderen Fällen, etwa der Transplantation, dürfte jedenfalls die rein technische Durchführbarkeit gewisser Manipulationen mit dem Erbgut die Gesellschaft nicht daran hindern, selbst zu entscheiden, ob und wie sie dieses Verfahren anwenden oder nicht anwenden will. Wenn die ungeschlechtliche Vermehrung bei Säugetieren je praktiziert wird, werden sie die Nutztierzüchter sicherlich nach bestem Wissen anwenden. Ebenso werden allerdings die für die Züchtung von Pferden, Hunden und anderen Tieren ohne wirtschaftlichen Nutzen zuständigen Verbände die ungeschlechtliche Vermehrung ebenso ablehnen wie die künstliche Befruchtung. Gegen die Anwendung beim Menschen spricht das hohe Risiko genetischer Defekte; die Beseitigung fehlerhafter »Duplikate« einer bestimmten Person wäre wahrscheinlich gesetzlich verboten. Außerdem kennt keine Regierung die Merkmale, die zu einer leistungsfähigen und harmonisch zusammengesetzten Gesellschaft führen, so genau, daß sie das Risiko auf sich nähme, einen bestimmten Typ zu vervielfältigen. Die genetische Vielfalt einer Gemeinschaft ist ein Vorteil, den man nicht leichtfertig aufs Spiel setzen sollte.

Das alles sind jedenfalls Spekulationen, Alpträume. In Wirklichkeit wird *Cloning* bei Säugetieren wahrscheinlich nie möglich sein; auf jeden Fall liegt es noch in weiter Ferne. Sich heute schon Gedanken darüber zu machen, wie sich die Gesellschaft gegen die abwegige Bedrohung durch die *Cloning*-Technik schützen soll, ist ebenso wirklichkeitsfremd, als wollte man genau festlegen, wie die Erde den Zusammenstoß mit einem Kometen vermeiden kann. Genauso anfechtbar ist die Ansicht, mit wachsender Kenntnis der Funktion des Gehirns und des Nervensystems könnten sehr viele Menschen fremdgesteuert werden. Auch hier sind die wissenschaftlichen Schwierigkeiten viel größer, als es die Legende wahrhaben will. Die Entwicklung psychotroper Drogen zu medizinischen Zwecken kann nützlich sein. Würde man sich jedoch so umständlicher Verfahren bedienen, um das Verhalten der Massen zu steuern? Es wäre doch einfacher und auch sicherer, mit den vorhandenen Möglichkeiten Menschen so zu beeinflussen, daß sie unter bestimmten Bedingungen in vorhersehbarer Weise reagieren.

Die Spekulationen über die sozialen Folgen der künstlichen Herstellung von lebender Materie sind aus denselben Gründen unverantwortlich. Man weiß schon viel über den Ursprung des Lebens. Die Synthese einfacher biologischer Wirkstoffe unter Bedingungen, die chemisch den Verhältnissen in einer Urwelt vor drei Milliarden Jahren gleichen, wird zur Zeit in vielen Laboratorien durchgeführt. Wertvolle Arbeiten beschäftigen sich auch mit der Untersuchung, wie der Mechanismus der Erhaltung des Lebens, besonders die Funktion von Genmaterial von der Art der DNS, entstanden ist. Besonders jetzt, da man im Labor Abschnitte genetischer Moleküle mit vorherbestimmten chemischen Eigenschaften künstlich herstellen kann, müßte es eigentlich nur noch eine Frage der Zeit sein, bis Lebewesen selbst künstlich erzeugt werden. So etwa lauten die düsteren Prognosen. In Wirklichkeit besteht auch hier wieder ein großer Unterschied zwischen den Versuchen, wie sie im Labor möglich sind, mit einfachen Materialien durchgeführt werden und als Modelle der Wirklichkeit dienen, und der ungeheuren Kompliziertheit der entsprechenden Stoffe und Prozesse im wirklichen Leben. Das Verhältnis zwischen den Labormodellen und lebenden Geschöpfen entspricht etwa dem Vergleich zwischen einem Rechenbrett, mit dem man einige einfache Grundrechnungen anstellen kann, und den großen Elektronenrechnern, wie sie heute verwendet werden.

Mit diesem Vergleich läßt sich auch sehr gut erklären, warum viele Biologen so schwer begriffen haben, daß die neue Molekularbiologie imstande ist, die Funktionsweise alles Lebenden zu erklären. Commoner erklärt zum Beispiel: »Eine der irrigen Ansichten, die uns der Scheinerfolg der Molekularbiologie aufgezwungen hat, ist die Vorstellung, das Leben sei nichts anderes als ein Gemisch aus chemischen Reaktionen.« Ungeachtet der wissenschaftlichen Diskussion der Beweise, daß DNS tatsächlich das wichtigste Molekül lebender Materie darstellt, meint er, bei lebenden Wesen sei das Ganze mehr als die Summe seiner Teile.

Wenn er damit sagen will, daß Lebewesen eine Eigenschaft aufweisen, die in der Sprache der Molekularbiologie nicht erklärt werden kann, dann ist das die alte, längst überholte Vitaltheorie. Bedeutet diese Aussage aber, daß lebende Dinge so viel komplizierter sind als alle Modelle, mit denen sich die Molekularbiologen gezwungenermaßen befassen müssen, dann ist sie plötzlich die recht plausible Feststellung, die wichtigste Eigenschaft lebender Dinge sei ihre selbstregelnde Komplexität. Damit ist auch sichergestellt, daß die jüngsten Taten der Molekularbiologen den Gedanken, Lebewesen künstlich herzustellen, wahrscheinlich weder technisch möglich noch sinnvoll gemacht haben.

Wohlstand ist möglich

Wissenschaft und Technik werden heute nüchtern und ohne Optimismus betrachtet. Commoner meint hierzu: »Das Zeitalter des arglosen Glaubens an Wissenschaft und Technik ist wohl vorbei.« Dubos äußert sich genauer: »Man hat die technologischen und sonstigen praktischen Anwendungen der Wissenschaft überbetont. Die Erzeugung von Gütern und die Schaffung einer Abhängigkeit von der Technik sind vielleicht nicht die wichtigsten Beiträge, die der Wissenschaftler zur Gesellschaft leisten kann.«

Diese Aussagen und die Ansicht, die sie vertreten, charakterisieren den gegenwärtigen Mangel an Vertrauen in die Zukunft. In Wirklichkeit sind es jedoch allenfalls Halbwahrheiten. War »argloser« Glaube an Wissenschaft und Technik je gerechtfertigt?

Unmittelbar nach dem Zweiten Weltkrieg erwarteten die Regierungen und ihre Wähler von Wissenschaft und Technik alle möglichen Vorteile, ganz besonders die Lösung wirtschaftlicher Fragen. Dieses Vertrauen war zum Teil auf den Erfolg gegründet, mit dem man in den vier Jahren von 1941 bis 1945 hatte Kernwaffen herstellen können. Wenn Wissenschaft und Technik schon im Krieg derartige Wunder wirken konnten, mußten sie eigentlich auch in der Lage sein, den Menschen gesund, wohlhabend und vielleicht sogar klug zu machen. Aber seit Anfang der sechziger Jahre hat sich zumindest in der Industriegesellschaft eher die gegenteilige Ansicht durchgesetzt: Wissenschaft und Technik sind verdächtig und vielleicht sogar von Natur aus böse.

Ein allgemeiner Grund der Unzufriedenheit rührt daher, daß die Nebenwirkungen einer technischen Entwicklung oft nicht vorhergesagt werden, ja manchmal gar nicht vorherzusagen sind. Es heißt etwa: Was wußte man nach dem Zweiten Weltkrieg schon über die Beständigkeit von DDT und seine Auswirkungen auf Vögel und Fische? Was hätte man tun können, um die Thalidomidkatastrophe zu vermeiden? Was hat die Luftfahrt getan, um die Lärmbelästigung zu vermindern? Warum haben die Automobilingenieure nicht von vornherein mit den Folgen des Kohlenmonoxids in der Atmosphäre gerechnet? Jeder Erfolg scheint eigentlich nur irgendeine Katastrophe zu verschleiern. Commoner: »Die Technik hat nicht nur die ausgezeichnete materielle Grundlage für die moderne Gesellschaft geliefert, sondern konfrontiert uns auch mit Bedrohungen unserer weiteren Existenz, die wir nur dann beseitigen können, wenn wir sehr ernste wirtschaftliche, gesellschaftliche und politische Fragen lösen.« Warum hätte man je glauben sollen, technische Innovationen seien immer reine Segnungen?

Allgemeiner gesagt: Die Technik ist nur ein Mittel zur Aufrechterhaltung des wirtschaftlichen Wachstums, und Wirtschaftswachstum ist nicht wünschenswert. Denn das Wachstum hat auch nachteilige Nebenwirkungen: So können die Menschen dadurch mehr Kraftfahrzeuge kaufen. Soweit wirtschaftliches Wachstum bedeutet, daß mehr Güter zur Benutzung oder zum Verbrauch durch den Menschen erzeugt werden, schließt das auch den schnelleren Abbau der Erzvorkommen ein, die stärkere Verschmutzung der Flüsse, die die Abwässer von den Stahlwerken und den Kraftwerken aufnehmen, und die erhöhte Nachfrage nach Dienstleistungen wie Luftfrachtraum oder Platz an den Badestränden der Welt. W. W. Murdoch wandelt einen Satz von Hardin folgendermaßen ab: »Je mehr wir produzieren und den Boden zur Nahrungsmittelerzeugung ausnutzen, um so stärker belasten und verschlechtern wir heute unsere Umwelt. Früher traten diese Probleme höchstens örtlich begrenzt auf.«

Commoner erklärt in seinem Buch *The Closing Circle*: »Die Verschmutzung nimmt zu, weil ältere Herstellungsverfahren durch neue, ökologisch falsche, jedoch gewinnbringendere Prozesse ersetzt werden. Dadurch wird die Verschmutzung zwangsläufig zur unbeabsichtigten Begleiterscheinung der natürlichen Tendenz im Wirtschaftssystem, neue Verfahren einzuführen, die die Produktivität erhöhen.«

Allgemein heißt es, sowohl die technischen Neuerungen als auch das Wirtschaftswachstum ließen den Menschen die Früchte der Technik immer weniger genießen. Wie Ehrlich und seine Frau sagen: »Während das amerikanische Bruttosozialprodukt gewachsen ist, hat die Lebensqualität in den Vereinigten Staaten ständig abgenommen. In den zehn Jahren von 1960 bis 1969 hat sich das Bruttosozialprodukt etwa verdoppelt. Kann man behaupten, daß sich das Leben eines Durchschnittsmenschen im selben Zeitraum ebensosehr verbessert hat?«

Die kurze, wenn auch unhöfliche Antwort hierauf lautet, daß die Urheber dieser Behauptung die Bürger der Vereinigten Staaten fragen sollten, die Ende der sechziger Jahre ihre Kinder auf die Universität schicken und selbst im Urlaub ins Ausland fahren konnten. Wie auch Commoner erkennt, erzeugen neue Verfahren nicht unbedingt mehr Schmutz als die alten, an deren Stelle sie treten. In technisch entwickelten Ländern ist die Dampflokomotive nicht deshalb fast ausgestorben, weil sie die Umwelt verschmutzte, sondern einen niedrigeren Wirkungsgrad als Dieselmotoren oder elektrische Lokomotiven aufwies. Irgendwann werden auch die Autos von den Straßen unserer Städte verschwinden, wenn Verkehrsmittel mit besserem Wirkungsgrad und geringerer Geräuschentwicklung zur Verfügung stehen. Und wer kann sich schon über Verschmutzung durch die Elektronikindustrie beschweren, den am schnellsten wachsenden Sektor in allen hochentwickelten Volkswirtschaften?

Bei den Klagen über das Wirtschaftswachstum muß als Zielscheibe aller Kritik immer die harmlose Wirtschaftsstatistik, das Bruttosozialprodukt, herhalten. So erklärt Dubos: »Die Utopisten von heute... sind vor allem daran interessiert, mit Hilfe der Wissenschaft die Natur draußen und die Natur des Menschen zu manipulieren. Sie fordern eine Gesellschaft, in der das Bruttosozialprodukt ständig wächst.« Ehrlich und Frau haben nicht nur Angst vor der Möglichkeit, das Bruttosozialprodukt könnte etwas Wünschenswertes sein, sondern verfechten auch die falsche These, daß wachsende Bevölkerung steigendes Bruttosozialprodukt bedeuten muß.

Wir alle wissen, daß das Bruttosozialprodukt nur begrenzt als Maßstab für das soziale Wohlergehen oder sogar den wirtschaftlichen Fortschritt dienen kann. Man darf diese Zahl sicherlich nicht dazu heranziehen, den sozialen Wohlstand in grundverschiedenen Ländern zu vergleichen. Kenneth Boulding von der Universität von Colorado ist einer der unterhaltsamsten, aber schärfsten Kritiker der Anwendung des Bruttosozialprodukts zum internationalen Vergleich wirtschaftlichen Fortschritts. »Das Bruttosozialprodukt ist wie die Rote Königin in *Alice im Wunderland*«, sagt er. »Sie läuft, so schnell sie nur kann, und kommt doch nicht vom Fleck.«

Hier liegt allerdings der Trugschluß vor, das Bruttosozialprodukt, einfach die arithmetische Summe dessen, was in einem bestimmten Land die Menschen, die Behörden und die Zentralregierung für Waren, Dienstleistungen und Investitionen ausgeben, sei jemals als Maßstab menschlichen Glücks geplant gewesen. Zumindest im Prinzip kann der Überfluß verschiedene Formen annehmen. Es steht den Staaten frei, ob sie mehr oder weniger von ihren Mitteln für die Gesundheitspflege, das Bildungswesen, den Wohnungsbau, Reisen, Ernährung und die vielen Dinge des modernen Lebens, etwa Autos, ausgeben wollen. Die Absicht, den Wohlstand der Menschen in den Vereinigten Staaten und in Indien einfach mit Hilfe des Bruttosozialprodukts pro Kopf der Bevölkerung zu vergleichen, ist völlig unsinnig, denn ein großer Teil der in den weniger entwickelten Ländern erzeugten Nahrungsmittel wird von landwirtschaftlichen Betrieben zum eigenen Bedarf erzeugt und in der eigenen Familie aufgezehrt, so daß seine Kosten niemals in den Berechnungen des Bruttosozialprodukts erscheinen.

Neuerdings nimmt die Umweltbewegung das Bruttosozialprodukt als Zielscheibe für alle Kritik. Nach der durchaus richtigen Feststellung, das

Bruttosozialprodukt sei kein »umfassender Maßstab für die Qualität des Lebens«, fahren Ehrlich und Frau fort: »Aber selbst Wirtschaftstheoretiker können ihre Meinung ändern . . . Die volkswirtschaftliche Theorie in der nächsten Generation ist vielleicht weniger auf ständiges Wachstum und hohe Produktion bei hohem Verbrauch fixiert . . .«

Hierzu läßt sich einiges sagen: Die klassischen Theoretiker der Volkswirtschaft in den westlichen Ländern, von John Stuart Mill und Alfred Marshall bis Keynes, haben ständig mit dem Problem gerungen, wie in ihren theoretischen Systemen der wirtschaftliche Wert so wenig greifbarer Dinge wie der Freizeit berücksichtigt werden könnte; es ist undankbar, wenn die Umweltbewegung diese wichtigen Beiträge zur modernen Theorie einfach unterschlägt. Keynes, der diesen Begriff entwickelte, hätte das Bruttosozialprodukt niemals so falsch verstanden, wie es nach Ansicht der Ehrlichs heute getan wird.

Außerdem ist nicht einzusehen, warum man die der Volkswirtschaft entstehenden Kosten der Überwachung von Verschmutzung und anderen für die Öffentlichkeit nachteiligen Einflüssen nicht im klassischen Volkswirtschaftssystem unterbringen kann. Die Schwierigkeit ist hier, wie Commoner ganz richtig ausführt, daß »die Kosten der Umweltverschlechterung vor allen Dingen nicht vom Erzeuger, sondern von der ganzen Gesellschaft in Form sogenannter Externalitäten getragen werden«. Das geschieht zumindest dann, wenn die Gesellschaft als Ganzes dem Tun der Erzeuger keine Schranken setzt. Aber wenn es nun wirksame Regulative zur Eindämmung der Verschmutzung gibt? Oder wenn der Erzeuger für den von ihm angerichteten Schaden durch Zahlung einer Strafe aufkommen muß, so daß, wie es in der Fachsprache heißt, »die Externalitäten wieder internalisiert werden«? In diesem Fall steigen natürlich seine Kosten ebenso wie die Preise seiner Produkte. Derartige Mechanismen würden den Erzeugern insgesamt zweifellos beträchtliche wirtschaftliche Belastungen auferlegen, und der Staat, in dem sie tätig wären, könnte sich ihre Erzeugnisse weniger leisten. Ein solches Land würde sich also selbst als verhältnismäßig arm empfinden. Zum Ausgleich würden jedoch einige negative Einflüsse auf die Öffentlichkeit beseitigt, was in jeder Hinsicht für die Gemeinschaft von Nutzen wäre. Genau das geschieht aber, wenn eine Gemeinde verfügt, ein städtischer Flughafen sei genau an der Stelle zu errichten, wo er eine noch erträgliche Lärmbelästigung verursacht. Dieser Vorteil wird mit den zusätzlichen Kosten erkauft, die durch die Beförderung der Fluggäste zur Maschine entstehen.

Obwohl die Umweltbewegung neuerdings das Interesse an der sogenannten Wirtschaft für das Gemeinwohl wieder wachgerufen hat, stützt doch keines dieser Argumente Commoners Ansicht: »Die Umweltkrise enthüllt nicht nur grundlegende Differenzen zwischen dem privatwirtschaftlichen System und seiner ökologischen Grundlage, sondern kann vielleicht auch mit erklären, warum diese inhärenten Fehler des Wirtschaftssystems kaschiert oder erträglich gemacht wurden, während sich die Krise des Ökosystems weiter ausbreitete. In dieser Hinsicht ist der Ausbruch einer echten Krise im Ökosystem auch das Signal für beginnende Schwierigkeiten im Wirtschaftssystem.« Das ist etwa so, als beklagte sich ein Autofahrer darüber, daß er wegen einer Kurve in der Straße in einen anderen Wagen umsteigen müsse; dabei brauchte er doch nur am Lenkrad zu drehen.

Aber ist die Technik nicht eine Art industrielles Krebsgeschwür, wild wuchernd und nicht unter Kontrolle zu bringen? Die Umweltbewegung scheint es zu glauben. So spricht J. K. Galbraith in seinem Buch *Die moderne Industriegesellschaft* von den »Imperativen der Technik« und beklagt sich darüber, daß die Entwicklung in einem Land jetzt durch die sogenannte Technostruktur bestimmt wird, wie er den Rahmen nennt, in dem die Industrie die Technik zu nutzen sucht. In gewisser Weise entspringt diese Ansicht aus der Frustration des einzelnen, der sich außerstande sieht, die ursprünglich mit staatlichen Mitteln in Gang gesetzte technische Entwicklung aufzuhalten. Der ständige Kampf zwischen dem Privatmann und der Großindustrie verstärkt diesen Eindruck noch. Dem steht allerdings die Tatsache gegenüber, daß der amerikanische Kongreß 1971 das Projekt eines Überschallflugzeugs nach einer Berechnung stoppte, aus der hervorging, daß es politisch vielleicht nicht mehr möglich gewesen wäre, die richtige Entscheidung zu einem anderen Zeitpunkt zu treffen, wenn man das Projekt nicht sofort eingestellt hätte.

Es heißt immer, die Technik wirke entmenschlichend. So klagt Ellul, einer der Propheten dieser neuen Bewegung: »Die Maschine hat zu einer Atmosphäre der Unmenschlichkeit geführt. Die Maschine, ein Charakteristikum des 19. Jahrhunderts, ist unvermittelt in eine Gesellschaft eingebrochen, die weder politisch noch in ihren Institutionen und Ansichten dafür gerüstet war. Der Mensch mußte sich möglichst gut damit abfinden.« Andere Autoren vertreten dieselbe Ansicht. So meint Lewis Mumford: »Die Maschine ist asozial. Wegen ihrer Progressivität neigt sie zur Ausbeutung des Menschen in der schärfsten Form.« Der Zorn in diesen Sätzen ist heute schon historisch. Er gründet sich auf die schrecklichen Legenden aus dem 19. Jahrhundert von Satansmühlen und ähnlichem, auf die Einführung des modernen Fließbandes (wie in Chaplins Film *Moderne Zeiten*) und die heute verbreitete Angst, die Begleiterscheinungen dieser industriellen Innovation könnten sich mit der Einführung der Elektronenrechner wiederholen. Daß diese Befürchtungen einen so breiten Raum einnehmen, spricht für die Angst des Menschen, die neue Maschine könnte wichtige Gesellschaftsstrukturen verändern.

Um vollständig zu sein, müßte diese Aufstellung auch die wortgetreue Interpretation der Behauptung von Dubos enthalten, der Mensch sei von der Technik abhängig geworden. Immer mehr Innovationen erfüllen die in sie gesetzten Erwartungen nicht. Elektronenrechner enttäuschen ihre Käufer fast immer. In England haben die Luftkissenboote die ursprünglichen Vorstellungen nicht erfüllt. Projektierte Flugzeugentwicklungen erweisen sich sehr häufig als Fehlschläge. Auf jeden Umweltschützer, der dafür plädiert, den Versprechungen der Technik nicht zu erliegen, kommt ein enttäuschter Kunde, der sich über ein nicht erfülltes Versprechen ärgert.

In Wirklichkeit lassen sich Fragen über den aus Wissenschaft und Technik zu erwartenden Nutzen nur subjektiv beantworten, da sie auch Vermutungen über die zukünftige Entwicklung einschließen müssen. Mit anderen Worten: Man kann über den Wert dieser oder jener Innovation mit Recht verschiedener Meinung sein. Allerdings kann übertriebene Technikfeindlichkeit durchaus Schaden anrichten, weil sie zu einer Unterbewertung der Technik zum Nachteil aller führt.

Deshalb muß man ein besseres Verständnis für die komplizierte Beziehung zwischen Wissenschaft und Technik und die Prozesse anstreben, die in dem einen oder anderen Bereich zu positiven Ergebnissen führen. Auch die Beziehung zwischen technischen Innovationen und dem Wirtschaftswachstum muß besser erfaßt werden. Wie soll eine Gesellschaft Prioritäten in der Technik setzen? Welcher Apparat ist notwendig, um allgemeine Entscheidungen über die Förderungswürdigkeit einer Innovation herbeizuführen? Und sind nicht die aus der Technik entstandenen Arten des Wirtschaftswachstums, etwa die durch die Wissenschaft möglich gewordene Erkenntnis der natürlichen Welt, humane Einflüsse und nicht das Gegenteil?

Die Verbindung zwischen Wissenschaft und Technik ist verhältnismäßig jung. Bis zum Anfang des Ersten Weltkriegs wurden streng wissenschaftliche Entdeckungen so gut wie nie unmittelbar in die Praxis umgesetzt. Ein besonders markantes Beispiel ist Faraday, der in den dreißiger Jahren des 19. Jahrhunderts die Grundprinzipien des Elektromagnetismus entdeckte, also fast ein halbes Jahrhundert bevor auf dieser Grundlage das erste Kraftwerk gebaut wurde. Eine solche Verzögerung wäre heute undenkbar.

Im 19. Jahrhundert waren Wissenschaft und Technik durch Welten voneinander getrennt. Die technischen Neuerungen, die zur industriellen Revolution führten, waren empirisch von Ingenieuren geschaffen worden, die wissenschaftliche Grundsätze oft nicht kannten und auch meist nicht kennen wollten. Selbst die Großindustrie, zu der sich die Automobilindustrie in den Vereinigten Staaten mit der Zeit entwickelte, entstand ganz planlos. Nur in der chemischen Industrie, die sich in den letzten beiden Jahrzehnten des 19. Jahrhunderts in Deutschland und den Vereinigten Staaten rasch herausbildete, wurden wissenschaftliche Grundsätze zielbewußt im Hinblick auf die daraus erwarteten nützlichen Neuerungen ausgebeutet.

Der Erste Weltkrieg bot sowohl für die Intervention des Staates als auch für die enge Verbindung von Wissenschaft und Technik einen guten Ansatzpunkt. Das ist schon aus den damaligen Entwicklungsprogrammen für neue Kriegsflugzeuge ersichtlich. Rückblickend betrachtet ist es erstaunlich, daß die Vereinigten Staaten und England zwischen dem Ersten und dem Zweiten Weltkrieg kaum etwas unternahmen, um die Beziehungen zwischen den zivilen Wissenschaftlern und dem Militär zu pflegen, das mittlerweile seine eigene Wissenschaft und Technik entwickelt hatte. Als der Zweite Weltkrieg ausbrach, bestand jedoch nirgendwo mehr ein Zweifel darüber, daß die planmäßige Nutzung wissenschaftlicher Grundsätze eines der wichtigsten Mittel zur Entwicklung neuer Waffen darstellte. In den großen Industrieländern hat sich die damals geschaffene Struktur der Beziehungen zwischen dem Staat, der nichtmilitärischen Wissenschaft und der Militärtechnik seitdem erhalten.

Der Zweite Weltkrieg hat die moderne Technik im positiven wie im negativen Sinn entscheidend geprägt. Mit den Kernwaffen fing es an. Wie konnte man eine wissenschaftliche Möglichkeit in eine technische Realität umsetzen? Anfänglich stand gar nicht fest, ob die Herstellung dieser Waffen überhaupt möglich war. Der Erfolg stellte sich jedoch ein. Seitdem hat es andere, zum Teil genauso spektakuläre Erfolge gegeben, etwa den Mondflug. Es kommt eigentlich nur darauf an, eine technische Entwicklung durchzuführen, deren Durchführbarkeit am Anfang nur zu vermuten ist.

Mittlerweile weiß man, daß die Technik, im Gegensatz zur Wissenschaft, den Vorzug bietet, daß man aus einer ganzen Reihe von mehr oder weniger wünschenswerten Möglichkeiten diejenigen auswählen kann, die sich auch verwirklichen lassen. Trotz aller ihrer Unsicherheiten ist die Wissenschaft eine bestimmtere Disziplin als die Technik. Die eklatantesten technischen Fehlschläge ereignen sich, wenn die Konstrukteure zu hoch gegriffen haben, aber genauso schlecht (und im allgemeinen auch genauso unwirtschaftlich) ist es, wenn man eine technische Innovation so konservativ auslegt, daß den Fehlermöglichkeiten breiter Raum gegeben wird.

Der Argwohn gegen die Technik und ihre Motive entsteht zum Teil aus einem Mißverständnis über den Unterschied zwischen brillanten Einfällen und technisch realisierbaren Projekten. Nicht mit wissenschaftlichen Grundsätzen in Konflikt zu geraten heißt, zwischen diesen beiden Dingen schlecht zu unterscheiden. Deshalb sind Leonardo da Vincis Aufzeichnungen auch keine Beiträge zur Technik, sondern zur utopischen Literatur. Die Befürchtungen darüber, was Wissenschaft und Technik in nächster Zukunft anrichten können, rühren großenteils von der Ansicht her, alles, was möglich ist, werde auch verwirklicht.

Dabei besteht ein himmelweiter Unterschied zwischen dem Vertrauensgrad, den ein Flugzeugkonstrukteur etwa dem Projekt eines Flugzeugs zuerkennen würde, das mit doppelter Schallgeschwindigkeit, und dem eines Flugzeugs, das mit der fünffachen Schallgeschwindigkeit fliegen soll. Die erste Konstruktion ist zwar in der Praxis nicht erprobt, läßt sich aber durch Erfahrungen mit anderen Flugzeugtypen beweisen, von denen viele noch in Betrieb sind. Das andere Projekt wäre dagegen ein Sprung ins Ungewisse. Eine der ergiebigsten Fehlerquellen bei der Beurteilung des Potentials einer technischen Möglichkeit ist die unvernünftige Vorausschätzung der Zukunft. Wenn Dubos erklärt: »In nicht allzu ferner Zukunft werden die Entdeckungen der Verhaltens- und Sozialwissenschaften die Manipulation des Menschen und ganzer Bevölkerungen ermöglichen«, läßt er dabei die gezielten, eingehenden Untersuchungen außer acht, die durchgeführt werden müßten, ehe die Techniker überhaupt von der Durchführbarkeit einer solchen Möglichkeit überzeugt wären – und die Geldgeber die notwendigen Mittel bereitstellen würden.

Wie leistet die Wissenschaft einen Beitrag zur Technik? Hierfür gibt es keine allgemeine Formel. Einige wichtige Verfahren kamen direkt aus dem Forschungslabor, wie etwa die Laserstrahlen oder die Holographie. In anderen Fällen hat die Wissenschaft vorwiegend die notwendigen Grundkenntnisse beigesteuert, mit denen ungeheure technische Unternehmungen durchgeführt werden konnten. In diesem Sinn haben etwa die Staaten nach dem Zweiten Weltkrieg die Grundlagenforschung in der Atomwissenschaft gefördert, um die nichtmilitärische und die militärische Anwendung der Kernspaltung voranzutreiben.

Der Staat, der zwangsläufig die wissenschaftliche Forschung finanziell unterstützen muß, steht ständig vor der Entscheidung, wie er am besten zwischen Grundlagenforschung dieser Art und abstrakteren Forschungsgebieten abwägen soll, die keinen unmittelbaren Nutzen bringen. Im allgemeinen muß man eigene Laboratorien in einem gewissen Bereich der Grundlagenforschung unterhalten, wenn man solche Entscheidungen zu treffen hat. Staat und Wissenschaft suchen auch ständig nach der wirksamsten Methode zur Auswahl von wahrscheinlich produktiven Zweigen der Grundlagenforschung. Hier handelt es sich jedoch eher um eine Aufgabe für Hellseher. Wer kann heute schon sagen, ob nicht auf lange Sicht die Astronomie zu mehr Innovationen führt als die Physik der Elementarteilchen?

Die Geschwindigkeit, mit der sich die Innovationsindustrie entwickelt hat, ist ebenso erstaunlich wie die Änderung, die sie dabei durchgemacht hat. In Westeuropa und den Vereinigten Staaten machen Forschung und Entwicklung heute einen großen Teil des Wirtschaftslebens aus. Mitte der sechziger Jahre wurden in den Vereinigten Staaten und England fast drei Prozent des Bruttosozialprodukts jährlich für die wissenschaftliche For-

schung, zum Teil in den Universitäten, zum Teil in staatlichen oder Industrielaboratorien, und für technische Entwicklungen verschiedenster Art aufgewandt, die vorwiegend aus staatlichen Mitteln finanziert wurden.
Der Charakter von Wissenschaft und Technik hat sich in den Jahren nach dem Zweiten Weltkrieg auch durch die mittlerweile entstandene enge Verbindung zur akademischen Welt gewandelt. Auch diese Veränderung geht hauptsächlich darauf zurück, daß die militärische Forschung auf die Talente angewiesen war, die man in den Jahren vor dem Zweiten Weltkrieg und während des Krieges von den Universitäten holen konnte. In Westeuropa und in den Vereinigten Staaten besteht seitdem eine enge Verflechtung zwischen den Universitäten und allen Gebieten der angewandten Forschung; das gilt für die Industrie ebenso wie für die vom Staat finanzierte Forschung, sei sie nichtmilitärisch oder militärisch. Daniel Bell vermutet sogar, daß die Universität heute als Hauptquelle der sozialen Innovation an die Stelle der Industrie getreten ist. Dabei übersieht er aber wohl den Beitrag der Universitäten in den dreißiger Jahren – Keynes kam schließlich von der Hochschule –, und er setzt auch voraus, daß der Einfluß der Universität aus den sechziger Jahren erhalten bleiben wird. Es gibt allerdings heute schon Anzeichen für einen Rückzug der Universität, und es ist durchaus möglich, daß die Umweltschutzbewegung diesen Prozeß mindestens dort beschleunigt, wo Wissenschaft und Technik betroffen sind.
Was hat nun die Technik in den letzten Jahrzehnten erreicht, und wie sind die Aussichten für die nächsten Jahre? Besonders bemerkenswert ist die Art und Weise, wie Innovationen heutzutage als gegeben hingenommen werden. In den zwanziger Jahren erregten die ersten Rundfunkempfänger in der Öffentlichkeit viel Aufsehen. Heute machen selbst spektakulärere Neuerungen wie etwa die Aussicht auf eine nichtmilitärische Verwendung der Kernfusionsenergie viel weniger Eindruck. Brechen diese Änderungen so schnell über uns herein, daß der einzelne Vorgang nicht mehr ins Gewicht fällt? Der Mensch rechnet damit, daß Flugzeuge immer schneller fliegen, die ärztliche Versorgung immer besser wird, wenn die Hilfsmittel, die man den Medizinern an die Hand gibt, weiter vervollkommnet werden, und er nimmt auch trotz düsterer Vorhersagen über drohende Hungersnöte an, daß die Pflanzenzucht immer wieder neue Weizen- und Reissorten hervorbringt, die man braucht, um die Produktivität der Landwirtschaft zu erhalten und den Pflanzenerkrankungen immer einen Schritt voraus zu sein. Aber darf man diese Vorteile der Technik wirklich als etwas Zwangsläufiges betrachten und zulassen, daß sich das Interesse der Öffentlichkeit nur auf die Nebenwirkungen konzentriert? Vielleicht ist es richtig, die Abgase aus Verbrennungsmotoren durch Gesetzesvorschriften einzuschränken, aber kann man den Nutzen des Kraftfahrzeugs dabei so unbedingt voraussetzen?

Die nützlichen Ergebnisse medizinischer Forschung sind eigentlich auch der Technik zuzurechnen. Auch wenn die Volkswirtschaft manchmal versucht, Faktoren wie die höhere Lebenserwartung mit Zahlen zu belegen, braucht man keine schwierigen Formeln, um der Milliarde Menschen, die ohne Fortschritte der medizinischen Technik nach dem Zweiten Weltkrieg wahrscheinlich nicht mehr am Leben wären, diesen Nutzen der Technik klarzumachen. Genauso ist die Senkung der Kindersterblichkeit, obschon vielleicht eine der Hauptursachen für das schnelle Bevölkerungswachstum, für die betroffenen Eltern mehr als eine Frage der Statistik. Erfreulicherweise kommt diese Entwicklung besonders den Unterprivilegierten zugute. Dank der modernen Medizin ist das Risiko, daß Kinder zu Waisen werden, sehr viel geringer geworden. Die Anzahl der Krankheiten, gegen die es kein Mittel gibt, nimmt ständig ab. So läßt sich etwa ohne besonderen Behandlungsaufwand die Sterbeziffer bei jungen Erwachsenen senken, die an Herzkrankheiten leiden. Die Aussichten, daß Krebs in einigen seiner heute auftretenden Formen auch bald dazu gehört, sind nicht schlecht. All dies hat zweifellos zur wirtschaftlichen Produktivität der Länder beigetragen, in denen die ärztliche Versorgung besonders wirksam ist, denn früher Tod oder Verkrüppelung haben zweifellos auch wirtschaftliche Auswirkungen, aber wer will behaupten, daß dieselbe Entwicklung nicht auch die Lebensqualität verbessert hat?

Wenn man die Erde schon als Raumschiff betrachtet, dann ist die Verbesserung ihrer natürlichen Rohstoffquellen ein durchaus wichtiger Bestandteil der interplanetarischen Haushaltsführung. Heute, nach so langer Zeit, vergißt man leicht, daß Aluminium erst um die Jahrhundertwende Eingang in die Technik gefunden hat. Seitdem konnte die Grundstoffindustrie die echten Herstellungskosten nicht nur von Aluminium, sondern auch der meisten anderen gebräuchlichen Metalle senken. Gleichzeitig sind neue Werkstoffe erfunden worden und werden heute praktisch verwertet. Die Kunststoffindustrie, die es Anfang der dreißiger Jahre noch gar nicht gab, erzeugte 1969 25 Millionen Tonnen Material. Zur Zeit verdoppelt sich die Welterzeugung alle sechs Jahre; der Nutzen dieses Produkts für die ganze Welt ist daraus wohl klar erkennbar.

Die Einführung dieser neuen Werkstoffe ist weder ein zufälliger Prozeß noch das Diktat irgendeines »technologischen Imperativs«, was man sich darunter auch vorzustellen hat, sondern das Ergebnis einer Folge wirtschaftlicher Gegebenheiten. Commoner berichtet in *The Closing Circle* mit Erstaunen, daß neuere Verfahrenstechniken rentabler sind als die alten Methoden, an deren Stelle sie treten. Beweist das nicht ganz einfach für unser heutiges Wirtschaftssystem, daß die neuen Produkte einen wirtschaftlichen Nutzen haben, der vom Käufer auch durchaus erkannt wird?

Auf der anderen Seite werden verhältnismäßig seltene Werkstoffe heute zum erstenmal verwendet. Es gäbe keine moderne elektronische Industrie

ohne die relativ kleinen Mengen Germanium und Silicium, die jetzt hergestellt werden. Aber wer wollte leugnen, daß das Nachrichtenwesen soziale Vorteile bietet? Selbst Transistorradios sind nicht nur eine Plage.
Gegen die Beiträge der Technik zum Verkehrswesen wenden sich all jene, die sich Sorgen um die Luftverschmutzung durch Verbrennungsmotoren und um den Flugzeuglärm machen.
Dabei sollte man aber die befreiende Rolle des modernen Verkehrswesens nicht zu gering einschätzen. Über die Entdeckung des Fahrrades im Zeitalter der Königin Victoria finden sich heute rührende Schilderungen in der umfangreichen Literatur aus der Zeit König Eduards; die Pferde scheinen bereits damals ebensosehr Hindernis wie Transportmittel gewesen zu sein. Heute, fast 100 Jahre später, regt man sich über die Verkehrsstauungen und die Verschmutzung, die das Auto mit sich bringt, auf, und doch hat das Auto mitgeholfen, die Entvölkerung des Landes aufzuhalten, hat zur Beweglichkeit der Bevölkerung innerhalb ganzer Kontinente beigetragen und ist immer noch ein nicht wegzudenkender Wirtschaftsfaktor. Alle, die das Auto verteufeln, sollten sich gelegentlich Gedanken darüber machen, daß sie dadurch vielleicht die Entwicklungsländer vor den Kopf stoßen, die immer noch hoffen, an den Segnungen bequemer Verkehrsmittel teilhaben zu können.
In den Vereinigten Staaten ist die Automobilproduktion seit 1965 zurückgegangen, aber in anderen Teilen der Welt wird das Auto immer noch mit Recht als befreiendes und dadurch letzten Endes auch den Horizont erweiterndes Transportmittel anerkannt. Das gilt auch für das Flugzeug. Der Weltflugverkehr (ausgedrückt in der Anzahl der beförderten Fluggäste und in der Flugstrecke) hat sich über ein Jahrzehnt lang etwa alle fünf Jahre verdoppelt. Kann man wirklich etwas dagegen einwenden, daß die Leute jetzt innerhalb weniger Tage und nicht in Monaten zu den Antipoden und zurück reisen können?
Die Leistungen der neuen Technik zeigen sich am deutlichsten nicht nur am Beitrag des Nachrichtenwesens zum Bruttosozialprodukt von Ländern wie den Vereinigten Staaten, sondern auch darin, wie leicht die Menschen heute tatsächlich miteinander in Verbindung treten können. Die Anzahl der Telefone auf der Erde hat sich in den 15 Jahren bis 1969 verdreifacht; eine bemerkenswerte Zuwachsrate, denn in vielen Ländern wird die Zunahme durch die hohen Investitionskosten sehr stark gehemmt. Wer meint, das Telefon sei lediglich für die Wirtschaft und für einige Privilegierte bestimmt, muß sich eines Besseren belehren lassen: Das New Yorker Telefonnetz wuchs außerordentlich rasch, nachdem die Stadtverwaltung den Wohlfahrtsempfängern Gebührenermäßigung zugesagt hatte.
Das Nachrichtenwesen ist ohne Elektronenrechner nicht denkbar. Innerhalb eines knappen Vierteljahrhunderts ist die Computerindustrie zu einem der größten Industriezweige der Welt geworden. Die Anlagen selbst

sind heute schneller und können trotz ihrer kleineren Abmessungen mehr Informationen verarbeiten. Von der Mitte der vierziger Jahre an haben sich die neuen Rechner auf der Welt durchgesetzt, weil sie einfache Rechenvorgänge schneller erledigen als der Mensch oder altmodische Rechenmaschinen. Die Kunden, die sich die ersten Elektronenrechner zulegten, hofften, ihre Ausgaben dadurch wieder hereinzubekommen, daß sie an die Heere von Verwaltungsangestellten, die in den dreißiger Jahren Industrie und Wirtschaft in Gang hielten, entsprechend weniger Löhne zu zahlen hätten. Wichtiger ist jedoch vielleicht die Möglichkeit, daß schon mit der ersten Computergeneration Arbeiten erledigt werden konnten, an die der Mensch vordem überhaupt nicht zu denken wagte. Das hat unter anderem dazu geführt, daß man die Funktionsweise der Wirtschaft und des Staates heute besser versteht als je zuvor.

Bereits die ersten Elektronenrechner konnten so komplizierte Aufgaben erfüllen, daß die abwertende Bemerkung »Computer sind lediglich Idioten mit einer Spezialbegabung« für die Benutzer mehr eine bequeme Ausrede gewesen sein muß. In den letzten 20 Jahren ist die Rechengeschwindigkeit dieser Anlagen ständig gestiegen; ihre Einsatzmöglichkeiten haben sich vielleicht noch einschneidender geändert. Seit Anfang der sechziger Jahre können viele Dutzend Benutzer ein und denselben Rechner gleichzeitig verwenden. Dadurch ist die Anwendung von Elektronenrechnern so selbstverständlich geworden, daß man sich einen stärkeren Kontrast zu den ersten Erfahrungen kaum denken kann. Der Computeranschluß in jedem Büro ist heute keine Utopie mehr. Gleichzeitig wird es immer einfacher, Elektronenrechnern Anweisungen zu erteilen, und der Umgang mit dem Rechner ist heute nicht mehr einigen wenigen Hohenpriestern der neuen Technologie vorbehalten. Inzwischen hat sich auch gezeigt, daß man Rechenmaschinen heute viel flexibler einsetzen kann als früher. Zuständig ist immer noch der Mensch, aber was einst allgemein als schwierigste Denkarbeit galt, etwa das Brüten über Statistiken, läßt sich heute schon von Elektronenrechnern erledigen.

Der Computer wird also zweifellos den Menschen noch mehr von der Sklaverei öder mechanischer Arbeit befreien. Und wer wollte sagen, Büroarbeit sei weniger langweilig als die Verrichtung ein und desselben Handgriffs am Fließband? Vielleicht bringen die Elektronenrechner nicht mehr Freizeit, wie man einmal von ihnen erwartet hat, und vielleicht sparen sie auch weniger Geld ein, als manche Käufer gehofft haben, aber sie werden in den achtziger Jahren für die Wirtschaft jedes hochentwickelten Landes unstreitig ebenso wichtig sein wie im späten 19. Jahrhundert die Stahlproduktion.

Obwohl die wirtschaftlichen Folgen dieser und anderer Entwicklungen einer hochspezialisierten Technik schon jetzt sehr zu Buche schlagen, darf man diese Sondergebiete nicht für die ganze Technik halten, wie es häufig geschieht. Der Nutzen technischer Innovationen zeigt sich meist an Einrichtungen, die vorhandene Dinge billiger oder besser machen. Selbst das vielgeschmähte Auto wird jedes Jahr sicherer. Brücken werden schlanker, jedoch dabei länger. Jahr für Jahr kommen abwechslungsreichere Lebensmittel auf den Tisch, mindestens in den Industrieländern, und die Tiefkühltechnik läßt sich in ihrer Bedeutung durchaus mit der der Rechenmaschine vergleichen. Allerdings werden billigere Wasserpumpen den Menschen in den Entwicklungsländern in den nächsten Jahren wohl mehr nützen als alle Majestät der elektronischen Rechenmaschinen.

Die Begriffsverwirrung in der Unterscheidung zwischen spezialisierter Technik und allen übrigen technischen Gebieten hat die heute so verbreitete Unzufriedenheit mit der gesamten Technik stark beeinflußt. Die Innovationen, die als Kristallisationskeime für Zukunftsvisionen wirken, scheinen im täglichen Leben der meisten keine Rolle zu spielen. Es gibt nicht viele Leute, die in ein paar Stunden zu den Antipoden reisen möchten. Derartige Entwicklungen können wohl zukünftige Jahrzehnte nachhaltig prägen, aber heute sind nur die verwendbaren Künste der Konsumtechnik von Nutzen. Im praktischen Umgang mit Innovationen kommt es also vor allen Dingen darauf an, den richtigen Ausgleich zwischen Investitionen in die Zukunft und in die Gegenwart zu schaffen.

Wenn auch die Anwendung der Spezialtechnik in den letzten Jahrzehnten von vielen Fehlern und Übertreibungen begleitet gewesen ist, hat doch die Alltagstechnik deutlich dazu beigetragen, die Lebensweise in den Industrieländern grundlegend zu ändern. Für sehr viele Menschen, besonders die davon direkt Betroffenen, scheint schon diese Änderung eine Verbesserung der Lebensqualität darzustellen. Warum rügen die Umweltschützer die nach ihrer Meinung nachteiligen Eingriffe in die Umwelt, ohne zuzugeben, daß die Industrialisierung in den technisch entwickelten Ländern zu mehr Freizeit, mehr Wohlstand und auch mehr Freiheit geführt hat.

Die durch technische Neuerungen bedingten Strukturveränderungen in der modernen Industriegesellschaft sind Gegenstand zahlreicher soziologischer Beschreibungen. So behauptet Bell, die Zeit Mitte der fünfziger Jahre, als in den Vereinigten Staaten die Arbeiter zum erstenmal weniger als die Hälfte der gesamten werktätigen Bevölkerung ausmachten, sei eine Art Wendepunkt zwischen der industriellen Gesellschaft und der »nachindustriellen Gesellschaft«, wie er sie nennt, gewesen.

Diesen Vorgang bezeichnet man oft als *White Collar Revolution,* das heißt etwa »Revolution am Schreibtisch«. Damit wird gesagt, daß die meisten Menschen entweder im Management in der Industrie oder mit der Lieferung von Dienstleistungen beschäftigt sind. Landwirtschaft, Bergbau und Fertigungsindustrie spielen nicht mehr die erste Rolle. Hand in Hand damit gehen höhere Ausgaben für Dienstleistungen auf so verschiedenen Gebieten wie Bildungswesen und Auslandsreisen. Nahrungsmittel und

Verbrauchsgüter stehen im Familienetat nicht mehr an erster Stelle; das entspricht der alten Wirtschaftsdoktrin, daß der Mensch nur eine beschränkte Menge an grundlegenden Produkten verbrauchen kann.

Die *White Collar Revolution* hat sich sehr schnell über die Vereinigten Staaten ausgebreitet. Für die Völker außerhalb Amerikas, die die Vereinigten Staaten nachahmen wollen, ist diese Änderung in der Arbeitsstruktur ebenso ein Anreiz gewesen wie das Wirtschaftswachstum, das diese Änderungen ermöglicht hat. Seit 1900 ist der Anteil der in der amerikanischen Landwirtschaft beschäftigten Personen innerhalb der gesamten werktätigen Bevölkerung von 37 auf knapp zehn Prozent gesunken. Die freigewordenen Arbeitskräfte sind vorwiegend von Handel und Wirtschaft aufgenommen worden. Obwohl die Statistik hier etwas irreführend ist, weil sie sich über einen Zeitraum erstreckt, in dem immer mehr Frauen berufstätig wurden, normalerweise ebenfalls im Büro, zeigt diese Änderung doch zweifellos, wie die Menschen in den Vereinigten Staaten ihr persönliches Einkommen ausgeben. Oberflächlich betrachtet, scheint die Auslandsreise für den Amerikaner die größte Rolle zu spielen, aber das Bildungswesen nimmt in der Gesamtwirtschaft der Vereinigten Staaten einen viel wichtigeren Anteil, nämlich fünf Prozent des Bruttosozialprodukts, ein. Muß man diese Veränderungen wirklich ernsthaft bedauern?

Ein weiterer Gradmesser der Wandlung ist die Freizeit. In der Fertigungsindustrie betrug die durchschnittliche Arbeitswoche Mitte der sechziger Jahre 41 Stunden. Wenn die Struktur der amerikanischen Wirtschaft ihre heutige Form beibehält, was nicht sicher ist, wird die Arbeitszeit in der Fertigungsindustrie von der Mitte der siebziger Jahre an sehr stark verkürzt werden. Die Schwierigkeit, wenn überhaupt, liegt darin, daß die Produktivität dieser Industrie immer noch so schnell wächst, daß entweder die Anzahl der Arbeitskräfte drastisch gesenkt werden muß oder grundsätzlich neue Absatzgebiete für die hergestellten Produkte gefunden werden müssen. Ob die Auslandshilfe einen Weg zur Ableitung der amerikanischen Produktionsüberschüsse im kommenden Jahrzehnt darstellt?

Mehr Freizeit geben bedeutet neue Probleme. In den fünfziger Jahren begrüßten Wissenschaftler wie David Riesman die Aussicht auf mehr Freizeit, weil sie keine Möglichkeit mehr sahen, die Arbeit sinnvoller zu gestalten. Heute pflegt man fast ebensosehr darüber zu klagen, daß niemand etwas mit seiner Freizeit anfangen kann. Diese Schwierigkeit ist sicherlich nicht eingebildet. In der Industriegesellschaft sind die Menschen vielleicht für die Vorteile der nachindustriellen Gesellschaft ebensowenig gerüstet wie die Kleinbauern in Indien und Pakistan für eine merkantile Gesellschaft. Aber solche Fragen sind doch Herausforderungen, denen man nicht ausweichen kann.

Die nachindustrielle Gesellschaft weist alle Merkmale einer Gesellschaft mit gleichmachender Tendenz auf. Das ist seit über 100 Jahren bekannt.

Fast genau vor 100 Jahren erklärte Alfred Marshall: »Die Frage ist nicht, ob alle Menschen irgendwann einmal gleich sind — das werden sie sicherlich nie sein —, sondern ob wir allmählich dahin kommen, daß jeder Mensch wenigstens seiner Beschäftigung nach ein Gentleman sein kann.« Daraus läßt sich auch ablesen, daß Arbeit in mancher Form den Geist verbilden, vielleicht sogar zerstören kann; trotz des Geredes von der Entmenschlichung der neuen Technik gibt es sicherlich wenige, die heute unter der Technik zu leiden haben und gern mit dem Leben eines viktorianischen Arbeiters oder gar eines Kleinbauern am Golf von Bengalen tauschen möchten.

Marshalls Kommentar war gleichzeitig eine Wirtschaftsprognose: Die Industrialisierung führt zu einer geringeren Streuung des Familieneinkommens. Die neuere wirtschaftliche Entwicklung aller Industrieländer ist, ungeachtet des politischen Standorts, von der Tendenz gekennzeichnet, daß der Abstand zwischen Reichen und Armen schwindet. Dieser Mechanismus ist leicht zu erklären. Die Industrie braucht Fachkräfte, und Fachkräfte können ihren Arbeitgebern wirtschaftliche Forderungen stellen. Obwohl die soziale Umwälzung, die mit der industriellen Revolution ihren Anfang nahm, nicht zwangsläufig Freiheit, Gleichheit und Glück bringt, besteht doch mindestens eine begründete Aussicht, daß diese Ziele erreicht werden. Diese Chance ist heute größer als je zuvor.

Natürlich sind die Entwicklungsländer der Welt noch weit von dem Zustand entfernt, den Bell nachindustrielle Gesellschaft nennt. Berücksichtigt man außerdem die Unsicherheiten in der Verwendbarkeit wirtschaftsstatistischer Daten wie des Bruttosozialprodukts für den Vergleich zwischen Industrieländern und Entwicklungsländern und die Ungenauigkeit der Sozialstatistik in vielen Teilen der Dritten Welt, so ist schwer genau zu sagen, wie schnell dieser Umwälzungsprozeß in den Entwicklungsländern ablaufen kann. Sicherlich wird das sehr stark davon abhängen, wie schnell sich die Bevölkerungsgröße stabilisieren kann. Obgleich die enormen technischen Umwälzungen in den Industrieländern des Westens in den letzten Jahren oft den Eindruck erweckt haben, der Abstand zwischen Industriestaaten und Entwicklungsländern werde aufgrund der technischen Innovation ständig größer, trifft das heute kaum noch zu, nicht nur, weil die Industrieländer wenigstens grundsätzlich ihre Verpflichtungen gegenüber den Entwicklungsländern erkannt haben, sondern auch wegen der qualitativen Änderungen, die in den letzten Jahren stattgefunden haben. Dabei ist wahrscheinlich der im Anschluß an die Grüne Revolution zu beobachtende Merkantilismus auf lange Sicht das hervorstechendste Merkmal.

Welchen Wert hat jedoch die Technik, wenn die nachteiligen Nebenwirkungen den Nutzen übersteigen? Auch wenn technische Neuerungen keine unerwarteten Nebenwirkungen zeitigen, kann doch die direkte

Auswirkung schon zu negativen Veränderungen führen. Selbst die Entwicklung der Schreibmaschine, sicherlich eine unkomplizierte Innovation, machte die Kopisten arbeitslos. Hat Douglas recht, wenn er sagt: »Die Bedrohung unserer natürlichen Umwelt durch die vielfältigen Formen der Verschmutzung, die alle mittelbar oder unmittelbar aus dem Fortschritt der Technik entstehen, hat den Träumen von einer technischen Utopie ein Ende gemacht«?

Drei einfache Wahrheiten zur technologischen Innovation sollten erkannt werden. Erstens: Die Industrie hat immer Nebenwirkungen gehabt, wie an den Schlackenhaufen der Hüttenwerke in der westlichen Welt noch zu sehen ist. Viele Schäden, die bei der Innovation im Viktorianischen Zeitalter auftraten, hatten schlimmere Folgen als das Kohlenmonoxid, das heute unsere Autos ausstoßen. Zweitens: Technische Neuerungen können nur dann eingeführt werden, wenn sie im Vergleich zu bereits vorhandenen Verfahren wesentliche Vorteile bieten oder einen vorher nicht vorhandenen Vorteil versprechen. Unter diesen Gegebenheiten reicht der Nutzen einer bestimmten Neuerung immer für Investitionen aus, mit denen schädliche Nebenwirkungen zu vermeiden sind. Man bringt also die Kohlenmonoxidverschmutzung nicht am besten dadurch unter Kontrolle, daß man die Autos abschafft, sondern dafür sorgt, daß bei Verbrennungsmotoren der Verbrennungsvorgang genauer gesteuert wird. Drittens: Es ist nicht einzusehen, warum Staaten nicht selbst darüber entscheiden sollten, ob sie die Einführung technischer Neuerungen zulassen und Gesetze entwickeln wollen, um deren Anwendung zu regeln. Hierzu gehört auch, daß sich die Gesellschaft bisher die Kernwaffentechnik zur Sprengung von Häfen und Kanälen, wie es die Atomenergiekommission der Vereinigten Staaten (USAEC) schon über ein Jahrzehnt fordert, noch nicht zunutze gemacht hat. Der Nutzen ist fragwürdig, das Risiko von Folgeschäden nicht vernachlässigbar, und alle Betroffenen scheinen sich damit abgefunden zu haben, daß das Spiel den Einsatz nicht wert ist.

Die Angst, der Computer könnte dem Menschen die Freiheit rauben, erfreut sich in der Weltuntergangsliteratur besonderer Beliebtheit, aber das Gespenst des »Großen Bruders« ist genausowenig real wie alle anderen Befürchtungen. In der umfangreichen Literatur über den Kampf zwischen dem einzelnen und der Bürokratie ist oft die Befürchtung geäußert worden, böswillige oder von ihrer eigenen Wichtigkeit zu sehr durchdrungene Bürokratien würden mit Hilfe ihres Apparats versuchen, die Freiheit des Menschen einzuschränken. Der Tower in London enthält eine Sammlung von Geräten, mit denen frühere Monarchen sicherstellen wollten, daß ihr Wunsch, für ihre Untertanen das Beste zu erreichen, auch gebührend respektiert wurde. Als modernes Äquivalent dazu gelten die Techniken der Massenkommunikation und die Verwendung der elektronischen Rechenmaschine.

Wissenschaft und Technik werden für die scheinbare Bedrohung der Freiheit des Individuums verantwortlich gemacht. Ein guter Teil unserer heutigen Wissenschaft hat tatsächlich dazu beigetragen, das Selbstverständnis vieler Menschen zu vernichten. Selbst so abstrakte Folgerungen der Wissenschaft wie die Erkenntnis, daß Lebewesen aus der mehr oder weniger zufälligen Synthese organischer Chemikalien in der primitiven Erdatmosphäre vor drei Milliarden Jahren entstanden sind, haben denen Schwierigkeiten bereitet, die in dem Glauben erzogen worden waren, das Leben habe ganz anders angefangen. Die ungeheuren Ausmaße des Universums, die Möglichkeit, alles, was sich von der Erde aus wie das Universum ausnimmt, stelle vielleicht nur einen winzigen Baustein in einem viel größeren, noch unerforschten Plan der Dinge dar, und die wachsende Überzeugung, daß man eines Tages Lebewesen auf anderen Planeten finden wird, sind verwirrende Vorstellungen. Die Befürchtungen, die die Molekularbiologie begleiten, und die Ängste, die oft im Zusammenhang mit den vorgeblichen Schrecknissen der Gentechnik laut werden, zeigen sehr deutlich, wie diese Entdeckungen das Vertrauen des Menschen in die Autonomie der Menschheit zerrüttet haben. Selbst wenn man mit Hilfe von Elektronenrechnern tatsächlich die Funktionsweise einer Großstadt so nachahmen kann, daß sich ihre Reaktion auf bestimmte Änderungen genau vorhersagen läßt, widerlegt das doch die häufig vertretene, falsche Ansicht, das menschliche Verhalten sei im Grunde genommen nicht vorhersagbar.

Maschinen, die in irgendeiner Weise zu denken vermögen, stellen einen weiteren Übergriff auf den Freiheitsraum des Menschen dar. Mit allen möglichen Theorien ist zu erklären versucht worden, wie man Computer dazu verwenden kann, den Menschen unfrei zu machen. Es wird befürchtet, die großen Datenarchive, die die Staaten jetzt zur Speicherung von Angaben etwa über die Einkommenssteuer der Bevölkerung unterhalten, könnten auch zur Aufnahme so persönlicher Daten dienen wie des Bildungswegs, der Karriere oder der Art und Weise, wie die in dieser Kartei Erfaßten irgendwann einmal gegen ihren Willen zu bestimmten Dingen gezwungen worden waren. Oder man meint, Computer könnten dafür sorgen, daß soziale Vorteile nur den Leuten zugute kommen, deren Verhalten den Vorschriften der Regierung entspricht, daß also die Wähler, die für die jeweilige Regierung gestimmt haben, bei der Zuteilung von Ausbildungsplätzen oder Krankenhausbetten Vorrang hätten.

Diese Befürchtungen lassen außer acht, daß selbst die heutigen riesigen Rechenanlagen für solche ehrgeizigen Aufgaben nicht geeignet sind. Auch mit noch so aufwendigen elektronischen Schaltungen lassen sich unsere gegenwärtigen Schwierigkeiten im Umgang mit riesigen Archiven voll statistischer Daten mittels Rechenanlagen nicht wesentlich vereinfachen. Schon die Speicherung der Namen und Anschriften der gesamten Bevölkerung von Ländern von der Größe der Sowjetunion oder der Vereinigten Staaten in einem Elektronenrechner würde die Eingabe von etwa 100 Milliarden Informationen erfordern. Mit den heutigen Maschinen würde es fast einen Tag dauern, diese Informationsflut zu sichten, um die Adresse einer bestimmten Person herauszufinden. Sollen jedoch noch mehr Informationen gespeichert und komplizierte Suchaufgaben gelöst werden, steigen Zeitbedarf und damit verbundene Kosten ins Unermeßliche. Selbst wenn Elektronenrechner auf den Markt kommen, die noch schneller sind als die heutigen Modelle, bleibt die Kluft zwischen der Datenmenge über Einzelpersonen, die man speichern kann, und den Informationsmengen bestehen, die Rechenmaschinen mit sinnvollem Aufwand erledigen können. Trotz aller Bemühungen werden die Staaten eines Tages doch darauf kommen, daß die genaue Überwachung des Schicksals einzelner mit Hilfe eines Elektronenrechners entweder unrealistisch oder unvernünftig teuer ist.

Besorgniserregender ist die Möglichkeit, daß Computer in der Wirtschaft dazu dienen können, die Privatsphäre des einzelnen zu verletzen. Bereits jetzt werden in den Vereinigten Staaten Klagen laut, privatwirtschaftliche Organisationen, die Kreditauskünfte über Privatpersonen erteilen, könnten eines Tages, sobald Computer für diese Arbeiten häufiger eingesetzt werden, noch wirkungsvoller tätig werden als heute und infolgedessen noch eher die Kreditwürdigkeit eines Menschen falsch angeben. Zweifellos gibt es genügend viele Möglichkeiten für derartige Computeranwendungen; Computer können auch dazu dienen, die Namen von Leuten zu speichern und später wieder auszudrucken, die man für Verkehrssünder hält. Die Stadt New York ist deswegen bereits in Verruf geraten, konnte aber den Kreis der Parksünder, die ihre Strafgebühren nicht bezahlt hatten, wesentlich einschränken. Verwunderlich bleibt, daß die Einwanderungsbehörden in den Vereinigten Staaten immer noch in einer Loseblattsammlung wühlen müssen, sobald ein Besucher aus dem Ausland den Paß vorlegt und einreisen will. Warum ist die schwarze Liste noch nicht in einer Rechenmaschine gespeichert?

Auf all diesen Anwendungsgebieten dient jedoch die Technik des Elektronenrechners nur dazu, bereits vorher begonnene Aufgaben mit besserem Wirkungsgrad zu lösen. Wenn die Ergebnisse untragbar sind, folgt daraus nicht, daß der Computer an sich böse ist, sondern daß die Aufgaben, für die er eingesetzt wird und die es bereits vorher gegeben hat, untragbar sind. Um es ganz deutlich zu sagen: Wenn eine zu rigorose Anwendung der Regeln, nach denen die Auskunfteien arbeiten, unter Umständen zu einer Ungerechtigkeit gegenüber jemand führen kann, der nichts davon ahnt, dann sollte man die Auskunfteien jetzt schon daran hindern, so zu arbeiten. Für solche Dinge ist schließlich immer noch der Staat zuständig.

Das gilt im großen ganzen auch für die Befürchtung, die Elektronik könnte die Wirkung von Propaganda verstärken. Nicht umsonst haben die Rädelsführer bei politischen Staatsstreichen Rundfunksender in der Liste aller zu besetzenden Gebäude immer ganz oben aufgeführt. Die Lautsprecher an vielen Laternenmasten in Osteuropa sind auch ein Beispiel dafür. Das Jahr 1984 im Orwellschen Sinn läßt sich nur mit so wirksamen Beobachtungs- und Kommunikationsmethoden in die Praxis umsetzen, daß sich niemand seines Privatlebens erfreuen könnte, ohne gegen irgendwelche Vorschriften zu verstoßen. Auch hieran ist nicht die Technik schuld, sondern die Motive derjenigen, die die Technik mißbrauchen. Zweifellos hätte sich das nationalsozialistische Deutschland über Fernsehgeräte gefreut, aber die dreißiger Jahre haben auch nachdrücklich bewiesen, daß für eine wirksame Propagandakampagne das Medium weniger wichtig ist als die Botschaft. Für Hitler und Goebbels tat es auch der Volksempfänger.

Die meisten Klagen über den Einsatz der Massenmedien als Propagandainstrumente müßten eigentlich heute in den Vereinigten Staaten laut werden, wo auf fünf Personen zwei Fernsehempfänger kommen. Diese Behauptung ist ein weiteres Paradoxon, an denen die Weltuntergangsliteratur so reich ist. Die Werbung für Industrieprodukte ist sicherlich nach Meinung derjenigen, die dafür zahlen, so wirkungsvoll, daß sich die Kosten lohnen. Daraus läßt sich aber allenfalls ableiten, daß Meinung und Geschmack derjenigen, die sich Werbefunksendungen ansehen, manipuliert sind. Nach den ständigen Scharmützeln zwischen den amerikanischen Fernsehsendern und verschiedenen amerikanischen Regierungen zu schließen, scheint der Inhalt der Fernsehsendungen dem Staat jedoch eigentlich eher unangenehm zu sein. Das Fernsehen hat in den Vereinigten Staaten vielleicht sehr viel zu einem Umschwung in der Vietnampolitik beigetragen. Es hat allerdings auch eine große Rolle in der Nachrichtenverbreitung über die angebliche Umweltkrise gespielt. Die schwerste Anklage gegen die neuen Massenmedien ist vielleicht die Behauptung, daß sie öffentliche Streitfragen übertrieben darstellen. Ob sie in schlimmer Absicht von einer Regierung benutzt werden könnten, läuft jedoch auf die Frage hinaus, wie man sie kontrollieren soll. Das ist eigentlich noch nie anders gewesen, auch damals nicht, als der Ausrufer noch die einzige Methode der Nachrichtenverbreitung war. Ob die neuen Massenmedien unerträgliche Propagandainstrumente werden, wird nicht durch bessere Kenntnis ihrer Arbeitsweise, sondern durch völlig bekannte politische Entscheidungen darüber bestimmt, wie diese Nachrichtenmittel zu kontrollieren sind. Der »Große Bruder« ist ein politisches Wesen, kein Geschöpf der Technologie.

Ein Lieblingsziel der Umweltschützer ist die moderne Großstadt, oft als Einrichtung betrachtet, die alle Übel der modernen Welt in ihren Mauern birgt. Bekanntlich ist die Großstadt die Quelle allen Schmutzes. Die größten, New York und London, erzeugen so viel Wärme, daß die Temperatur im Zentrum, mindestens im Winter, um einige Grad über der Temperatur auf dem Land in der Umgebung liegt. Die Großstädte sind auch zu voll, die sozialen Probleme treten besonders kraß zutage, hier gibt es die meisten Wohlfahrtsempfänger und die meisten Morde. In welchem Umfang hat die neue Technik zu diesen Problemen beigetragen? Inwieweit kann sie helfen, sie wieder zu beseitigen?

In den meisten Klagen über die moderne Stadt scheint die Rolle der Großstadt in der Gesellschaft nicht angemessen berücksichtigt zu werden, nicht nur die heutige Rolle, sondern auch die Geschichte der letzten 3000 Jahre. Mumford, den man heute wohl zu den Verzagten zählen muß, hat die Funktion der Großstadt in seinem Monumentalwerk *The City in History* sehr einfühlsam beschrieben. Städte sind nicht einfach Orte für Menschen, die sich sonst nirgendwo aufhalten können. Von Anfang an war die Nähe, die das Stadtleben mit sich brachte, ein gesellschaftlicher und wirtschaftlicher Vorteil. Hier ist das Ganze mehr als die Summe seiner Teile. Auf der anderen Seite müssen die Städte besonders unter den Veränderungen leiden, die die Umwälzungen in Landwirtschaft und Industrie mit sich bringen. Seit dem 19. Jahrhundert haben sich neue Industriezweige ebenso in den Städten niedergelassen wie die Arbeiter, die es nicht mehr auf dem Land hielt. Was vor 100 Jahren in Manchester und Birmingham passierte, ereignet sich heute in Nairobi und, obwohl dieser Fall etwas anders liegt, in Kalkutta. Ist es deshalb ein Wunder, daß gerade in den Großstädten die sozialen Probleme so stark zutage treten?

Wenn die Großstädte eines Tages von derartigen Schwierigkeiten frei sein sollen, muß sich die Gesellschaft so stabilisiert haben, daß alle industriellen und gesellschaftlichen Veränderungen abgeschlossen sind. Praktisch läuft das auf die Frage hinaus, wie man am besten zwischen der wirtschaftlichen Gesundheit eines Volkes und den gesellschaftlichen und Umweltproblemen der modernen Großstadt abwägen kann. Dabei zeigt sich als Leitlinie, daß man die Probleme der Stadt nicht durch Kurieren an den Symptomen lösen kann. Charles Abrams hat die in New York geübte Praxis angeprangert, die Entwicklung von Slums dadurch einzudämmen, daß man Wohnungen zu Mietpreisen zur Verfügung stellte, die die Mittel der Slumbewohner bei weitem überstiegen. Ebenso ist Wohlfahrtsunterstützung zwar notwendig, aber sie beseitigt weder Arbeitslosigkeit noch Armut. Auch die Fragen des städtischen Verkehrs löst man nicht einfach dadurch, daß man die Benutzung von Autos gesetzlich verbietet.

Das Auto hat sicherlich sehr viel dazu beigetragen, die Gestalt der Städte zu verändern. In diesem Jahrhundert hat (mit wenigen Ausnahmen) die Bevölkerung der größten Städte zugenommen, aber die Bevölkerungsdichte ist gesunken. In Boston kamen im Jahr 1900 in der Stadtmitte 220 Personen auf etwa 4000 Quadratmeter; 1950 waren es 69 Personen. Zwischen 1900 und 1940 sank die Bevölkerungsdichte in der Stadtmitte von Philadelphia von 180 Personen pro 4000 Quadratmeter auf etwa 90 Personen. Die Bevölkerungsdichte im Herzen von London beträgt heute nur noch ein Fünftel des Wertes von 1801. Der Vorzug des Lebens in einem Vorort liegt auf der Hand: Es ist die Illusion des Landlebens gekoppelt mit den Anregungen, die die Arbeit in der Großstadt bietet. Ist das nicht vielleicht ein Fall, in dem das Gemeinwohl nicht einfach die Summe aller Einzelinteressen ist? Die Ausdehnung der Vororte zerstört die Landschaft. Die Verkehrsstauungen in den Großstadtstraßen entstehen wegen der täglichen Anfahrt zu den Büros, Geschäften und zum gesellschaftlichen Leben in der Großstadt.

Wie soll man einen besseren Ausgleich zwischen den Interessen des einzelnen und denen der Gemeinschaft herbeiführen? Auch das ist wieder eine wirtschaftliche Frage, und es ist nicht abzusehen, wie die ideale Struktur einer modernen Großstadt je ermittelt werden soll, solange man nicht versucht, die realen Kosten des Großstadtlebens in den Preisen auszudrücken, die die Menschen dort für Dienstleistungen und Einrichtungen zahlen. Sollen alle Kraftfahrer in verstopften Großstädten nur den Treibstoff bezahlen, den sie dort verbrauchen, oder sollen sie auch den Anteil der Kosten tragen, der sich aus der Bereitstellung von Gelände für Großstadtstraßen, für den Bau neuer Zufahrtswege und gelegentlich sogar für Maßnahmen gegen die Luftverschmutzung ergibt? Niemand vermag genau zu sagen, wie hoch diese Zusatzkosten für den Kraftfahrzeughalter werden können, aber würden solche realen Kosten berechnet werden, wollten sicherlich weniger Leute in Vororten wohnen, und einige besonders akute Probleme lösten sich dadurch vielleicht von selbst. Die Menschen würden wieder in das Herz der Städte zurückkehren.

Die unbestrittenen Mängel des Großstadtlebens muß man deshalb den Stadtverwaltungen zur Last legen, nicht den Technikern, nicht einmal den Automobilingenieuren. Ihr Scheitern ist kennzeichnend dafür, wie oft technologische Neuerungen ihren potentiellen Nutzen nicht erbringen können, weil sie ganz einfachen wirtschaftlichen Prinzipien zuwiderlaufen. Ein besonderes Merkmal der modernen Großstadt ist nicht das Vorherrschen der Technik, sondern deren Vernachlässigung. Selbst in unserem sogenannten elektronischen Zeitalter nimmt man die Möglichkeiten, Laufburschen durch elektrische Nachrichtenverbindungen zu ersetzen, nur in kläglichem Maß wahr. Stadtverwaltungen und Grundstücksmakler wetteifern miteinander im Errichten von riesigen Bürohäusern, ohne dabei zu überlegen, wie die darin Beschäftigten die Anfahrt bewerkstelligen sollen. Die Verkehrsmöglichkeiten in der Stadt sind und bleiben primitiv. Die meisten Stadtverwaltungen machen sich Gedanken über Dinge wie den Standort von Büros, Wohngegenden und öffentlichen Einrichtungen, aber immer so unzulänglich, daß sie zwangsläufig die Fehler ihrer Vorgän-

ger fortsetzen. Nach Ansicht der meisten Umweltschützer ist die Stadt an sich schon eine Beleidigung; andere möchten vielleicht die Städte so angenehm machen, wie es die Technik erlaubt.
Am Beispiel der modernen Großstadt erweist sich wieder einmal, daß die Technik keineswegs das unausrottbare Übel ist, als das sie manchmal gilt, besonders in den Ausführungen von Ellul. Die Entwicklung in den letzten Jahren hat in Westeuropa und den Vereinigten Staaten deutlich bewiesen, daß die Staaten ständig bestimmte Innovationen der einen oder anderen Art nicht annehmen. Ein gutes Beispiel ist hier die 1971 vom amerikanischen Kongreß getroffene Entscheidung, keine Mittel mehr für die Entwicklung des Prototyps eines Überschallflugzeugs zur Verfügung zu stellen. Allerdings hatte man zu dem Zeitpunkt, als die Einstellung beschlossen wurde, bereits so viel für das Projekt ausgegeben, daß es unlogisch war, nicht auch noch die Flugtüchtigkeit des Prototyps abzuwarten.
Mehrere englische Regierungen haben die Einführung des Fernsehens, später des Farbfernsehens, hinausgezögert, weil sie befürchteten, der Umfang der privaten Spartätigkeit könnte darunter leiden. In den meisten Ländern sind wirklich schnelle Autos entweder verboten, oder es gibt keine Straßen, auf denen man sie fahren kann. In manchen Städten werden keine Hochhäuser gebaut, weil die Planungsbehörden, vielleicht zu Recht, befürchten, ihr Stadtbild werde dadurch unwiederbringlich geschädigt.
Die Kämpfe, die sich in den letzten Jahren zwischen der Bevölkerung von New York und der Consolidated Edison Company abgespielt haben, die in der Stadt Kraftwerke betreibt und für die Stromversorgung zuständig ist, zeigen sehr deutlich, was die Gemeinden erreichen können, wenn sie gegen eine nach ihrer Meinung falsche technische Entwicklung vorgehen. Als das Energieversorgungsunternehmen 1962 verlauten ließ, im Stadtgebiet solle ein Kernkraftwerk errichtet werden, sprach es damit auch die Frage an, wieviel New York seine Stromversorgung wert war und ob die Stadt Kraftwerke innerhalb der Stadt oder an den bis dahin relativ unbehelligt gebliebenen Ufern des Hudson vorzog. In diesem Fall erhöhte die Stadt ihren Stromverbrauch, wandte sich gegen die Errichtung eines Kernkraftwerks, genehmigte den Bau eines konventionellen Kraftwerks (in Astoria), schränkte jedoch die Stromerzeugung in dieser Anlage ein und sprach sich gegen ein Pumpspeicherwerk einige Kilometer flußaufwärts aus. Dank dieses Drucks durch die Öffentlichkeit gibt es nun in New York anstelle von Kraftwerken Stromknappheit. Als nächstes muß man sich wohl überlegen, wie man die Stadt auch bei niedrigerer Spannung in Gang halten kann.
Das interessanteste Problem der modernen Technik ist nicht der Zwang, sondern die Wahlfreiheit. Schon die Existenz der Umweltbewegung zeigt, daß auch radikale Änderungen der technischen Struktur vorstellbar sind.

Es gibt jedoch keine einfache Strategie, mit der sich die Richtung der technischen Innovation festlegen läßt. Sicherlich kann man bei alltäglichen technischen Dingen die Frage der Auswahl den Herstellern überlassen. Nur wenige Staaten sind bereit oder kompetent, bei solchen Entscheidungen führend mitzuwirken; aber die Gemeinschaft hat ein Interesse daran, einen Rahmen abzustecken, in dem sich die freie Wirtschaft ungehindert bewegen kann. Es ist nicht mehr als recht und billig und auch immer üblich gewesen, daß der Staat fordert, selbst geringfügige technische Verbesserungen dürften die Interessen des Verbrauchers und der Umwelt nicht schädigen. Elektrische Geräte müssen so konstruiert sein, daß der Benutzer keinen Schlag bekommt. Lebensmittel müssen geprüft sein, ehe sie auf den Markt gebracht werden. Kraftfahrzeuge müssen auf der Straße sicher genug sein.

Aber selbst bei der Regelung konventioneller technischer Dinge können Fehler unterlaufen. So sind die neuen Sicherheitsvorschriften für Kraftfahrzeuge in den Vereinigten Staaten vielleicht ein Rückschritt, denn bisher ist noch nicht abzusehen, ob die *Airbags,* die sich zwischen den Insassen auf den Vordersitzen und der Windschutzscheibe bei einem Zusammenstoß aufblasen sollen, auch wirklich Menschenleben retten können. Hier läßt sich die richtige Entscheidung genauso schwer treffen wie bei der Vorschrift, welche Arzneimittel oder synthetischen Chemikalien im Gebrauch sicher oder nicht sicher sind.

In der Wirtschaft der westlichen Welt formt der Mensch die Struktur der Innovationen auch durch seine Entscheidung, Geld für neue Produkte auszugeben, etwa für Autos oder Nahrungsmittel. Auf der anderen Seite spielt der Staat gern die Hauptrolle, wenn es sich um die Entwicklung der Computerindustrie, des Nachrichtenwesens, des Schiffsbaus handelt. Leider hat er dabei nicht immer die glücklichste Hand gehabt. Manchmal haben Staaten unter Mißachtung der langfristigen Interessen ihrer Bürger Technologien am Leben erhalten, die für die betreffende Gesellschaft wahrscheinlich nie von Wert sein werden. So kann man das amerikanische Mondfahrtprogramm, obwohl es im Rahmen seiner eigenen Zielsetzung erfolgreich ist, für die Bevölkerung der Vereinigten Staaten doch wohl kaum als wirtschaftlichen oder sozialen Gewinn bezeichnen. Auf deutsch also: Mittel in Höhe von 20 Milliarden Dollar sind verpulvert worden. Die Entzauberung der Technik entspricht zu einem guten Teil dem irrationalen Element in solchen Entscheidungen. Auch das Apollo-Programm hat wahrscheinlich zu der Ansicht beigetragen, die Technik sei nur unter größten Schwierigkeiten von einem Ziel abzubringen oder zu stoppen.

Der Staat kann die Struktur der Entwicklung bei den spezialisierten Technologien sehr nachhaltig beeinflussen, denn die Kosten der Erschließung eines neuen Gebiets können die Mittel der Privatindustrie bei weitem übersteigen. Selbst wenn dieses System nicht immer hundertprozentig funktioniert, heißt das noch nicht, daß die Technik außer Kontrolle geraten ist. In England haben alle Regierungen nach dem Zweiten Weltkrieg die Entwicklung neuer Flugzeuge gefördert, obwohl sich die Chancen, daß dabei lebensfähige neue Modelle herauskommen, heute recht gering ausnehmen. In den Vereinigten Staaten ist das Apollo-Programm nur eine der Fehlentscheidungen, die der Regierung zuzuschreiben sind. Bis vor kurzem hat das auch für die Krebstherapie gegolten. Derartige Projekte bilden jedoch die Ausnahme und machen nur einen kleinen Teil der staatlichen Ausgaben für technische Innovationen aus, auch wenn sie umfangreich sind. Mit Hilfe der modernen Technik mußte sich der Staat Einrichtungen schaffen, um bei seinen Entscheidungen die Interessen von Wissenschaft, Technik und Gesellschaft angemessen zu berücksichtigen.

Warum läßt man die technische Innovation nicht völlig aus dem Spiel und vermeidet so die Schwierigkeiten, die sie mit sich bringt? Nach einem Konzept des Bevölkerungswachstums null könnte man hier zum Begriff »Nullinnovation« kommen. Dem läßt sich insbesondere entgegenhalten, daß die Innovation auf einer bestimmten Ebene nicht von der Industrie zu trennen ist. Selbst wenn der Staat beschlösse, keine Mittel mehr für Forschung und Entwicklung oder die Ausbildung von Wissenschaftlern und Technikern zur Verfügung zu stellen, würde man, wie im 19. Jahrhundert, Möglichkeiten finden, die Leistung der bereits vorhandenen Einrichtungen ständig zu verbessern. Auch wenn sich der wirtschaftliche Nutzen neuer Ausgaben für Forschung und Entwicklung nur schwer quantifizieren läßt, würde sich eine Entscheidung, überhaupt keine Mittel mehr beizusteuern, doch sehr schnell im Verlust der Konkurrenzfähigkeit auf den Auslandsmärkten niederschlagen. Solange es einen Welthandel gibt und manche Länder bereit sind, ihre Exporte mit technischen Innovationen zu motivieren, geht es nicht ohne die Technik.

Internationale Verbindungen werden wahrscheinlich immer wichtiger. In den letzten Jahren hat sich sehr deutlich gezeigt, weshalb die Industrieländer den wirtschaftlich unterentwickelten Ländern mit umfangreicher Auslandshilfe unter die Arme greifen sollten. Auch hierbei muß das Wirtschaftswachstum eine wichtige Rolle spielen. Selbst wenn die Industrieländer beschließen sollten, im Inland keine Steigerung des persönlichen Wohlstands mehr zuzulassen, könnten die Entwicklungsländer sinnvoll nur durch eine Erhöhung der Produktion an Fertigwaren oder landwirtschaftlichen Produkten unterstützt werden. Obwohl die Länder, die Auslandshilfe bekommen, immer mehr bestrebt sind, Geld statt Waren zu empfangen, kann man Pfundnoten oder Dollarscheine vielleicht nur gegen Güter oder Dienstleistungen eintauschen, die schließlich doch vom Spender kommen müssen. Selbst wenn die Propheten des Untergangs die meisten Menschen in den Industrieländern davon überzeugen könnten, sich auf dem heutigen Wohlstandsniveau einzurichten, wäre es eine internationale Tragödie, wenn die Industrie dieser Länder nicht zu weiterem Wachstum angeregt werden würde, um damit die notwendigen Güter zu erzeugen, die das Gefälle zwischen den Völkern beseitigen sollen.

Die Technik kann direkt dazu beitragen, das Schicksal der Entwicklungsländer zu verbessern. In letzter Zeit ist immer wieder davon gesprochen worden, in welchem Umfang Entwicklungsländer die Technik übernehmen sollten, die die Grundlage der wirtschaftlichen Entwicklung Westeuropas und der Vereinigten Staaten gebildet hat. Noch vor kurzem haben Länder wie Indien, das mit Rohstoffen keineswegs überreichlich gesegnet ist, ungeheure Summen für die Entwicklung von Kernkraftwerken und sogar Weltraumraketen ausgegeben. Wo liegt hier der praktische Nutzen? Wäre es nicht besser gewesen, diese Mittel statt dessen für andere Einrichtungen, vielleicht Bewässerungsanlagen, zu verwenden? Die kurze und wahrscheinlich auch einzige Antwort hierauf lautet: Ein bißchen spezialisierte Technik kann auch den Entwicklungsländern nicht schaden, denn sie regt das Interesse an der Entwicklung der Fähigkeiten intelligenter Menschen an, die sonst entweder auswandern oder der Technik überhaupt verlorengehen würden.

Auch in den Entwicklungsländern gibt es zahlreiche technische Schwierigkeiten. In Afrika ist bis heute nicht geklärt, wie man die tropische Landwirtschaft am besten entwickeln kann; die gescheiterten Erdnußanbaupläne sind den Menschen dort gut im Gedächtnis geblieben. Woanders liegen die größten Schwierigkeiten wahrscheinlich in der Verteilung der unterirdischen Wasserquellen. Wie kann man Jahr für Jahr Wasser aus dem Indusbecken entnehmen, ohne den Boden zu stark mit Salz anzureichern und das Reservoir aufzubrauchen? Daß sich diese Probleme gerade in den Entwicklungsländern stellen, ist eine Herausforderung, die sich grundlegend von der Problematik der konventionellen Technik unterscheidet.

Hier dürfen Wissenschaft und Technik nicht als Zwänge, sondern müssen als Hilfsmittel bei der Lösung praktischer sozialer Probleme betrachtet werden. Darf man wirklich behaupten, daß dieser Einfluß böse ist?

Abhilfemaßnahmen

Ein Gefühl der Ausweglosigkeit kennzeichnet die Untergangsbewegung. Wenn auch viele die Wachstumsgeschwindigkeit der Bevölkerung als schwerwiegendes Hindernis für den wirtschaftlichen Aufschwung in den Entwicklungsländern ansehen, teilen wohl nur einige die Ansicht von Ehrlich: »Die Schlacht, die ganze Menschheit mit Nahrung zu versorgen, ist verloren.« Wenige, die die Umweltverschmutzung für schädlich halten, meinen mit Commoner: »Den Ausbruch einer echten Krise im Ökosystem kann man ebensogut als Signal einer drohenden Krise im Wirtschaftssystem betrachten.« Viele praktische Probleme, deren Lösung unmittelbar zur Verbesserung der Umwelt beitragen könnte, werden dabei überhaupt nicht angesprochen, etwa die Schaffung wirksamer gesetzlicher Vorschriften gegen die Einleitung von Schadstoffen. Wenn die Weltuntergangstheoretiker meinen, die gegenwärtige biologische Forschung gefährde die Menschheit ernstlich, setzen sie voraus, daß die Medizin entgegen ihrer Tradition künftig nur noch das Böse will. Die Weltuntergangsbewegung ist also der Ansicht, es werde immer der schlimmste Fall eintreten. Deshalb findet sich in der einschlägigen Literatur eine Fülle von Prophezeiungen drohenden Unheils. Commoner erklärt: »Die Welt wird nicht durch einen einzigen Fehler, den man mit einem guten Plan beheben könnte, an den Rand des ökologischen Untergangs gebracht, sondern durch die Phalanx mächtiger wirtschaftlicher, politischer und gesellschaftlicher Kräfte, die den Gang der Geschichte bestimmen.« Mit seiner Aussage, die Katastrophe sei fast, aber nicht ganz unvermeidlich, wendet er sich vielleicht an den linken Flügel der Weltuntergangsbewegung. Wie einst für die Einwohner des biblischen Sodom und Gomorrha stellt sich also für die moderne Welt die Frage, ob sie ihre Lebensweise rechtzeitig so ändern kann, daß sie noch einmal davonkommt.

Die Rettungsvorschläge sind im allgemeinen naiv. Sehr gut beschreibt sie ein umfassendes Überlebensrezept, das die Zeitschrift *The Ecologist* im Januar 1972 unter dem Titel *Planspiel zum Überleben* veröffentlicht hat. Nach Ansicht der Herausgeber ist eine der zu vermeidenden Gefahren der »Zusammenbruch der Gesellschaft«. »In Zeiten großer Umwälzungen und des sozialen Chaos fällt der Staat höchstwahrscheinlich in die Hand rücksichtsloser, skrupelloser Elemente, die gegen ihre Nachbarn bedenkenlos Krieg führen werden, um einen größeren Anteil an den schwindenden Rohstoffquellen der Welt zu bekommen. Da immer mehr (bis 1980 schätzungsweise 36) Länder über Kernkraftwerke verfügen und damit auch Plutonium für die Atomsprengköpfe erzeugen, kann es häufiger zu lokalen (wenn nicht globalen) atomaren Auseinandersetzungen kommen.«

Als Ausweg bietet *The Ecologist* »ein neues Gesellschaftssystem« an, das sich aber bei näherem Hinsehen als genauso utopisch erweist wie alles, was Godwin je geschrieben hat. Seine Schöpfer wollen »soziale Verhältnisse schaffen, unter denen die öffentliche Meinung und die volle Beteiligung der Öffentlichkeit am Entscheidungsprozeß das Geschehen im Staat weitgehend bestimmen«. Vor allen Dingen würde die Polizei aufgelöst werden. Nach Ansicht der Autoren muß dazu die Gesellschaft in kleinere Einheiten gegliedert werden. Wenn Industrien in geringem Umfang in diese Untereinheiten integriert werden, »kommt es wahrscheinlich eher zur Produktinnovation, weil die Menschen qualitative Verbesserungen auf einem bestimmten Gebiet vorziehen, und nicht wegen einer Expansion, die das Weiterbestehen der Industrie und die Beschäftigung von deren Forschungs- und Entwicklungsabteilungen sichern soll«. Derartige Gemeinschaften sollen auch noch andere Vorteile bieten. Die Menschen werden »die Vorzüge des Kleinstadtlebens erfahren: Man kennt einander, ist mit wenigen gut befreundet und unterhält nicht die unzähligen oberflächlichen Beziehungen des Großstädters«. Bei diesem Prozeß der gesellschaftlichen Umwälzung, so betonen die Redakteure von *The Ecologist,* sollten wir »Gemeinschaftsgefühl und einen wachen Geist aller anstelle der gefährlichen und sterilen Kompromisse schaffen, die den Nationalismus kennzeichnen«. William Morris hätte das auch nicht besser sagen können.

Dieses nicht sonderlich ausgefallene Rezept zeigt dennoch deutlich, wie sehr die Umweltkrise von ihren Historikern als Einschnitt in der Entwicklung des Menschen betrachtet wird, der den Gang der Geschichte ändern muß, vielleicht zum Besseren, aber wahrscheinlich zur Katastrophe. Diese Ansicht ist schon deshalb falsch, weil ihr die meisten Tatsachen widersprechen.

Natürlich gibt es Schwierigkeiten; zum Teil rühren sie von den unvorhergesehenen Folgen der technischen Innovation her. In ihrem Extremismus vergessen die Umweltschützer aber auch gern, welche rechtlichen und verwaltungstechnischen Maßnahmen heute schon zur Behebung von Umweltschäden ergriffen werden. Warum soll die fortgesetzte Verschmutzung des Eriesees nicht so unterbunden werden, wie es mit Erfolg bei anderen Gewässern praktiziert wurde: Verbot der Einleitung ungeklärter Abwässer oder sonstiger chemischer Schadstoffe? Warum sollen die Menschen, die über Luftverschmutzung in den Großstädten klagen, nicht sauberere Luft atmen können, wenn man eine vernünftige Verkehrsplanung und -regelung einführt? In Wirklichkeit lassen die Umweltschützer nicht nur alles außer acht, was man gegen Umweltschäden tun kann, sondern sie vergessen auch völlig, was schon getan worden ist. Oder haben die Proteste gegen die Lärmbelästigung durch Flugzeuge in New York etwa nicht dazu geführt, daß die Stadt keinen Standort für einen vierten Flughafen finden konnte? Mußte nicht die britische Regierung einen dritten Flughafen in der Gegend der Themsemündung anlegen, fast 75 Kilometer von der Stadt entfernt? Und hat die Luftverschmutzung in englischen und amerikanischen Städten in den letzten zehn Jahren nicht abgenommen?

Die Welt befindet sich aber wirklich nicht in dem schlechten Zustand, in dem sie Commoner und Ehrlich sehen wollen. Man darf die gegenwärtige Mißstimmung auch nicht gänzlich der Technik zuschreiben. Selbst wenn uns die Technik in diese Zwangslage gebracht hat, wird sie auch wieder den Weg hinaus weisen. Wie man die Gesellschaft umfunktionieren muß, um so verschiedenartige Probleme wie die Umweltverschmutzung und die Entfremdung zwischen Wissenschaft und Gesellschaft wenigstens im Ansatz zu lösen, ist längst bekannt. Wie läßt sich ein Gleichgewicht zwischen den Interessen des Individuums und den Interessen größerer Gemeinschaften herbeiführen, was versteht man unter dem Gemeinwohl, wie muß der politische Apparat gefestigt werden, so daß der Mensch zwischen verschiedenen neuen Möglichkeiten wählen kann? Was haben wir aus der Vergangenheit gelernt? Wie müssen vorhandene Institutionen gestärkt werden?

Seit dem Ende der sechziger Jahre ist vor allem in den Vereinigten Staaten, aber auch in Westeuropa, an diesen Fragen, besonders dem Problem der Umweltverschmutzung, sehr viel und sehr konstruktiv gearbeitet worden. Es bleibt jedoch merkwürdig, daß man von den vorhandenen rechtlichen Möglichkeiten so wenig Gebrauch macht. In England kann man jeden, der seinem Nachbarn das Leben schwermacht, vor den Kadi bringen. Es gibt juristische Definitionen des Begriffs »Belästigung«: Wer ein Haus so baut, daß er damit dem Nachbarn das Licht wegnimmt, kann vor Gericht kommen.

In den Vereinigten Staaten, wo oft behauptet wird, die Verschmutzung kenne keine Grenzen, stehen einer Verbesserung sehr wohl Grenzen im Wege: die Zuständigkeiten von Stadtverwaltungen, Bundesstaaten- und Bundesregierung. Die Regierung der Vereinigten Staaten kann sich für den Umweltschutz nur auf dem Weg über die Einflußnahme auf nachgeordnete Verwaltungen einsetzen. In den letzten Jahren sind dank der Mitarbeit einiger Bundesstaaten wie New York, Kalifornien und Illinois auf Bundesebene Gesetze verabschiedet worden, die Entscheidungen des

Bundes widerspiegelten. Diese Schwierigkeiten erklären, warum die amerikanische Bundesregierung bisher nicht zu einer einheitlichen Umweltschutzpolitik gefunden hat.
Unter diesen Umständen ist es vielleicht ein unerwarteter Triumph des gesunden Menschenverstandes, daß in den letzten Jahrzehnten doch so viel getan wurde, um die Umwelt zu verbessern. Die Naturschutzbewegung in den Vereinigten Staaten ist seit der Jahrhundertwende von der Bundesregierung großzügig unterstützt worden. Präsident Johnson verabschiedete 1965 ein finanzielles Unterstützungsprogramm für den Naturschutz und die Verbesserung der Umwelt. Anfang 1970 brachte Präsident Nixon eine Vorlage ein, nach der innerhalb von drei Jahren etwa vier Milliarden Dollar aus Bundesmitteln für bereits verabschiedete Kommunalprogramme zur Verbesserung der Wasserqualität bereitgestellt werden sollen. Anfang 1971 kamen in den Vereinigten Staaten die Dinge in Fluß. Zuerst gründete die Regierung den Rat für Umweltbeschaffenheit, der für Grundsatzprobleme der Umwelt zuständig ist. Im selben Jahr folgte die Umweltschutzbehörde; sie wurde mit der Durchführung beauftragt, sollte sich jedoch zuerst vorwiegend mit der Verschmutzung von Luft und Wasser befassen. Die Regelung der Pestizidfrage, von jeher eine Kompetenz des Landwirtschaftsministeriums, wurde der Umweltschutzbehörde nicht übertragen. Die *Food and Drug Administration,* als Nahrungs- und Arzneimittelprüfstelle für Fremdstoffe in Nahrungsmitteln zuständig, wurde ebenfalls übergangen.
Die Umweltschutzbehörde scheint erheblichen Einfluß auf die kommunalen Maßnahmen gegen Luft- und Wasserverschmutzung auszuüben. 1970 wurden nach einer Schätzung der Behörde über zwei Milliarden Dollar in Anlagen zur Beseitigung der Wasserverschmutzung investiert; weitere 17 Milliarden Dollar sollen in den nächsten vier Jahren dafür bereitgestellt werden. Als die Behörde gegründet wurde, verwendete man die Mittel vorwiegend zur Bekämpfung der Wasserverschmutzung; heute weiß man, daß der Aufwand für die Reinigung von Industrieabgasen und Abgasen von Kraftfahrzeugen mit den Jahren einen immer höheren Prozentsatz der Gesamtsumme verschlingen wird. Die Umweltschutzbehörde schätzt, daß von 1970 bis 1975 über 60 Milliarden Dollar für die Reinhaltung von Luft und Wasser ausgegeben werden.
Wie in Großbritannien so hat auch in den Vereinigten Staaten die allgemeine Luftverschmutzungspsychose in den sechziger Jahren mittlerweile zu einigen positiven Ergebnissen geführt. So scheint in Chikago die Luftverschmutzung 1965 ihren Höchstwert erreicht zu haben; seitdem ist die Konzentration von Schwefeldioxid und ganz besonders von Kohlenmonoxid in der Atmosphäre geringer geworden. In Denver, Philadelphia, St. Louis und Washington hat sich die Qualität der Stadtluft seit Mitte der sechziger Jahre erheblich verbessert. Allerdings ist die Überwachung,

ohnehin ein sehr kostspieliges Unternehmen, noch längst nicht gründlich genug.
Warum die Luft in den Großstädten reiner geworden ist, weiß man nicht genau; vielleicht haben gerade die Großstädte, in denen die Luftverschmutzung am stärksten war, die Schutzvorschriften am nachdrücklichsten durchgesetzt. Das könnte auch den Rückgang der Luftverschmutzung in New York seit 1968, dem schlimmsten Jahr, erklären. Wenn das stimmt, sind die Aussichten gut; denn es bedeutet vor allen Dingen, daß Vorschriften über den Einsatz bestimmter Maschinen weitreichende Folgen haben können. Da die insgesamt in die Atmosphäre der Vereinigten Staaten eingeleiteten Mengen an Rauch, Kohlenmonoxid und Schwefeldioxid jedes Jahr weiter zunehmen, müssen jetzt vielleicht höhere Anteile dieser Immissionen auf dem Land eingeleitet werden, wo die natürliche Verteilung am besten funktioniert.
Daß die Einschränkung der Verwendung von Maschinen solche Wirkungen haben kann, ist nicht erstaunlich. In London wurde in den fünfziger Jahren ein Gesetz über die Reinhaltung der Luft mit einem Stufenplan gekoppelt, wonach in bestimmten Gegenden Großbritanniens kein rauchentwickelnder Brennstoff mehr benutzt werden darf. Damit wurde die Beschaffenheit der Atmosphäre erheblich verbessert. Besonders eindrucksvoll war die Beseitigung des berüchtigten Smog, des schmutzigen Londoner Nebels. Daß in den Vereinigten Staaten die Bundesregierung nur Richtlinien für die Kraftfahrzeugproduktion aufstellen kann, während die Kommunalbehörden und ihre Polizei für die Einhaltung dieser Vorschriften sorgen müssen, erschwert nicht nur die Verbesserung von Luft und Wasser, sondern steht auch einer Rahmengesetzgebung im Wege, die für alle Betroffenen gleichermaßen annehmbar wäre.
Es ist nicht einzusehen, warum man die Formen der Umweltverschmutzung, die vor allen Dingen die Öffentlichkeit im eigenen Land belästigen, nicht mit gesetzlichen Maßnahmen abschafft. Obwohl der Rat für Umweltbeschaffenheit ebenso wie die Umweltschutzbehörde in den Vereinigten Staaten anfangs in den Sog verschiedener Umweltschutzbewegungen zu geraten schien, erwiesen sich schließlich beide Organisationen als recht eigenständig und nahmen sich wirtschaftlicher Fragen ebenso an wie des Kampfes für eine saubere Umwelt. In England kommt dieser Behörde das Umweltministerium am nächsten, eine Kombination aus verschiedenen staatlichen Stellen, die mit so unterschiedlichen Fragen wie Verkehrs- und Wohnungspolitik befaßt sind. Die britische Praxis unterscheidet sich von der amerikanischen vor allen Dingen darin, daß das Umweltministerium in Fragen des Umweltschutzes zugleich sein eigener Kritiker ist.
Die Durchsetzung ist besonders in den Vereinigten Staaten mit Schwierigkeiten verbunden, weil hier die Zuständigkeiten der Exekutive auf verschiedene Ebenen verteilt sind. Es gibt aber auch technische Probleme,

wie sich in England bei Versuchen gezeigt hat, die Rauchbelästigung mit Hilfe eines groben optischen Vergleichsgeräts zu bestimmen. Es ist gar nicht so einfach festzustellen, ob ein schwerer Lastkraftwagen mehr als die zulässige Menge des unsichtbaren Gases Kohlenmonoxid ausstößt. Um die Verschmutzung durch Verbrennungsmotoren zu überwachen, mußten in den Vereinigten Staaten Normen festgelegt werden, die sich auf fabrikneue Kraftfahrzeuge beziehen. Obwohl eine bestimmte Verschlechterung im Betrieb dabei berücksichtigt ist, kann man sicherlich nur unter größten Schwierigkeiten verhindern, daß durch nachlässigen Kundendienst oder Betriebsfehler gegen diese Vorschriften verstoßen wird.
Deshalb beabsichtigt man, bestimmte Formen der Verschmutzung durch Preiserhöhungen einzuschränken. Nach einem amerikanischen Plan soll die Verwendung von Blei als Benzinzusatz durch Besteuerung eingeschränkt werden. Im Februar 1971 arbeitete die Umweltschutzbehörde einen Plan aus, wonach die Emission von Schwefeldioxid mit Geldstrafen belegt werden kann. Auch die Industrie soll zur Verringerung des Schadstoffgehalts in den von ihr in die Atmosphäre und die Flüsse eingeleiteten Abgasen und Abwässern veranlaßt werden. Solche Methoden sind gerechtfertigt, weil sie den Übergang von der unkontrollierten Verschmutzung zu deren völliger Beseitigung auf dem Weg über den Preismechanismus erleichtern. Man verfährt dabei nach dem Verursacherprinzip, das heißt, wer die Luft verschmutzt, soll dafür auch bezahlen. Mit ähnlichen Mitteln lassen sich sicher auch andere Formen der Belastung regulieren. So könnte eine Besteuerung von DDT vielleicht eher zu einem Ausgleich zwischen den Interessen der Landwirtschaft, so viel DDT zu verwenden, wie zur Abtötung unerwünschter Insekten notwendig ist, und den Interessen der ganzen Bevölkerung führen, die die Verwendung von DDT eingeschränkt wissen will, sei es auch nur zum Schutz des Wildbestandes. Steuern sind gewiß kein Allheilmittel gegen schädliche Einflüsse auf die Umwelt, aber sie zeigen recht deutlich, was mit bereits existierenden verwaltungstechnischen Maßnahmen zu erreichen ist, um die Eingriffe in die Umwelt auf ein erträgliches Maß zurückzuschrauben.
Verständlicherweise ist die neue Organisation zur Überwachung der Verschmutzung am wenigsten gerüstet, über die Grenze zwischen erträglicher und unerträglicher Verschmutzung zu befinden. Abgesehen von den Schwierigkeiten, aus bestimmten Abläufen entstehende Schädigungen vorherzubestimmen, ist auch eine sinnvolle Abstimmung unter den Betroffenen über Kosten und Nutzen solcher Maßnahmen kaum herbeizuführen. Obwohl die Kongreßausschüsse in den Vereinigten Staaten auf dem Weg über die Umweltbewegung peinliche Fragen stellen konnten, haben sie kaum erkannt, daß der erste Schritt zu einer vernünftigen Regelung darin besteht, einen sinnvollen Interessenausgleich herbeizuführen.
Nach seinem 1971 erschienenen zweiten Bericht zu urteilen, erhofft sich der

Rat für Umweltbeschaffenheit entscheidende neue Impulse von einer im April 1971 angekündigten Verwaltungsmaßnahme. Zu diesem Termin wurden alle Bundesministerien, Behörden und staatlichen Einrichtungen aufgefordert, die Auswirkungen geplanter Bauten oder neuer technischer Anlagen abzuschätzen, soweit diese »die Beschaffenheit der menschlichen Umwelt wesentlich beeinflussen können«. In der Praxis muß jetzt etwa die Atomenergiekommission sogenannte Belastungsangaben machen, die ein für allemal sicherstellen, daß die Kommission nicht mehr gleichzeitig für die Nutzung der Kernenergie in den Vereinigten Staaten zuständig ist und als ihr eigener Richter in Verfahren über die Sicherheit solcher Anlagen auftritt. Der Rat hofft, im Lauf der Zeit alle Einrichtungen zu erfassen, die ganz oder zum Teil aus Bundesmitteln gefördert werden. Bei einem aus öffentlichen Mitteln finanzierten Forschungsvorhaben über einen neuen Flugzeugtyp wäre die Umweltschutzbehörde also berechtigt, sich genau über die Auswirkungen dieses Flugzeugs auf die Umwelt zu unterrichten. Da diese »Belastungsangaben« auch für die Öffentlichkeit, nicht nur für die Bundesregierung, zum Einspruch aufliegen, kann auf diesem Weg hoffentlich so manches unsinnige Projekt zu Fall gebracht werden und können andererseits auch die Zweifel einer falsch informierten Opposition ausgeräumt werden.

In den ersten beiden Jahren ihres Bestehens hat die Umweltschutzbehörde mit Erfolg die wirtschaftlichen Aspekte der Umweltverschmutzung in den Vereinigten Staaten untersucht, teilweise mit Hilfe von Ausschüssen der amerikanischen Nationalen Akademie der Wissenschaften. So konnte sie 1971 nicht nur die langsame, stetige Abnahme der Luftverschmutzung in 60 größeren Städten in den Vereinigten Staaten konstatieren, sondern auch die Grenzen der vom Kongreß übereilt verabschiedeten Abgasvorschriften für Kraftfahrzeuge aufzeigen. Als Folge dieser Bestimmungen wird jeder Wagen um rund 250 Dollar teurer. Allerdings bleibt abzuwarten, ob die Hersteller überhaupt in der Lage sind, die 1975 in Kraft tretenden Bestimmungen zu erfüllen. (Aus einem Bericht der amerikanischen Nationalen Akademie der Wissenschaften von Anfang 1972 geht hervor, daß wohl noch einige Zeit verstreichen wird, bis geeignete Motoren zur Verfügung stehen.) Sollten irgendwann in den siebziger Jahren solche Motoren vorhanden sein, hätten amerikanische Autos die saubersten Abgase der Welt, falls die Vorschriften auch befolgt werden. Was soll das kosten? Der Rat für Umweltbeschaffenheit schätzte 1971, daß die in den Vereinigten Staaten in Angriff genommenen Programme zur Überwachung der Verschmutzung von Luft und Wasser zwischen 1970 und 1975 insgesamt 61,7 Milliarden Dollar erfordern werden und weitere 43,5 Milliarden Dollar für die Müllbeseitigung bereitgestellt werden müssen. 1975 werden sich die jährlichen Kosten dieser Programme auf 16,5 Milliarden Dollar belaufen. Der Rat für Umweltbeschaffenheit schätzt, daß dann 1,5

Prozent des amerikanischen Bruttosozialprodukts zur Beseitigung von Immissionen aufgewandt werden müssen. Die unmittelbaren wirtschaftlichen Folgen sind also gering, aber manche Industriezweige werden davon stärker betroffen als andere. So werden etwa die Kosten der Abwasserklärung in Papierfabriken über 1,6 Prozent des Wertes des in den Vereinigten Staaten hergestellten Papiers betragen. Folglich dürften die Papierkosten steigen, und die amerikanischen Wälder werden sicherlich langsamer abgeholzt — eine unbeabsichtigte Beigabe für den Naturschutz. Andere Industriezweige werden von den niedrigen Richtwerten der Luftverschmutzung sehr stark betroffen. So hat der Rat für Umweltbeschaffenheit geschätzt, daß etwa zehn Prozent der Investitionsaufwendungen der Stahlindustrie erforderlich sind, um die neuen Vorschriften zu erfüllen.

Daraufhin werden die Preise vieler Erzeugnisse in Bewegung geraten, und es könnten daraus geringfügige, aber wichtige Änderungen der Verbrauchergewohnheiten erwachsen. Für alle Einwohner eines Landes werden Luft und Wasser besser, wenn man den Verursachern einer Verschmutzung auch die Kosten für deren Beseitigung auferlegt. Das widerlegt Commoners Behauptung, Verschmutzung sei untrennbar mit der Industrie verbunden und die Industrie in einer freien Wirtschaft könne nur dann weiterbestehen, wenn sie wachse; also müsse die Struktur der kapitalistischen Privatwirtschaft grundlegend geändert werden. Eine so wenig aufwendige Überwachung der Luft- und Wasserverschmutzung wie in den Vereinigten Staaten müßte eigentlich auch in anderen Industrieländern durchzusetzen sein, in denen dann dieselben oder ähnliche Richtwerte gelten würden.

Aber welchen Sinn haben diese Versuche, die Umwelt zu verbessern, wenn ständig neue Industrien entstehen und neue Arten von Verschmutzung nach sich ziehen können? Seit 1970 wird in den USA von Unternehmen der Nachweis gefordert, daß sie nicht die Umwelt schädigen und damit gegen das Gesetz verstoßen. Nach den Novellen zum 1970 erlassenen Gesetz zur Reinhaltung der Luft müssen Industriewerke nachweisen, daß ihre Immissionen in keinem von der Umweltschutzbehörde definierten Sinn gefährlich sind. Ähnliche Bestimmungen gelten jetzt sowohl für die Einleitung fester Abfälle in die Meere als auch für den Verkauf neuer Chemikalien. Solange die Umweltschutzbehörde in Washington politischen Rückhalt hat und mit staatlichen und kommunalen Behörden zusammenarbeiten kann, werden die Vereinigten Staaten in Zukunft so saubere Luft und so sauberes Wasser haben, wieviel sie dafür an Mitteln aufwenden.

Auf Bundesebene gibt es allerdings nach wie vor Unklarheiten. So ist bis heute nicht entschieden, ob die Pestizide in den Zuständigkeitsbereich des Landwirtschaftsministeriums (das sehr an der größtmöglichen Verwendung interessiert ist) oder der *Food and Drug Administration* fallen (die im allgemeinen schärfer urteilt, aber seit je so schwach ist, daß ihrem Urteil kein großes Gewicht beigemessen wird). Seit 1971 ist die Umweltschutzbehörde für die Durchführung eines Registrierungsverfahrens und für die Ausarbeitung der Vorschriften zuständig, nach denen die Verwendung von Pestiziden geregelt werden soll. Die Wirksamkeit derartiger Vorkehrungen dürfte jedoch nicht so schnell zu beweisen sein. Wie steht es mit der Überwachung der Wasserverschmutzung, die durch Abspülungen von landwirtschaftlichen Nutzflächen hervorgerufen wird, besonders seit die intensive Tierzucht dazu führt, daß tierische Exkremente in großen Mengen ungeklärt in die Flüsse gelangen? Es spricht einiges für die Annahme, gegen Ende der siebziger Jahre werden Viehzuchtbetriebe ihre Abwässer ebenso aufwendig klären müssen, wie es heute bei Hausabwässern der Fall ist.

Der Erfolg der Vereinigten Staaten im Vorgehen gegen diese schweren Eingriffe in die Umwelt läßt sich im Prinzip in anderen Ländern wiederholen. In England, wo Gesetze zur Reinhaltung der Luft schon in den fünfziger Jahren erlassen wurden und die Wasserverschmutzung schon viel länger überwacht wird, scheinen geeignete Vorschriften entwickelt und durchgesetzt zu werden, ohne daß der Industrie oder der Volkswirtschaft daraus eine unzumutbare Bürde erwachsen würde. Neue Industrien werden in der Erschließung noch nicht industrialisierter Landesteile dann zwar weniger frei sein, aber auch das ist eher als Vorteil zu betrachten, der ganz im Sinn des Naturschutzes liegt.

Natürlich sind alle diese Maßnahmen nur ein Anfang. Viel zuwenig Aufmerksamkeit wird der Planung von Städten gewidmet, in denen sehr viele Menschen ohne ein Gefühl der Beengtheit zusammen wohnen und arbeiten können. In den Vereinigten Staaten wie in Westeuropa wird viel zuwenig für die Einrichtung und Erhaltung von Natur- und Landschaftsschutzgebieten getan, die der Öffentlichkeit zugänglich sind und nicht zerstört oder ausgebeutet werden dürfen. Erst wenn der Besuch dieser Gebiete einmal eingeschränkt oder vielleicht rationiert werden muß, können Länder wie England mit mehr Recht als heute sagen, sie seien übervölkert. Diese Überlegung wird gleichzeitig zur Schaffung neuer Naturschutzgebiete beitragen. Länder wie die Staaten Westeuropas und die Vereinigten Staaten müßten eigentlich heute schon entscheiden können, welche Einrichtungen sie schützen wollen, und dann den Aufwand dafür entweder in Form von Steuern oder von höheren Preisen tragen.

Umweltprobleme, die sich nicht auf die Landesgrenzen beschränken, sind rechtlich viel schwerer zu fassen. Der Rhein, längst bekannt als internationale Kloake (in der trotzdem immer noch mehr Fische existieren als in der Themse), ist verschmutzt, weil die souveränen Länder ihre Verschmutzung des Flusses nicht zugunsten anderer einstellen wollen. Die Ostsee, wahrscheinlich gegen Verschmutzung so empfindlich wie der Eriesee, muß ungeheure Mengen geklärter und ungeklärter Haus- und Industrieabwässer aus den Anrainerstaaten aufnehmen. Selbst das Mittelmeer, ein viel größeres Gewässer, kann in einigen Jahrzehnten durch eine höhere Schadstoffbelastung geschädigt werden, die auf natürliche Weise nicht mehr zu verarbeiten ist. Kann man die verantwortlichen Länder von ihrem Tun abbringen?

Den Kern dieser Schwierigkeiten hat Hardin für die Vereinigten Staaten einmal als »Tragödie des Gemeinsamen« bezeichnet: das Bestreben unabhängiger Gruppen, die allen gehörenden Hilfsquellen bis zur Erschöpfung auszubeuten. Das bezieht sich nicht nur auf die Praxis, die Atmosphäre oder das Meer zu verschmutzen, ohne an die anderen Benutzer zu denken, sondern gilt ebenso für manche Länder, die versucht sind, ihre Fischbestände zu stark zu dezimieren, Rohstoffquellen wie Erdöl zu sehr auszubeuten und durch Überzüchtung die Ertragskraft des Erdbodens überzubeanspruchen.

Was internationale Maßnahmen trotz allem erreichen können, hat sich 1971 deutlich gezeigt, als die Nordwestatlantik-Fischereikommission daranging, die Bestände an Kabeljau und Schellfisch zu schützen. Auf lange Sicht müßte man eigentlich zu ähnlichen Abmachungen kommen, um auch die Bestände an anderen Nutzfischen zu sichern. Allerdings sollten die Schwierigkeiten dieses Vorhabens nicht unterschätzt werden. Man weiß zuwenig über die Fortpflanzungsgewohnheiten wichtiger Fische wie der Lachse im Nordatlantik, der Sardellen im Ostpazifik und des Thunfischs im Pazifik und Atlantik. Auch die Fischindustrie muß flexibler werden, denn besonders in Nordwesteuropa resultiert die Tendenz zum Überfischen hauptsächlich aus der chauvinistischen Konkurrenz dieses Industriezweigs.

Wenn es sich wie in der Ostsee und im Rhein um internationale Schadstoffbelastung handelt, müßten internationale Kommissionen jährliche Schadstoffquoten ausarbeiten, die von den Mitgliedsländern nicht überschritten werden dürfen. Zwar hat man noch keine genaue Vorstellung von der Verwaltung solcher internationalen Gewässer, aber durch bescheidene Forschungsprogramme ließen sich sehr schnell die Grundlagen für sinnvolle Regeln schaffen. Wäre die UNO-Konferenz über die Umwelt des Menschen, die im Juni 1972 in Stockholm stattfand, praxisnäher geplant gewesen, hätte sie einen wesentlichen Beitrag zur Schaffung eines internationalen Instrumentariums in diesem Sinn leisten können. Schwerwiegendere internationale Probleme entstünden, wenn sich nachweisen ließe, daß die weltweite Kontamination durch Stoffe wie DDT oder Quecksilber Menschenleben gefährdet. Bislang leiden die Länder, in denen diese Stoffe ohne jegliche Überwachung gebraucht werden, selbst am stärksten unter dieser Praxis. Es gibt keine stichhaltigen Beweise dafür,

daß etwa das in den Vereinigten Staaten verwendete DDT in gefährlichen Mengen woandershin gelangt. Würde sich jedoch die Vergiftung von einer größeren Quelle aus über die ganze Welt verbreiten, müßten auf internationaler Grundlage rechtliche Abhilfemaßnahmen geschaffen werden.
Diese Schwierigkeiten lassen sich am besten mit dem Beispiel illustrieren, das aus der Verbrennung fossiler Brennstoffe in die Atmosphäre gelangte Kohlendioxid könnte irgendwann einmal zu einer realen, nicht nur hypothetischen Bedrohung des Klimas auf der Erdoberfläche werden. In diesem Fall müßten sich die Länder auf bestimmte Quoten einigen, um die Freisetzung von Kohlendioxid einzuschränken. Sicherlich würde ein derartiges internationales Überwachungssystem die sogenannten souveränen Rechte vieler Länder verletzen. Auch die Prinzipien, nach denen diese Quoten für jedes Land festzulegen wären, sind nur schwer vorstellbar. Müßten die Industrieländer ihre Kohlendioxidimmissionen einschränken, damit die noch in der Entwicklung begriffenen Länder mehr Brennstoff verwenden könnten? Hier werden völkerrechtliche Probleme deutlich. Vorschläge, man könnte das Kohlendioxid dadurch aus der Atmosphäre entfernen, daß man den Lauf der Meeresströme ändert, gehören vorläufig noch ins Reich der Phantasie. Zum Glück ist eine auf den Treibhauseffekt zurückgehende Katastrophe ungewiß und liegt in weiter Ferne.
Heute kommt es viel mehr auf die wirksame Überwachung der Luft und der Meere an. Zur Zeit stammen die einzigen zuverlässigen Messungen des Kohlendioxidgehalts in der Atmosphäre aus der von den Vereinigten Staaten unterhaltenen Beobachtungsstation Mauna Loa auf Hawaii. Niemand weiß, ob der scheinbare Anstieg der Kohlendioxidanreicherung 1969 und 1970 eine weltweite oder nur eine regionale Erscheinung war. Die Konzentration in Mauna Loa stieg in diesen zwei Jahren um 2,6 Prozent im Vergleich zu einer jährlichen Zunahme um 0,7 Prozent in den vorausgegangenen Jahrzehnten. Allerdings kann dieses zusätzliche Kohlendioxid auch aus natürlichen Quellen stammen, etwa aus Vulkanen. Bevor es nicht ein Netz von Beobachtungsstationen gibt, die alle denselben Faktor nach ungefähr denselben Verfahren bestimmen, ist nur schwer festzustellen, wie sich die Kohlendioxidkonzentration in der Atmosphäre entwickelt.
Ähnlich müssen die anderen Bestandteile der Atmosphäre systematisch überwacht werden: Staubteilchen, Gase wie Schwefeldioxid und selbst beständige Pestizide (die offenbar von der Atmosphäre, nicht vom Meer, über weite Strecken transportiert werden). Welche Verteilungsmechanismen gelten für DDT oder Quecksilber? Welche Konzentrationen dieser Schadstoffe enthalten die offenen Meere? Diese und andere Fragen müssen nicht beantwortet werden, um eine unmittelbar bevorstehende Gefahr auszuräumen, sondern weil es die zur Messung erforderlichen Verfahren heute schon gibt und weil irgendwann einmal Fragen einer weltweiten

Verschmutzung stärker ins Gewicht fallen können als heute. Eine gründliche Überwachung kann allerdings sehr teuer sein. Ob alle, die heute so über die Verschmutzung klagen, auch bereit sind, einen Teil dieser Kosten zu tragen?

Wie ist die praktische Verwirklichung zu denken? Obwohl die Weltgesundheitsorganisation der Vereinten Nationen in den letzten Jahren sehr viel zur Schaffung annehmbarer Kontaminationsrichtwerte für Pestizide und andere potentielle Schadstoffe beigetragen hat, bleibt die internationale Zuständigkeit für so alltägliche Arbeiten wie die Überwachung der Bestandteile der Atmosphäre immer noch vorwiegend dem Zufall überlassen. Die Meteorologische Weltorganisation könnte die Luftverschmutzung gut überwachen. Aber sollte es eine Organisation der Vereinten Nationen für Umweltfragen geben? Die Frage ist falsch gestellt. Wo es auf Überwachung ankommt, werden Länder, die genau wissen wollen, was sie trinken und einatmen, gern selbst mit entsprechendem Aufwand Messungen durchführen und Statistiken aufstellen. Auf internationaler Ebene braucht diese Arbeit lediglich koordiniert zu werden; es muß sichergestellt sein, daß überall dieselben Grundnormen Anwendung finden und die Werte aus jedem Land auch international zur Verfügung stehen.

Eine Verlangsamung des Bevölkerungswachstums auf der ganzen Erde, von vielen für die dringlichste Aufgabe gehalten, ist eigentlich nur indirekt ein internationales Problem. Länder, die am meisten unter einer schnellen Bevölkerungszunahme leiden, haben sich diese Krise selbst aufgeladen. Also dürfte das eigene Interesse zur Abhilfe ausreichen. Trotz der düsteren Prophezeiungen in den letzten Jahren wissen die Entwicklungsländer sehr wohl, daß sie ein Gleichgewicht zwischen Bevölkerungswachstum einerseits und wirtschaftlichem und sozialem Fortschritt andererseits herstellen müssen.

Die Ergebnisse zeigen sich in ganz Südostasien, in vielen lateinamerikanischen Ländern und an anderer Stelle auf der Welt: Die Fruchtbarkeit sinkt. Es ist nicht nur unsinnig und makaber, sondern irreführend, wenn man — wie die Propheten des Untergangs — vorgibt, dieser Prozeß werde nicht die ganze Dritte Welt erfassen. Vernünftiger ist wohl die Annahme, daß sich die bereits einsetzende Verringerung der Fruchtbarkeit weiter ausbreitet und vielleicht noch beschleunigt. Die Industriestaaten der Welt, die selbst erst vor kurzem den demographischen Übergang hinter sich gebracht haben, müssen weniger glücklichen Ländern die gleiche Fähigkeit zu dieser gesellschaftlichen Korrektur vermitteln.

Damit wird allerdings das Bevölkerungsproblem indirekt doch zur internationalen Frage. Soweit das Bevölkerungswachstum die Entwicklungsländer am erwünschten Wohlstand hindert, läßt es die wirtschaftliche Lücke zwischen den reichen und den armen Ländern der Welt bestehen. Auf lange Sicht bedroht dies den internationalen Wohlstand mehr als jede reale oder eingebildete Gefahr für die Umweltstabilität. Wie man diesem Zustand abhelfen kann, ist in den letzten Jahren oft genug beschrieben worden. Auslandshilfe von den Industriestaaten an die weniger begüterten Länder könnte den Entwicklungsländern als geeigneter Anreiz zur Erreichung der demographischen Stabilität in den kommenden Jahren dienen. Es ist ein Skandal, daß sich die Industrieländer in Sachen Auslandshilfe bisher geizig und diskriminierend verhalten haben. Aber deshalb sollten jene, die von der Bevölkerungskatastrophe reden, ihre Anstrengungen da konzentrieren, wo es am wichtigsten ist: die Regierungen der Industrieländer davon zu überzeugen, daß sie mehr Auslandshilfe aufbringen müssen.

In der Literatur vom Weltuntergang wird gewöhnlich unterschlagen, was Wissenschaft und Technik zur Lösung von Umweltfragen beitragen können. Dubos beklagt sich in seinem Buch *Reason Awake* über die törichte Abhängigkeit von der Technik. Soweit es jedoch die Umweltprobleme, die er und andere Autoren beschreiben, wirklich gibt, können Forschung und Entwicklung nachweislich wichtige Beiträge zur Bildung einer Gesellschaft leisten, die einerseits menschlich und andererseits fähig ist, ihr Haus selbst zu bestellen. Niemand behauptet, die Technik allein könne die Schäden der Gegenwart beseitigen; rechtliche und verwaltungstechnische Maßnahmen auf nationaler und internationaler Ebene sind dringend erforderlich. So wie die Erfindung der Metallwerkzeuge das Überleben der Gesellschaft im Neolithikum ermöglicht hat, wird die moderne Technik jedoch dazu beitragen, daß die Menschheit von heute weiterbesteht. Bis vor kurzem war das jedenfalls die allgemeine Ansicht.

Die medizinische Forschung, der die abrupte Senkung der Sterbeziffer in den Entwicklungsländern nach dem Zweiten Weltkrieg zu danken ist, kann heute vielleicht ebenso zur Minderung der Fruchtbarkeit beitragen. Auf lange Sicht ist die Senkung der Säuglingssterblichkeit in den Entwicklungsländern unter Umständen so wichtig wie die Entwicklung immer bequemerer Methoden zur Empfängnisverhütung. Soll man darüber klagen? Und soll man den zu erwartenden Erfolg in der Behandlung heute noch unheilbarer Krebskrankheiten und die weitere Senkung der Sterbeziffer in der Industriegesellschaft etwa nicht begrüßen, selbst wenn dadurch die Bevölkerungszahl in einigen Ländern ansteigt? Man sollte hierüber die Kinder befragen, denen so vielleicht das Schicksal von Waisen erspart bleibt.

Viele soziale Schwierigkeiten in den Entwicklungsländern, die Folge schlechter Nachrichtenverbindungen und der Ansiedlung zu vieler Menschen auf dem Land sind, werden schon in nächster Zeit mit dem Ausbau des Telefon- und Fernsehnetzes und anderer Nachrichtenverbindungen beseitigt sein. In der Industriegesellschaft hat sich in den letzten Jahren deutlich gezeigt, daß diese Medien wichtige Beiträge zur Bildung und zur sozialen Mobilität leisten können, was wiederum eine Grundbedingung für eine stabile Bevölkerungszahl und andere Aspekte ist. Die Annahme, diese in den Industrieländern so sehr geschätzten Entwicklungen seien anderswo auf der Welt ohne Bedeutung, ist sicherlich falsch. Außerdem dürfte sie bei den ärmeren Ländern der Erde das Gefühl der Armut nur noch verstärken.

In den kommenden Jahren werden, wie in der Gegenwart und der Vergangenheit, Wissenschaft und Technik unumgänglich notwendige Hilfsmittel zur Verbesserung unserer Rohstofflage sein. Die landwirtschaftliche Revolution im Europa des 18. Jahrhunderts ebenso wie die jetzt in Asien ablaufende Grüne Revolution waren nur möglich, weil man gelernt hatte, wie man Pflanzen zum Wachsen bringen und damit gute Ernten erzielen konnte. In den landwirtschaftlich hochstehenden Ländern, etwa in Nordamerika und Westeuropa, sind dabei unerwartete Nebenwirkungen entstanden. So muß die Pflanzenzucht den Pflanzenerkrankungen, die in einer Intensivlandwirtschaft vermeidlich sind, immer mindestens einen Schritt voraus sein. Heute zumindest sieht es so aus, als ermöglichten die wissenschaftlichen Verfahren in Pflanzenzucht und Landwirtschaft nicht nur weitere Steigerungen der Ernteerträge in Asien, sondern auch den Anbau von Früchten, die zu einer ausgewogeneren Ernährung führen und außerdem die Grundlagen für eine ertragreiche Fischzucht in Süßwasserteichen bieten. Die wissenschaftliche Forschung und die von ihr bestimmten Aussichten für die nächsten Jahre haben also das Schreckgespenst einer drohenden Hungersnot gebannt.

Genauso haben die Errungenschaften von Wissenschaft und Technik unsere Rohstoffdecke in den letzten Jahren so erweitert, daß kein Land mehr befürchten muß, seine Existenz sei durch einen Mangel an wesentlichen Rohstoffen gefährdet. Die drohende Energieknappheit, in den fünfziger Jahren durchaus real, ist heute schon Vergangenheit. Ist das vielleicht Abhängigkeit von der Technik? Forschung und Entwicklung haben nicht nur dazu beigetragen, die Verhüttung von Erzen zu ermöglichen, die früher unbrauchbar gewesen wären, sondern zur Verwendung verhältnismäßig reichlich vorhandener Stoffe anstelle von früher knappen Materialien geführt. Dieser Prozeß ist noch im Gange und wird ständig beschleunigt. Selbst wenn die Vorräte an bestimmten Stoffen wie Erdöl in 100 Jahren erheblich geringer sein werden als heute, muß man bei düsteren Vorhersagen einer drohenden Knappheit doch mindestens berücksichtigen, wie wissenschaftliche Forschung und Entwicklung der Menschheit immer wieder mehr Freiheit und mehr Wahlmöglichkeiten zur Verfügung gestellt haben.

In den Industrieländern wie in den Entwicklungsländern lassen die Technik von heute und die bevorstehenden Innovationen auch eine ständige Verbesserung der wirtschaftlichen Hilfsquellen erwarten. Obwohl sich Commoner darüber beklagt, daß Technik Industrie und Industrie Verschmutzung bedeutet, kann eine gleiche und fortschrittliche Gesellschaft in den Entwicklungsländern nur dann entstehen, wenn Nahrung, Obdach, Gesundheitsfürsorge und Ausbildung für alle gesichert sind. Diese erforderliche Zusammenfassung aller Gemeinschaftsaufgaben wird nur gelingen, wenn man Wissenschaft und Technik als Mittel zur Steigerung der Produktionskapazität des Menschen einsetzt. Wie sehr man die Maschine auch haßt – sie ist heute und in den kommenden Jahrzehnten nicht weniger wichtig als früher das Rad.

Aber Wissenschaft und Technik haben mehr geleistet, als nur die Arbeit zu erleichtern. Die Struktur der modernen Gesellschaft verdankt der modernen Wissenschaft sehr viel; denn Wissen ist die sicherste Grundlage der Innovation. Sehr viele hypothetische Katastrophen, auf die die Umweltschützer immer wieder hinweisen, sind eigentlich nur dank wissenschaftlicher Ergebnisse erkannt worden. Wer würde sich schon Gedanken über DDT machen, wenn nicht so wirksame Verfahren zur chemischen Analyse wie etwa die Gaschromatographie geschaffen worden wären? Wer würde sich, abgesehen von akuten Vergiftungen, um die Quecksilberverschmutzung sorgen, wenn es die Verbesserungen in der chemischen Analyse nicht gäbe? Wer hätte Angst vor den Auswirkungen von Kohlendioxid in der Luft, wären nicht die (leider immer noch unzureichenden) Kenntnisse über die Atmosphäre, die wir in den letzten Jahrzehnten gewonnen haben?

Auf der anderen Seite hat die vernunftbestimmte moderne Wissenschaft auch zur Lösung schwerwiegender sozialer Fragen beigetragen. Natürlich ist die Krankheit nicht völlig ausgerottet worden, aber man hält sie nicht mehr für eine Heimsuchung durch den Teufel oder böse Geister. Stadtplanung und ihre Vorteile, wenn sie richtig betrieben wird, werden heute objektiv diskutiert. Und auch die Gesellschaft selbst läßt sich rational beschreiben. Wenn das Leben im Raumschiff Erde in der Megalithkultur sichergestellt war, weil man wußte, wie sich Sonne und Mond am Himmel bewegen, dann darf man auch heute nicht außer acht lassen, was wissenschaftliche Erkenntnisse und technische Entwicklung für ein Weiterbestehen der Menschheit leisten können. Die Umweltschützer irren grundlegend, wenn sie annehmen, Wissenschaft und Technik hätten nur sinnloses Spielzeug für die moderne Welt geschaffen.

Noch ist kein nachhaltiger Einfluß der extremeren Vertreter der Umweltbewegung zu erkennen. Sie haben aber unstreitig dazu beigetragen, Probleme hochzuspielen, die sonst vielleicht unbeachtet geblieben wären. Die Bewegung als Ganzes ist natürlich ein Symptom unserer Zeit, besonders der heutigen Verhältnisse in den Vereinigten Staaten. Seit den frühen sechziger Jahren scheint die amerikanische Gesellschaft in einen Zustand der Selbstzerfleischung verfallen zu sein. Zuerst kamen die Bürgerrechte, dann Vietnam, jetzt die Umwelt. Außenstehende, die nicht Außenseiter

sein wollen, versuchen notgedrungen, sich auch in Weltuntergangsstimmung zu versetzen, fragen sich dabei aber doch, ob die neue Mode von Dauer ist oder wie lange sie wohl anhält. Inwieweit sind solche Bewegungen auf eine Überflußgesellschaft zurückzuführen, die es woanders gar nicht gibt? Wie wirken sich die drakonischen Maßnahmen gegen die Verschmutzung in den Vereinigten Staaten auf die Einfuhr weniger hygienischer Maschinen aus anderen Ländern aus? Warum geben sich die Herren in Washington in ihren öffentlichen Äußerungen zur Umwelt so radikal und sind dabei doch offensichtlich gar nicht in der Lage, die Kommunalbehörden zur praktischen Verwirklichung auch nur eines ihrer Prinzipien zu überreden?
Man könnte sagen, die Angst um die Umwelt sei nur ein bequemes Mittel, die Angst aus anderen Gründen nicht laut werden zu lassen. Es stimmt schon: Wenn wir alle heute an Quecksilber im Thunfisch stürben, brauchte man sich über die Probleme von morgen, etwa die Auslandshilfe, die Beziehungen zu Rotchina, die gesellschaftlichen, nicht technischen Probleme der Großstädte und die Jugendfrage, keine Gedanken mehr zu machen. Obwohl das brennende Interesse an der Umwelt oft wie soziale Vorsorge wirkt, mutet es doch seltsam an, daß die Umweltbewegung die extreme Linke und die extreme Rechte traut vereint und dazu noch einige von den ganz Alten und einige von den ganz Jungen (von Ralph Nader gar nicht zu reden) zusammengebracht hat. Ist die Umweltbewegung nicht vielleicht nur eine Möglichkeit, seine Besorgnisse in guter Gesellschaft öffentlich auszusprechen, ohne daß man dabei riskiert, wegen Ruhestörung belangt zu werden?
Wie die Umweltbotschaft außerhalb der Vereinigten Staaten aufgenommen wurde, nämlich mit einem Gemisch aus Neugier, Höflichkeit und Bestürzung, ist bedauerlich. Manche Länder, besonders Schweden, waren von der Aussicht auf einen neuen Kreuzzug sehr angetan. Regierungen in Ländern wie England, wo man mehr mit dem Wirtschaftswachstum beschäftigt war, nahmen die Umweltfrage ordnungsgemäß zur Kenntnis, indem sie ein Ministerium umbenannten, eine Ständige Königliche Kommission ins Leben riefen und eine Reihe von Volksreden hielten. Und leider liegt in England die Schwierigkeit unter anderem in dem Kompromiß, einen Teil der verhältnismäßig intakten Umwelt jetzt für ein gewisses Wirtschaftswachstum eintauschen zu müssen. Vielleicht ist es auch etwas peinlich, wenn man sich für den Umweltschutz einsetzen muß und dabei immer noch hoffen soll, daß die Industrie nicht darunter leidet, sondern expandiert.
In anderen Ländern werden die lauteren Motive für den plötzlichen Aufschwung der Umweltbewegung angezweifelt. In Indien ist man es leid, von den Amerikanern immer wieder zu hören, man solle sich sterilisieren lassen, um die Bevölkerungsexplosion einzudämmen. Mit ähnlicher Ver-

bitterung reagierte die Bevölkerung von Kenia, als ihr die Engländer in den fünfziger Jahren rieten, auf ihren Farmen zu bleiben, um die Heere von Arbeitslosen in Nairobi nicht noch zu vergrößern. In den letzten 25 Jahren haben die Atommächte und die Möchtegern-Atommächte großes Geschick darin entwickelt, die Kriegsdrohung zu bannen. Sie scheinen tatsächlich einen Zustand geschaffen zu haben, in dem ein Atomkrieg weniger glaubhaft ist als je nach dem Zweiten Weltkrieg. Aber dieselben Staaten sind in ihrem Umgang mit den Entwicklungsländern nicht entfernt so geschickt. Dabei sind Länder wie Indien und Brasilien souveräne Staaten; weder im Völkerrecht noch im früheren Verhalten reicherer Nationen findet sich irgendein Hinweis darauf, daß sie ihre eigenen Angelegenheiten nach Normen regeln müssen, die Dritte geschaffen haben.

Die politischen Folgen dieser Taktlosigkeit von Menschen aus den Industrieländern wiegen schwer. Schon über ein Jahrzehnt wissen wir, daß es bei den Beziehungen zwischen den Industrieländern und der übrigen Welt vor allem darauf ankommt, die wirtschaftliche Kluft zu überbrücken, die beide trennt. Erst dann wird es möglich sein, die Bevölkerung der Welt zu stabilisieren. Dann ist es an der Zeit, zu internationalen Regelungen gegen die Verschmutzung zu kommen. Jene Politik wäre deshalb richtig und gut, die sich erst einmal für ausreichende Auslandshilfe einsetzt, um die internationalen Beziehungen auf eine Grundlage zu stellen, auf der man mit der Gefahr wirksam fertig werden könnte.

Daß die Propheten des Unheils (jedoch längst nicht alle Umweltschützer) andere für dumm verkauft haben, ist noch bedenklicher. Wenn jemand wie Ehrlich erklärt, er sei froh, wenn seine düsteren Voraussagen nicht einträfen, weil dann die Menschheit doch mindestens am Leben geblieben sei, arbeitet er mit einem faulen Trick. Die übliche Rechtfertigung heißt, man müsse übertreiben, um die Leute aufmerksam zu machen und überhaupt etwas zu erreichen. Aber der Mensch wird durch Wiederholung eher abgestumpft, und der Umweltbewegung kann trotz allem, was sie bisher erreicht hat, die Gefolgschaft gerade dann versagt werden, wenn sie besonders notwendig gebraucht wird — lediglich, weil man die Holzhammermethode leid ist. Bei dem Problem der phosphathaltigen Waschmittel und der Cyclamate hätte man es fast so weit gebracht.

Die Umweltbewegung könnte nur gewinnen, wenn sie weniger einseitig argumentierte. Ständig hört man, die Gesellschaft müsse lernen, Kosten und Nutzen gegeneinander abzuwägen. Dabei wird vergessen, daß uns die Volkswirtschaftler und andere bereits genau gezeigt haben, wie man solche Rechnungen durchführt. Daß der Umweltbewegung jeglicher Sinn für Geschichte abgeht, ist ebenfalls bezeichnend. Aus der Geschichte kann man nicht nur etwas lernen; einige Konflikte, die sich aus dem Angriff der Umweltbewegung auf das Establishment ergeben haben, lassen sich nur historisch erklären. So wie es die Entwicklungsländer beleidigt, wenn man ihnen verbietet, Hochöfen zu bauen, weil solche Anlagen die Luft verschmutzen, stößt man die ärmeren Teile der Bevölkerung vor den Kopf, wenn man ihnen sagt, jetzt könne man endlich mit dem Streben nach materiellem Wohlstand Schluß machen. Erklärt das, warum der Umweltschutzbewegung in den Vereinigten Staaten keine Schwarzen angehören? Natürlich brauchen selbst so reiche Länder wie die Vereinigten Staaten immer noch mehr Wirtschaftswachstum, damit sie Lehrer bezahlen können, um die sozial benachteiligten Kinder zu unterrichten. Wenn man sich aber zwischen Wohlstand und Verschmutzung einrichten will, dann muß das wohl in der üblichen politischen Arena geschehen. Soziale Sicherung, Wohlfahrt und Bildungspolitik spielen dabei eine genauso wichtige Rolle wie die Entscheidungen über annehmbare Richtwerte für die Luftverpestung.

Zum Glück hat es in den letzten Jahren keine Anzeichen für ein bevorstehendes Ende der Liberalisierung der Gesellschaft gegeben, die man zur Zeit Alfred Marshalls noch Fortschritt nennen durfte. Der Fortschritt wird eher noch schneller. Die Menschen sind bestürzt, wenn sie hören, daß sich die Weltbevölkerung alle 35 Jahre verdoppeln kann. Dabei hat sich die Studentenzahl an den Universitäten in Westeuropa und Nordamerika eine Zeitlang knapp alle 20 Jahre verdoppelt, und die Schülerzahl in den höheren Schulen nimmt in anderen Ländern der Welt noch stärker zu. Außerdem steht fest, daß die bereits in Angriff genommenen Forschungs- und Entwicklungsprogramme nicht nur den Keim zu weiterem Wirtschaftswachstum enthalten, sondern auch gewöhnlichen Sterblichen Möglichkeiten bieten, sich der schönen Dinge zu erfreuen, die bis dahin für sie unerreichbar waren.

Die Umweltpropheten bedienen sich gern des Gleichnisses vom Raumschiff Erde. Das ist jedoch gar nicht der entscheidende Gesichtspunkt; denn über drei Milliarden Jahre haben Lebewesen existiert und sich bisher auch weiterentwickelt. Obwohl sich mittlerweile die Erkenntnis durchgesetzt hat, daß es auch auf anderen Planeten irgendwo in der Milchstraße Lebewesen geben kann, unterschätzt doch niemand die Hindernisse, die die Menschheit in ihrer Entwicklung überwinden mußte. Ist es nach zwei Millionen Jahren am Rande des Untergangs verwunderlich, daß der Instinkt vorübergehend zu einer überhöhten Fruchtbarkeit führt? Die Technik des Überlebens hat besser funktioniert, als man es sich in früheren Jahrhunderten vorstellen konnte. Natürlich kommt es entscheidend darauf an, daß die nächste echte Bedrohung rechtzeitig erkannt wird. Aber unter den zur Zeit genannten Symptomen wird wohl keines die große Katastrophe auslösen. Um in der Sprache des Gleichnisses vom Raumschiff Erde zu bleiben: Schon zur Haushaltsführung gehört Mut. Uns bewegt bei der Umweltbesessenheit vor allem die Sorge, daß Geist und Wille des Menschen gelähmt werden können.

Literatur

Annual Report 1970, hrsg. von der WHO International Agency for Research on Cancer. 1971.

Barnett, Harold J., u. Morse, Chandler, *Scarcity and Growth — The Economics of Natural Resource Availability.* London o. J.

Bell, Daniel, *Notes on The Post-Industrial Society* in *The Public Interest,* Bd. 1, Nr. 2. April 1967.

Blackett, P. M. S., *The Political and Economic Consequences of Nuclear Energy.* London 1948.

Bogue, Donald J., *The End of the Population Explosion* in *The Public Interest.* 1967.

Boulding, Kenneth E., *Fun and Games with the Gross National Product — The Role of Misleading Indicators in Social Policy* in *The Environmental Crisis,* hrsg. von Helfrich, Harold W., jr. New Haven o. J.

Brewer, David, *The Environmental Handbook.* o. O. o. J.

Burnet, Sir Macfarlane, *Genes, Dreams and Realities.* o. O. 1971.

Carson, Rachel, *Der stumme Frühling.* München 1963.

Census 1971, England and Wales, Preliminary Report, hrsg. von HM Stationery Office. London 1971.

Chlorinated Hydrocarbons in the Marine Environment, hrsg. von der National Academy of Sciences. 1971.

Clark, Colin, *Population Growth and Land Use*. London, Melbourne, Toronto 1967.

Commoner, Barry, *Science and Survival*. New York 1967.
—, *The Closing Circle*. New York 1971.

Condorcet, *Sketch for a Historal Picture of the Progress of the Human Mind*. New York 1955.

Conservation of Natural Resources, hrsg. von Smith, Guy-Harold. New York 1950.

Dubos, René, *Reason Awake*. New York 1970.
—, *So Human an Animal*. New York 1968.

Economic Survey of Asia and the Far East 1969, hrsg. von der UNO. 1970.

Edwards, R. G., *Problems of Artificial Fertilisation* in *Nature* vom 3. September 1971.

Ehrlich, Anne H., u. Paul R., *Bevölkerungswachstum und Umweltkrise*. Frankfurt a. M. 1972.

Ehrlich, Paul R., *Die Bevölkerungsbombe*. München 1971.

Ellul, Jacques, *The Technological Society*. New York 1964.

Environmental Quality. Second Annual Report of the Council on Environmental Quality. Washington, D. C. 1971.

Fincham, J. R. S., *Microbial and Molecular Genetics*. London 1965.

D. Friedlander in *Demography*. Bd. 6, 1969.

Galbraith, J. K., *Die moderne Industriegesellschaft*. München 1968.

Godwin, Marquis de W., *Enquiry Concerning Political Justice, and Its Influence on Morals and Happiness*. London 1798.

Gofman, John W., u. Tamplin, Arthur R., *Poisoned Power*. Emmaus 1971.

Gottman, Jean, *Megalopolis*. Cambridge, Mass. 1961.

Hardin, Garrett, *Not Peace, But Ecology* in *Diversity and Stability in Ecological Systems,* hrsg. vom Brookhaven National Laboratory. 1969.

Headley, J. C., u. Lewis, J. N., *The Pesticide Problem: An Economic Approach to Public Policy.* London 1967.

Himmelfarb, Gertrude, *Victorian Minds.* London 1968.

Hubbert, M. King, *Energy Resources* in *Resources and Man.* San Franzisko 1969.

Joint Survey of Pesticide Residues in Foodstuffs Sold in England and Wales, 1. August 1967 — 31. July 1968, hrsg. von County Councils Association. 1971.

Johnston, Harold, *Reduction of Stratospheric Ozone by Nitrogen Oxide Catalysts from Supersonic Transport Exhaust* in *Science* vom 6. August 1971.

Jukes, H. Thomas, *DDT and Tumours in Experimental Animals* in *The International Journal of Environmental Studies.* Oktober 1970.

Kahn, Herman, *On Thermonuclear War.* Princeton, N. J. 1960.

Kneese, Allen V., *Background for the Economic Analysis of Environmental Pollution* in *Swedish Journal of Economics* vom März 1971.

—, Ayres, Robert U., u. d'Arge, Ralph, *Economic and the Environment — A Materials Balance Approach.* London 1970.

Lake Erie Report — A Plan for Water Pollution Control, hrsg. vom U. S. Department of the Interior. 1968.

Landsberg, Hans H., Fischman, Leonard L., u. Fisher, Joseph L., *Resources in America's Future — Patterns of Requirements and Availabilities 1960—2000.* London o. J.

Malthus, Thomas, *Essay on Population,* hrsg. von Fogerty, Michael P., London 1958.

Manners, Gerald, *The Changing World Market for Iron Ore 1950—1980.* London 1971.

Man's Impact on the Global Environment, SCEP Report. Cambridge, Mass. 1970.

Marx, Leo, in *Science* 1970.

Mercury in the Environment, U. S. Geological Survey. 1970.

Mercury in the Environment — The Human Element, hrsg. vom Oak Ridge National Laboratory. 1971.

Merril, Carl R., Geier, Mark R., u. Petricciani, John C., *Bacterial Virus Gene Expression in Human Cells,* in *Nature* vom 8. Oktober 1971. Vgl. Chapman, Victor, u. Riley, Ralph, *Homoeologous Meiotic Chromosome Pairing in Triticum aestivum in which Chromosome 5 B is Replaced by an Alien Homoeologue* in *Nature* vom 25. April 1970.

Mill, John Stuart, *Principles of Political Economy* in *The Collected Works of John Stuart Mill,* hrsg. von Bladen, V. W., u. Robson, J. M. Toronto 1965.

Muller, H. J., *What Genetic Course Will Man Steer?* in *Proceedings of the 3rd International Congress on Human Genetics.* Baltimore 1967.

Mumford, Lewis, *The City in History.* London 1958.

Nicholson, Max, *Umweltrevolution.* München 1972.

Packard, Vance, *Die große Verschwendung.* Düsseldorf 1961.

Paddock, William u. Paul, *Vor uns die mageren Jahre.* München 1969.

Petersen, William, *The Politics of Population.* London 1964.

Rabinowitch, Eugene, u. Hecht, G., *Explaining the Atom.* London 1955.

Rapid Population Growth — Consequences and Policy Implications. London 1971.

Report No. 92 – Hill of Subcommittee on Air and Water Pollution, hrsg. vom U. S. Senate Committee on Public Works. 1971.

Report of the Advisory Committee on 2, 4, 5-T, hrsg. von Environmental Protection Agency. 1971.

Report of the DDT Advisory Committee, hrsg. von Environmental Protection Agency. 1971.

Report of the Secretary's Commission on Pesticides and Their Relationship to Environmental Health, Parts I and II, hrsg. vom U.S. Department of Health, Education and Welfare. 1969.

Resources for Freedom, Report of the President's Materials Policy Commission (the Paley Commission). 1952.

Ricardo, David, *Principles of Political Economy and Taxation.* London 1926.

Riesman, David, *Leisure and Work in Post-Industrial Society* in *Mass Leisure,* hrsg. von Larrabee, Eric, u. Meyersohn, Rolf. New York 1958.

Rostand, Jean, *Can Man be Modified?* Paris 1956.

Rowson, L. E. A., *Egg Transfer in Domestic Animals* in *Nature* vom 8. Oktober 1971.

Shettles, Landrum B., *Human Blastocyst Grown in Vitro in Ovulation Cervical Mucus* in *Nature* vom 29. Januar 1971.

Spurr, Stephen H., *Developing a Natural Resource Management Policy* in *No Deposit — No Return,* hrsg. von Huey D. Johnson. Reading, Mass. 1970.

Statistical Yearbook 1970, hrsg. von der UNO. 1971.

Stevenson, Adlai, Rede vor der UNO im Oktober 1964.

Steward, F. C., *Growth and Organisation in Plants.* Reading, Mass. 1968.

Survey of Mercury in Food, Report of Working Party on the Monitoring of Foodstuffs for Mercury and Other Heavy Metals, hrsg. vom Ministry of Agriculture, Fisheries and Food. 1971.

The Biological Impact of Pesticides in the Environment, hrsg. vom Environmental Health Sciences Center. Corvallis, Oreg. 1970.

The Ecologist, Bd. 2, Nr. 1. Januar 1972.

The Economics of Clean Air, Report of the Administrator of the Environmental Protection Agency to Congress. 1971.

The Nation's Estuaries: San Francisco Bay and Delta, California, hrsg. vom Subcommittee of the U.S. House of Representatives Committee on Government Operations. 1970.

The State of Food and Agriculture, hrsg. von der FAO. 1970.

The Technological Threat, hrsg. von Douglas, Jack D. Horsham 1971.

The World Food Problem, Bde. 1 und 2, Report of the President's Science Advisory Committee. Washington 1967.

Third World Food Survey, hrsg. von der FAO. 1963.

Towards Century 21, hrsg. von Wallia, C. S. New York 1970.

Toxilogical and Environmental Implications on the Use of Nitrilotriacetic Acid as a Detergent Builder, hrsg. vom U.S. Committee on Public Works. 1970.

United Nations Demographic Yearbook, hrsg. von der UNO. 1970.

United States Bureau of the Census. 1967.

Van Sickle, Dirck, *The Ecological Citizen.* New York 1971.

Whittingham, D. G., *Survival of Mouse Embryos after Freezing and Thawing* in *Nature* vom 10. September 1971.

Wilson, A. J., jr., Forester, J., u. Knight, J., *Chemical Essays,* hrsg. vom U.S. Department of the Interior, Circular 335. August 1970 (Gulf Breeze, Lab., Florida, Progress Report FV 1969).

World Energy Supplies 1965—68. Statistical Papers Series J. Nr. 13., hrsg. von der UNO. 1970.

World Population Prospects. 1965—2000 as Assessed in 1968. Working Paper No. 37, hrsg. von Population Division, United Nations Department of Economic and Social Affairs. Dezember 1970.

Inhalt